032kmu Foto: rk

Reise Know-How im Internet

Aktuelle Reisetipps und Neuigkeiten
Ergänzungen nach Redaktionsschluss
Büchershop und Sonderangebote

www.reise-know-how.de
info@reise-know-how.de

Wir freuen uns über Anregung und Kritik.

Rainer Krack
KulturSchock Mumbai

„Ach weh, wer ein Herz hat, kann hier nur schwerlich leben,
halt' dich ein wenig zurück und pass' etwas auf dich auf,
denn das hier ist Bombay, meine Liebste!"

Aus dem Lied *„Yeh Hai Bombay, Meri Jaan"*, eine Art inoffizielle Stadthymne Mumbais, gesungen von *Mohammed Rafi* und *Geeta Dutt* im Hindi-Film „C.I.D." (1956).

031kmu Foto: rk

Impressum

Rainer Krack
KulturSchock Mumbai

erschienen im
Reise Know-How Verlag Peter Rump GmbH
Osnabrücker Str. 79
33649 Bielefeld

1. Auflage 2008

Gestaltung
Umschlag: Günter Pawlak (Layout), Klaus Werner (Realisierung)
Inhalt: Günter Pawlak (Layout), travel@media oHG (Realisierung)
Karten: travel@media oHG
Abbildungen: Rainer Krack

Lektorat: Dhaara P. Volkmann

Druck und Bindung: Fuldaer Verlagsanstalt GmbH & Co. KG

ISBN 978-3-8317-1698-2
Printed in Germany

Dieses Buch ist erhältlich in jeder Buchhandlung Deutschlands, der Schweiz, Österreichs, Belgiens und der Niederlande. Bitte informieren Sie Ihren Buchhändler über folgende Bezugsadressen:

Deutschland
Prolit GmbH, PF 9, D-35461 Fernwald (Annerod) sowie alle Barsortimente
Schweiz
AVA-buch 2000, Postfach, CH-8910 Affoltern
Österreich
Mohr Morawa Buchvertrieb GmbH, Sulzengasse 2, A-1230 Wien
Niederlande, Belgien
Willems Adventure, www.willemsadventure.nl

Wer im Buchhandel trotzdem kein Glück hat, bekommt unsere Bücher auch über unseren **Büchershop im Internet: www.reise-know-how.de**

Wir freuen uns über Kritik, Kommentare und Verbesserungsvorschläge.

Alle Informationen in diesem Buch sind vom Autor mit größter Sorgfalt gesammelt und vom Lektorat des Verlages gewissenhaft bearbeitet und überprüft worden.

Da inhaltliche und sachliche Fehler nicht ausgeschlossen werden können, erklärt der Verlag, dass alle Angaben im Sinne der Produkthaftung ohne Garantie erfolgen und dass Verlag wie Autor keinerlei Verantwortung und Haftung für inhaltliche und sachliche Fehler übernehmen.

Der Verlag sucht Autoren für weitere KulturSchock-Bände.

Rainer Krack

KulturSchock Mumbai

Inhalt

Exkurse zwischendurch 8
Vorwort 9

Mumbai – einige Grundlagen 13

Geschichte: vom Engländergrab zum Goldesel 13
Menschenmagnet Mumbai:
Völkergewirr zwischen Slum und Hightech-Tower 26
Die großen Bosse am Geldhahn:
von Sindhis, Marwaris und Parsen 37
Bollywood: Unterhaltung made in Mumbai,
für Indien und die ganze Welt 45
Kampf mit Bomben und AK-56:
Mumbais kriminelle Unterwelt 58

Die Mumbaikars im Alltagsleben 71

Gott in Mumbai: zwischen Toleranz und Religionskrieg 71
Wie Himmel und Erde: die Kluft zwischen Reich und Arm 83
Im Schatten der Moralapostel: Jugend,
Verwestlichung und Liebesleben 89
Süß klingeln die Kassen: Geschäft und Geschäftssinn 102
Politik: zielverwirrt zwischen Shiv Sena
und „Second Shanghai" 110
Korruption: Zahlen macht das Leben leichter 119
Immer große Klappe: Mumbais freche Umgangssprache 127

Zu Gast in Mumbai 135

Hello, my friend: als Ausländer in Mumbai 135
Sicherheit 144
Nicht nur Sonnenschein: Die Jahreszeiten
und ihr Freud' und Leid 148
Lokale Empfindlichkeiten: kleiner Mumbai-Benimm-Kodex 157
Die Kasten 173
Nicht jeder, der arm aussieht, ist es auch: Mumbais Bettler 176
Das Essen: eine Passion, die die Mumbaikars
vereint – und trennt 180

054kmu Foto: rk

(K)ein Dach über dem Kopf: Unterkunftssorgen in der „Stadt aus Gold“ 189
Mit Taxi oder Pferdekutsche: mobil im Verkehrsgewühl 200
Zwischen Bollywood-Schwof und Mauerhocken: Unterhaltung in Mumbai 209

Anhang 221

Glossar 222
Literaturtipps 231
Internetseiten 235
Spielfilme 235
Register 242
Übersichtskarte Süd-Mumbai 248
Detailkarte Fort, Churchgate & Colaba 250
Der Autor 252

Exkurse zwischendurch

Mumbai auf der Geburtsurkunde:
in der Stadt geborene Persönlichkeiten 20
Schildertausch: die patriotische Umbenennung
von Mumbais Straßen 24
Wirtschaftsturbine Mumbai:
Indiens Geldverdiener Nr. 1 34
„Old is Gold" – der Hang zum Vertrauten 50
Donnerstagabend in der Lamington Road:
Filmauslieferung per Fahrrad und Vorortzug 54
Filmstar Sanjay Dutt – vom Helden zum
Bösewicht und zurück 66
Raus, Dämon, raus: Exorzismus am Heiligengrab 78
Fortschritt mit Schattenseiten 88
Auch Tote bringen Geld: die Goldwäscher
vom Marine Drive 110
Indiens Geldscheine: gestapelt, geklammert
und manchmal auf der Toilette versteckt 124
Moderne Kommunikation: Volkssturm auf
Nokia und Konsorten 130
Mumbais Polizei – auch online immer präsent 147
Heirat einmal anders! 167
Henkelmänner auf Rädern: der Service
der dabba-walas 188
Morgenmusik in Mumbai: der Werberuf
der fleißigen Dienstleistungsanbieter 196

Vorwort

Es gibt keine Stadt in Indien, die eine solche Anziehungskraft auf Inder aus allen Teilen des Landes ausübt wie Mumbai. Die Stadt am Arabischen Meer bietet Stoff für Tausend-und-eine Legenden, für unzählige Erzählungen und Mythen. Es ist die Stadt, in der es so mancher bitterarme Einwanderer zu Ruhm und Reichtum gebracht hat, die Stadt, in der alles möglich ist, wenn man nur einen eisernen Willen hat. Mumbai, das ist das indische New York, ein Schmelztiegel, in den Menschen aus ganz Indien strömen, um es „zu schaffen", um sich eine bessere Zukunft aufzubauen. Über die Hälfte der Bewohner Mumbais sind Zuwanderer aus Regionen außerhalb des Bundesstaates Maharashtra, dessen Hauptstadt Mumbai ist. Es ist der wirtschaftliche Motor Indiens, eine Stadt besessen von der Jagd nach Erfolg und Reichtum, die „Stadt aus Gold", wie man sie oft nennt, Indiens Dukaten spuckender Goldesel.

Hunderte von Spielfilmen haben Mumbais Erfolgsimage in indischen Köpfen verfestigt und jeden Tag steigen fünfhundert bis tausend neue Zuwanderer aus dem Zug oder Bus, um sich in der gelobten Stadt eine neue Existenz zu schaffen – angezogen, angelockt, geblendet, ja regelrecht verführt von all den bunten Filmen und Mythen um Mumbai. Nicht alle Zuwanderer werden so erfolgreich, wie sie es sich in ihren Träumen ausgemalt haben. Nicht jeder hat das Zeug zum Industriekapitän, Filmstar oder Gangsterboss. Aber einmal in Mumbai sesshaft geworden verlässt kaum jemand wieder die Stadt – denn, so sagt man, „wer einmal das Wasser von Mumbai gekostet hat, geht nie wieder weg".

Mit dem Wasser ist natürlich nicht Mumbais zum Trinken ungeeignetes, aus löchrigen alten Leitungen fließendes Leitungswasser gemeint, es ist eine Metapher für den optimistischen, positiven Geist, der die Stadt bis in alle Poren durchdringt und der alle Bewohner zu erfassen oder gar zu transformieren scheint. Mumbai schlägt die Zuzügler in ihren Bann – und es macht sie süchtig. Süchtig nach dem Glitter, den Träumen und der ewigen Hoffnung, dem ewigen Versprechen auf „mehr", auf das große Glück, das doch irgendwo hinter der nächsten Straßenecke lauern muss; süchtig nach der Herausforderung und dem oft gnadenlosen Konkurrenzkampf. Mumbai ist eine Passion, die einen nicht mehr loslässt.

Und so sind die Menschen von Mumbai auch ganz besondere Zeitgenossen: energiegeladen, zielgerichtet, blitzgescheit, ehrgeizig, anpassungsfähig, flink, wachsam, bauernschlau, zungenfertig, opportunistisch, listreich, ellbogenstark, mit allen Teufelswassern gewaschen, aber dennoch warmherzig und gastfreundlich – und einfach nie unterzukriegen. Wer im Trubel Mumbais zurechtkommt, braucht auf der Welt wohl keine

Stadt mehr zu fürchten. Mumbai kann ein hartes Pflaster sein, das wissen seine Bewohner nur allzu gut. Sie lassen keine Gelegenheit aus, darüber zu berichten, wie grausam der tägliche Überlebenskampf sein kann, wie egoistisch die Menschen oft sind. Auf eine beinah masochistische Weise glorifiziert man diesen Kampf sogar. Tenor: Mumbai ist eine Hölle, aber es ist die wunderbarste, aufregendste Hölle der Welt – und wir lieben sie.

Der *Bambaiya* oder *Mumbaikar* ist ein Mensch ganz eigener Prägung und man ist stolz darauf, *Mumbaikar* zu sein und zeigt das bei jeder Gelegenheit. Der Lokalpatriotismus ist enorm ausgeprägt. Selbst ein Slumbewohner, der von faulenden Müllbergen umgeben in einer Sechs-Quadratmeter-Hütte haust, wird ohne einen Hauch von Sarkasmus verkünden, dass Mumbai die beste, ja gar die *schönste* Stadt der Welt sei. Diese auf den ersten Blick unverständliche Sichtweise wird zweifellos durch die Tatsache genährt, dass Mumbai vielen Menschen das Überleben ermöglicht, die in ihrer Heimat, irgendwo in der rückständigen Provinz, vielleicht ärmlich dahinvegetiert wären. Und so gesehen ist die Stadt tatsächlich „schön" – ein physisches Chaos, ganz ohne Zweifel, aber von ihrer Essenz her gut und schön.

Mumbai erwirtschaftet Jahr für Jahr etwa ein Drittel aller in Indien eingenommenen Steuergelder. Das ist ein verblüffend hoher Anteil, bedenkt man, dass die Stadt lediglich ein Sechzigstel der Einwohner Indiens beherbergt; von der geografischen Winzigkeit der Stadt ganz zu schweigen: Mumbai ist nur etwa halb so groß wie Berlin, etwas größer als Köln und doppelt so groß wie Essen. Der Geldumlauf in der Stadt ist gigantisch und so fällt selbst für den Ärmsten – vielleicht den zerlumpten Müllsammler oder den leprösen Bettler – noch genug ab, um über die Runden zu kommen und vielleicht der Familie auf dem Dorf ein paar Rupien zukommen zu lassen. Mumbai ernährt seine Bewohner wie eine gütige, Segen spendende Göttin. Wie wir sehen werden, geht es sogar vielen Bettlern besser, als es auf den ersten Blick den Anschein hat.

Manche Einwohner der Stadt erhalten mehr aus dem Füllhorn als andere, manche rackern sich mühsam ab und erhalten doch nicht, was ihnen eigentlich zustände und manche wiederum holen es sich mit Pistolengewalt – aber das ist eine andere Geschichte ... Nein, es sind viele Geschichten, schöne und ermutigende, aber auch traurige und zum Nachdenken anregende, genau so viele Geschichten wie Mumbai Einwohner hat.

Mit seinen über 20 Millionen Einwohnern aus allen Teilen Indiens ist Mumbai einerseits ein hochkonzentriertes, brodelndes Mini-Indien, auf der anderen Seite ist es aber auch etwas ganz eigenes, ein schillernder, hochprozentiger Menschen- und Kulturcocktail, der nicht immer leicht zu verstehen oder gar zu verdauen ist. Dass Mumbai ein brutaler Kulturschock sein kann, weiß jeder, der auch nur einmal vom Flughafen in die Innenstadt gefahren ist, vorbei an schier endlosen grauen, nach Unrat und Latrine riechenden Slumsiedlungen, die selbst nachts noch mysteriös aktiv und lebendig sind, voll von verschwitzten, zerzausten Gestalten, die alles andere als vertrauenserweckend wirken. Die Kulisse allein ist für viele Besucher schon so dramatisch, bizarr und magnetisierend, dass es schwierig ist, sich davon zu lösen und dahinter zu schauen.

Mit Mumbai, mit all seinen Extremen und seinen so einzigartigen Bewohnern, wollen wir uns hier befassen. Willkommen in *Aamchi Mumbai,* „unserem Mumbai", wie es so kurz und anheimelnd auf *Marathi* heißt – Film ab und gute Reise durch den Asphalt- und Kulturdschungel einer der fesselndsten Städte der Welt!

Rainer Krack

Anmerkung: Im Text wird durchgehend der Name Mumbai verwendet, auch wenn Ereignisse angesprochen werden, die vor der **offiziellen Namensänderung von Bombay zu Mumbai** stattgefunden haben. Anders verhält es sich bei unverändert gebliebenen Bezeichnungen wie z. B. bei der Börse von Mumbai „Bombay Stock Exchange" oder bei Filmtiteln.

001kmu Foto: rk

MUMBAI – EINIGE GRUNDLAGEN

Geschichte: vom Engländergrab zum Goldesel

„Niemand würde sich in einem Land ansiedeln wollen, das so ungesund ist, dass es die Redewendung hervorgebracht hat, dass in Bombay ein Mensch keine zwei Monsune überdauern kann.“

G.T.F. Raynal in „Histoire Philosophique et Politique des Etablissements et du Commerce des Européens dans les Deux Indes“ (1770)

Bleibendes Vermächtnis: Die in der britischen Kolonialzeit errichteten Gebäude bestimmen bis heute das Bild im Stadtteil Fort

Die Portugiesen (1507–1661)

„Unsere Männer fingen ein paar Kühe und Schwarze ein, die sich im Gebüsch versteckt hatten, und von denen wir die guten (brauchbaren) behielten und den Rest töteten."

Mit diesen Worten beschrieben die Portugiesen ihren ersten Landgang in Mumbai im Januar 1507. Es war kein freundlicher Einstieg, aber auch kein ungewöhnlicher. **Vasco da Gama** (1460–1524) hatte den Seeweg nach Indien entdeckt und war 1498 in Kappad bei Calicut an Land gegangen. Er war „wegen der Gewürze" gekommen, aber auch, um die Einheimischen zum Christentum zu bekehren. Wie überall, wo sie sich niederließen, gingen die Seefahrer nicht gerade zimperlich mit den „Eingeborenen" um. Im Bandra Creek überfielen die Portugiesen das Schiff eines moslemischen Händlers aus Gujarat und plünderten es: Sie benötigen Vorräte. In Mahim fiel ihnen eine Schafherde in die Hände. Die Bewohner von Mahim flohen und ihr Oberhaupt schickte den Portugiesen zwölf Säcke Reis und zwölf Ziegen und flehte, dass dies alles sei, was sie besäßen. Später patrouillierten die Portugiesen in den Gewässern um Mumbai und machten Jagd auf die Frachtschiffe von moslemischen Händlern. Diese Leute, die unter anderem angeblich gekommen waren, das Christentum zu verkünden, waren nicht besser als gemeine Piraten.

Die Gegend um Mumbai war zu der Zeit im Besitz von *Sultan Mohammed Shah Begada* von Gujarat, der sich den Eindringlingen einige Zeit widersetzen konnte, nach kontinuierlichen Angriffen jedoch zermürbt aufgab. 1534 überließ der Enkel des Sultans, *Sultan Bahadur Shah,* der Krone von Portugal sieben Inseln, aus denen später Mumbai werden sollte, dazu die Stadt Bassein (Vasai), weiter nördlich gelegen. Im Gegenzug versprachen die Portugiesen dem Sultan Unterstützung im Kampf gegen den Mogul-Herrscher *Humayun,* der in Gujarat vorgedrungen war.

Der Vertrag, der als **Abkommen von Bassein** in die Geschichte einging, wurde an Bord des Schiffes *San Mateos* unterzeichnet. Der Unterhändler auf portugiesischer Seite, *Dom Nuno da Cunha* (1487–1539), war mehr als zufrieden mit der Vereinbarung und schickte einen freudigen Brief nach Portugal, in dem er die Vorzüge des Besitztums pries: „Das Land der Insel (Mumbai) ist sehr niedrig und mit großen und wunderschönen Kokosnusshainen bedeckt. Es gibt viel Wild und Fleisch und Reis im Überfluss, und man kann sich nicht erinnern, dass jemals irgendein Mangel geherrscht hat." Es war die *ilha da boa vida,* die „Insel des guten Lebens", wie schon einer seiner Landsmänner vor ihm geschwärmt hatte.

Aus administrativen Gründen wurde Mumbai Bassein unterstellt, wo die Portugiesen eine ausgedehnte Festung bauten. Im Jahre 1739 wurde sie von Marathas überfallen und teilweise zerstört. Die Ruinen sind heute noch zu sehen.

So begeistert sich die Portugiesen von Mumbai gezeigt hatten, so wenig entwickelten sie das Potenzial ihres neuen Besitztums. Mit den Seeleuten kamen Franziskanermönche und Jesuiten, die fleißig Kirchen und Klöster bauten und sich anschickten, die Bevölkerung zum wahren Glauben zu bekehren - und sei es unter Morddrohungen. **Zwangskonvertierungen** waren an der Tagesordnung. Der Jesuitenmissionar **Francis Xavier** (1506–1552), der 1541 in Indien landete und hauptsächlich von Goa aus wirkte, war einer der härtesten Vertreter von Zwangskonvertierungen und da der Erfolg geringer war, als er sich versprochen hatte, forderte er die Einführung der Inquisition in Indien. Die **Inquisition** nahm ihre Arbeit aber erst nach *Xaviers* Tod im Jahre 1560 auf. Tausende von Goanesen, vor allem Hindus, wurden auf grausamste Weise gefoltert und exekutiert. Menschen wurden bei lebendigem Leib langsam und sorgfältig die Gliedmaßen abgeschnitten, Augenlider wurden ausgerissen, die Opfer zu Tode gepeitscht. Paradoxerweise wird *Francis Xavier,* der 1612 heilig gesprochen wurde, heute von indischen Christen, Nachkommen der teils Zwangskonvertierten, weitgehend verehrt. Die Ausstellung seines mumifizierten Leichnams in Goa, die alle zehn Jahre stattfindet, zieht Hunderttausende von Gläubigen an. Viele christliche Goanesen leben heute in Mumbai.

Die **Kirchen,** die die Portugiesen gründeten - in Bandra, Mahim, Dadar, Girgaum, Parel, Sion, Vadala und Mazagaon - bestehen zum Teil noch, wenn auch die Gebäude selbst heute neueren Datums sind. Die Portugiesen waren dazu angehalten, in die lokale Bevölkerung einzuheiraten und Nachkommen zu produzieren. Der - selbstverständlich christliche - Nachwuchs sollte das Zahlenverhältnis zugunsten des Christentums verändern und die steigende Zahl von Mischlingen kam den Portugiesen in Krisenzeiten zugute, da sie auf deren Loyalität rechnen konnten. Ansonsten änderte sich nicht viel im Leben der Bewohner. Die Reis- und Kokosnussbauern, Fischer und Salzmacher gingen weiterhin ihrer Arbeit nach, so wie sie es seit Jahrhunderten getan haben und der Handel mit Übersee, der Prosperität hätte bringen können, wurde außer Acht gelassen. Mumbai döste noch schläfrig vor sich hin - wenn nun auch unter dem Läuten von Kirchenglocken.

Die Engländer (1661–1947)

1661 sollten sich die Besitzverhältnisse in der kleinen portugiesischen Enklave erneut ändern. Es war das Jahr, in dem der Ehevertrag zwischen **König Charles II. von England** und der portugiesischen Prinzessin *Catheri-*

na de Braganza ausgehandelt wurde. Die Hochzeit sollte im folgenden Jahr stattfinden und Mumbai war ein Teil ihrer aus zwanzig Gaben bestehenden Mitgift. Den Engländern kam das sehr gelegen. In Surat, weiter nördlich an der Küste, unterhielten sie einen Stützpunkt der *East India Company* und sie hatte schon lange nach einem weiteren Standort an der Küste Ausschau gehalten. Andererseits glaubten sie, dass die Portugiesen die Vorzüge Mumbais übertrieben hatten und konnten der „armseligen kleinen Insel" nicht viel abgewinnen. Die Portugiesen hingegen schienen nachträglich Bedenken gegen die **Abgabe von Mumbai** bekommen zu haben und zögerten sie solange wie möglich hinaus. Einige der Regierenden in London, die mit den Details des Abkommens beauftragt waren, wussten nicht einmal, in welchem Teil des Globus ihr neues Besitztum zu suchen war. So schrieb *Lord Clarendon:* „Und hiermit unterstellen wir für alle Zeiten der Krone von England die Insel (Mumbai), mit all den darin enthaltenen Städten und Schlössern, die in nur geringer Entfernung von Brasilien liegen." Selbst von Städten und Schlössern konnte keine Rede sein. Im September 1662 ergriffen die Engländer unter der Führung des *Earl von Marlborough* Besitz von der – wie die Zukunft zeigen sollte – so leichtfertig gegebenen Mitgift.

Der erste britische Gouverneur war *Sir George Oxenden,* aber es war der auf ihn folgende **Gouverneur Gerald Aungier,** der sich als „Vater der Stadt" hervortat. *Aungier* hatte eine Vision für Mumbai. Er lud Händler aus Gujarat nach Mumbai, dazu Schiffsbauer und Handwerker und die Bevölkerung wuchs rapide. Den Zuwanderern wurde die freie Ausübung ihrer Religion garantiert, es wurden keinerlei Anstrengungen unternommen, sie zum Christentum zu bekehren – ein erfrischender Kontrast zu den brutalen Portugiesen. *Aungier* ließ Befestigungen errichten sowie Gerichtshöfe, die Recht und Ordnung versprachen. Nach drei Jahren in Mumbai begab sich *Aungier* 1675 zurück nach Surat. Er hatte die **Grundlagen einer Handelsmetropole** gelegt und sie wirkten weit über seine Zeit hinaus. 1666 ließen sich armenische Kaufleute nieder und die Behörden gaben ihnen jedmögliche Hilfestellung. Es folgten Juden und viele weitere Handelsleute aller Konfessionen und Kasten. In den Jahren 1661 bis 1675 stieg die Bevölkerung von 10.000 auf beinah 60.000 Menschen an.

Der Bombay High Court: Die Briten hinterließen unter anderem auch ihr Rechtssystem

002kmu Foto: rk

Liest man Berichte über die frühe britische Periode Mumbais, so wundert man sich, dass das Projekt nicht irgendwann auf der Strecke geblieben ist – beziehungsweise nicht in Suff und Siechtum untergegangen ist. Die in Mumbai stationierten Vertreter des Königreiches legten sich einen Ruf für **ungezügelte Trinkgelage** und allgemeine Sittenlosigkeit zu. Es dauerte nicht lange und es kam zu Beschwerden über den niederen moralischen Charakter der Männer, die vom Mutterland aus nach Mumbai geschickt wurden. Es waren „sittenlose, heruntergekommene Händler und abtrünnige Seefahrer" und sie betranken sich mit „Toddy", vergorenem Palmsaft, oder dem daraus destillierten „Arrack", einer Art Branntwein. Man kann nur mutmaßen, welchen Eindruck sturzbetrunkene, auf dem Boden ausgestreckte, lallende Weißhäute, dazu bekleidet mit in den Tropen unangemessener, schwerer Kleidung, auf die Einheimischen gemacht haben. Es muss ein lächerliches oder auch ein schauerliches Spektakel gewesen sein. Besonders beliebt unter den Zechern war der *Bombay Punch*, oder „Bombay-Punsch", ein Gemisch aus Toddy, Wasser, Rosenwasser, Limonensaft und Zucker, das in Gallonenmengen konsumiert wurde. Als stärkere Alternative mixte man Arrack, Wasser, Limonensaft, Gewürze und Zucker zusammen. Das englische *punch* (im Sinne eines Getränks) wurde dem Hindi- und Marathi-Wort *pañch* („fünf") entlehnt und bezeichnete ein alkoholisches Gemisch aus fünf Ingredienzien. Exzessiver Alkoholkonsum machte einen Großteil des Lebens in Mumbai aus. Die Erbschaft, die einer der Engländer hinterließ und die 1701 versteigert wurde, spricht Bände: „Ein schwarzer Mantel, eine Weste ... 3 Perücken, 23 Halstücher ..., 1 *carboy* (eine Gallonen fassende große Glasflasche) portugiesischen Weins, 1 Sklave, 48 Gallonen französischen Rotweins ...".

Die **Frauen, die aus England kamen,** um unter ihren Landsleuten in Mumbai einen Ehemann zu finden, waren offenbar nicht aus besserem Tuch. Ein Schreiben der *East India Company* aus Surat warnte, dass „skandalöse" Frauen, die sich nicht ein „nüchterneres und christlicheres Gebahren" zulegten, bei Wasser und Brot inhaftiert und dann nach England zurückgeschickt würden. Frauen, die nach Indien segelten, um dort nach einem Ehegatten Ausschau zu halten, wurden spöttisch *fishing fleet* genannt, „die Fischfangflotte".

Als wäre der ruinöse Lebensstil nicht genug gewesen, so taten **tropische Krankheiten** das ihre, die *angrez* vorzeitig ins Reich des Totengottes *Yama* zu befördern. „Zwei Monsune" sagte man, sei die Lebenserwartung eines Neuankömmlings in Mumbai. Cholera, mysteriöse Fiebererkrankungen und die Pest rafften die Europäer dahin und es war nicht ungewöhnlich, wenn jemand am Morgen noch in bester Gesundheit war, dann von einem Fieber überkommen wurde und am Abend einbalsamiert werden musste.

Der **Wanderungszuwachs,** der Mumbai verzeichnete, machte die Todesfälle jedoch mehr als wett. Im 18. Jh. wurde das Zentrum der Schiffsbauindustrie, die in Händen von Parsen (religiöse Volkgsruppe in Indien, s. Kap. „Gott in Mumbai") lag, von Surat nach Mumbai verlegt. Immer mehr Handwerker unterschiedlicher Berufssparten und Herkunftsgebiete strömten herbei und Mumbai wurde von Jahr zu Jahr kosmopolitischer. Allerdings lebten Engländer und Inder voneinander getrennt: in einer *English Town,* dem englischen Stadtteil, etwa der Südteil des heutigen Stadtteils Fort, und einer *Black Town,* etwa der nördliche Bereich des heutigen Stadtteils Fort. Das kommerzielle und administrative **Stadtzentrum** lag lange Jahre um den Elphinstone Circle herum (heute Horniman Circle), ein Kreisrund, an dessen Ostende sich die *Town Hall,* das Rathaus befand (erbaut 1821–1833). Heute ist in dem Gebäude die *Asiatic Society Library* untergebracht und in dem Rund befindet sich ein netter kleiner Park. Die kreisförmig darum errichteten Gebäude aus der britischen Periode könnten – wären sie etwas besser instand gehalten – auch am Piccadilly Circus stehen. Auf der gegenüberliegenden Seite des ehemaligen Rathauses steht die anglikanische **St. Thomas Cathedral,** die 1718 errichtet worden war, um „das moralische Niveau" der aufstrebenden Handelsmetropole anzuheben. In der Kathedrale liegen zahlreiche treue Diener der Britischen Krone begraben, bedeckt von schweren Grabdeckeln, die mit religiösen Lobpreisungen versehen sind.

In den Jahren 1784–1845 nahm sich die Verwaltung einer aufwendigen Aufgabe an: Es wurde beschlossen, die **sieben Inseln,** aus denen Mumbai bestand, durch Landaufschüttungen miteinander zu verbinden. Die Inseln waren Colaba, Old Woman's Island, Fort, Mahim, Mazagaon, Parel und Worli. Der Bootsverkehr dazwischen konnte gefährlich sein, besonders im stürmischen Monsun, und nicht selten waren Menschenleben zu beklagen gewesen. Außerdem befanden sich an den Ufern zahlreiche Sümpfe, von denen lebensbedrohliche Krankheiten ausgingen. Heute erinnert nichts mehr daran, dass sich zwischen den oben genannten Stadtteilen einmal das Meer befand. An vielen Stellen wurde das Wasser zudem durch Landaufschüttungen zurückgedrängt, so wie z. B. westlich der heutigen Churchgate Station. Auf alten Fotos kann man noch sehen, dass direkt an der Westseite des Bahnhofs das Meer lag. Heute befindet es sich einige Hundert Meter weiter westlich und wird dort von der Uferchaussee Marine Drive flankiert.

Für die **Landaufschüttungen** waren Tausende von Arbeitskräften vonnöten und Bauarbeiter aus Andhra Pradesh, die sogenannten *kamatis* („Arbeiter") zogen in die Stadt. Der heutige Stadtteil Kamatipura („Kamati-Stadt"), der auch Mumbais berüchtigstes Rotlichtviertel beherbergt, ist nach ihnen benannt. Die Bordelle entstanden schon damals und verschafften den Arbeitern ein wenig Feierabendfreude. 1854 wurde die **erste Textilfabrik** eröffnet und viele weitere sollten folgen. Die Rohwolle kam aus dem Hinterland von Mumbai, aus Maharashtra, ebenso wie die Arbeiter, die die Maschinen bedienten. Parallel mit der Textilindustrie wuchs wiederum der Zustrom an Menschen und die zahlreichen Textilarbeiter wurden in *chawls* zusammengepfercht: einfache, riesige Wohnsilos in Sichtweite der Schlote der Textilfabriken. Mumbai wurde das „Manchester Asiens". Die Schornsteine qualmten, die Wirtschaft boomte.

Das einfließende Geld erlaubte in der zweiten Hälfte des 19. Jh. den **Bau zahlreicher pompöser Gebäude.** Diese wurden im „neo-gotischen" Stil errichtet, oft mit mehr filigranen Details, als die gotischen Bauten in England aufwiesen. Diese Gebäude prägen bis heute das Bild im Stadtteil Fort und darüber hinaus. Allen voran steht der bombastische Bau des **Victoria Terminus,** oder V. T. Station, heute in *Chhatrapati Shivaji Terminus* umbenannt. Es ist ein atemberaubendes Gebäude, mit zahllosen kleinen und großen Türmen, mit detailliertesten Verzierungen auf Dächern und Außenwänden und wirkt eher wie eine von einem Fantasten entworfene Kathedrale als ein Bahnhof. Wäre das Bauwerk in gepflegterem Zustand, wäre der Eindruck noch imposanter, aber Instandhaltung oder Denkmals-

Mumbai auf der Geburtsurkunde: in der Stadt geborene Persönlichkeiten

- *John Abraham, Schauspieler, 1972*
- *Bhimrao Ramji Ambedkar, Sozialreformer und Gründer der neobuddhistischen Bewegung in Indien, 1891-1956*
- *Abhishekh Bachchan, Schauspieler, 1980*
- *Homi J. Bhabha, Dr., Atomphysiker, 1909-1966*
- *Ajay Devgan, Schauspieler, 1967*
- *Madhuri Dixit, Schauspielerin, 1967*
- *Sanjay Dutt, Schauspieler, 1959*
- *Nissim Ezekiel, Dichter und Schriftsteller, 1924-2004*
- *Frederic William Farrar, Theologe und Schriftsteller, 1831-1903*
- *Rajiv Gandhi, ehemaliger indischer Premierminister, 1944-1991*
- *Zakir Hussein, Musiker (Tabla), 1951*
- *Jamshetji Jeejeebhoy, Sir, Geschäftsmann, Philanthrop und erster Inder, der von der britischen Regierung in den Ritterstand erhoben wurde, 1783-1859*
- *Muhammed Ali Jinnah, Politiker und „Vater Pakistans", 1875-1948*
- *Karan Johar, Filmregisseur, 1972*
- *Anil Kapoor, Schauspieler, 1959*
- *Aamir Khan, Schauspieler, 1965*

pflege sind keine indischen Stärken - was geboren ist, muss sterben, was gebaut ist, muss verfallen - so das Denkschema. Der erste Zug verließ den Bahnhof am 16. April 1853, die Strecke endete 34 km entfernt in Thane (Thana). Heute fahren hier Vorortszüge im Minutentakt ein und aus.

Der **Freiheitskampf gegen die Briten** ging auch an Mumbai nicht spurlos vorüber. *Mahatma Gandhi* (1869-1948), einer der eifrigsten Verfechter der indischen Unabhängigkeit und sicher der bekannteste, lebte einige Zeit lang in Mumbai, wurde dort 1942 verhaftet und für zwei Jahre ins Gefängnis geschickt. *Gandhi* war gerade im Begriff gewesen, die „Quit-India-Bewegung" auszurufen, eine Bewegung des zivilen Ungehorsams, die die Kolonialmacht endgültig zum Abzug aus Indien zwingen sollte. Fünf Jahre später hatte die Bewegung ihr Ziel erreicht: Am 15. August 1947 erlangte Indien die **Unabhängigkeit** und der *Union Jack* machte der indischen Trikolore Platz.

- *Salman Khan, Schauspieler, 1965*
- *Joseph Rudyard Kipling, Schriftsteller, 1865-1936*
- *Zubin Mehta, Dirigent, 1936*
- *Ismail Merchant (Geburtsname Ismail Noormuhammed Abdul Reh), Filmregisseur, 1936-2005*
- *Sania Mirza, Tennisspielerin, 1986*
- *Rohinton Mistry, Schriftsteller, 1952*
- *Monier Monier-Williams, Sir, Sanskritgelehrter und Schriftsteller, 1819-1899*
- *Dadabhai Naoroji, Akademiker und erster Inder, der Mitglied des britischen Unterhauses wurde, 1825-1917*
- *Viveik Oberoi, Schauspieler, 1972*
- *Hrithik Roshan, Schauspieler, 1974*
- *Salman Rushdie, Schriftsteller, 1947*
- *Jackie Shroff, Schauspieler, 1958*
- *Jamshetji Nusserwanji Tata, Geschäftsmann und Gründer des Unternehmens „Tata", 1839-1904*
- *Ratan N. Tata, Chairman der „Tata Group", 1937*
- *Sachin Tendulkar, Cricketspieler, 1973*

Zuvor erlebte Mumbai aber noch **eine der größten Katastrophen** in seiner Geschichte. Am 14. April 1944 lag im Hafen das Schiff *SS Fort Stikine,* das Baumwolle, Goldbarren und 1400 Tonnen Munition geladen hatte. Es kam zu zwei Explosionen, die kilometerweit zu hören waren. Goldbarren flogen durch die Luft als wären es goldene Granaten. Eine Fläche von fünf Quadratkilometern wurde in Brand gesetzt. Bei dem Unglück verloren etwa 1500 Menschen ihr Leben, es können aber auch noch mehr gewesen sein. Ein Dutzend weiterer Schiffe, die neben dem Unglücksschiff geankert hatten, wurden zerstört und insgesamt wurden 100.000 Tonnen Waren vernichtet. Wer Glück hatte, fand vielleicht einen Goldbarren auf dem Dach seines Hauses. Es gibt eine Anekdote über einen älteren Parsen, der als Einziger einen Goldbarren zurückgebracht haben soll. Die Anekdote wird gelegentlich dazu benutzt, die viel gepriesene Ehrlichkeit der Parsen zu demonstrieren.

Konflikt zwischen Moslems und Hindus (seit 1992)

Die kritischste Phase in ihrer Geschichte erlebte die Stadt in den Monaten von Dezember 1992 bis März 1993 und wieder sollte es mit Explosionen zu tun haben, zumindest teilweise. Am 6.12.1992 hatten fanatische Hindus die **Babri-Moschee** in Ayodhya niedergerissen, die sich im Glauben vieler Hindus genau an der Stelle befindet, wo Gott *Rama* geboren wurde und wo sich einst ein ihm geweihter Tempel befunden hatte.

Die Tat erzürnte Moslems weltweit. Einen Tag darauf protestierten Moslems im Stadtteil Dharavi gewaltsam gegen die Zerstörung. Die Unruhen breiteten sich wie ein Waldbrand über Mumbai aus. **Fanatische Hindu-Gruppierungen,** allen voran die *Shiv Sena* (s. Kap. „Politik"), nahmen die Gelegenheit wahr, den Moslems mit doppelter Kraft Paroli zu bieten. In den Kämpfen, die bis in den Januar 1993 andauerten, wurden fast 2000 Menschen getötet. Mumbai drohte im Chaos zu versinken. Hunderttausende von Bewohnern flohen aus der Stadt. Die Situation verbesserte sich erst, nachdem die Armee zu Hilfe gerufen worden war. Die Polizei hatte zuvor oft sogar noch Öl aufs Feuer gegossen und Partei für die Hindus ergriffen.

Als Folge der Geschehnisse waren viele Moslems in Mumbai verängstigt oder verunsichert und in manchen mögen Rachegedanken aufgekommen sein – so wie in **Dawood Ibrahim.** *Dawood Ibrahim,* mit vollem Namen *Sheikh Dawood Ibrahim Kaskar,* war zu jener Zeit Mumbais gefürchtetster Gangster, ein Moslem, der sich aus kleinsten Gaunerverhältnissen zum König der Unterwelt emporgehangelt hatte. Die Pogrome gegen seine moslemischen Glaubensbrüder ließen ihn einen diabolischen Plan aushecken: Zusammen mit den engsten Vertrauten plante er, Mumbai durch zahlreiche Explosionen an strategischen Orten auf die Knie zu zwingen und das Herz der indischen Wirtschaft damit still zu legen.

Am 12. März 1993 gingen an 13 Stellen in der Stadt – darunter im Air-India-Gebäude und dem *Bombay Stock Exchange* – Bomben hoch. Wie durch ein Wunder kamen „nur" 257 Menschen um, zumindest ist dies die offizielle Zahl. Bei der allgemeinen Verwüstung, die die Bomben anrichteten, hätten es auch noch viele Opfer mehr sein können. Über 800 Menschen wurden verletzt oder verstümmelt. *Ibrahims* Plan war es auch gewesen, auf dem Flugplatz parkende Flugzeuge zur Explosion zu bringen, die Handgranaten, die seine Helfer in die Richtung der Maschinen geworfen hatten, verfehlten jedoch ihr Ziel. Die **Bombenexplosionen** waren bis zu jenem Zeitpunkt der größte und am aufwendigsten geplante Terrorakt der Welt und wurden erst durch die Ereignisse am 11. September 2001 in den Schatten gestellt. Im Westen erhielten sie aber bei Weitem nicht die Aufmerksamkeit, die dort wesentlich kleinere Attentate hervorgerufen hatten.

Dawood Ibrahim und seine engsten Verbündeten sind seither flüchtig, sie befinden sich außerhalb Indiens. *Ibrahim* steht auf der Fahndungsliste von Interpol, er ist der meistgesuchte Mann Indiens und kann nicht in sein geliebtes Mumbai zurück. Einhundert Mittäter bei dem Komplott wurden jedoch verhaftet und - erst - im Jahre 2007 abgeurteilt. Die Mühlen der indischen Justiz mahlen bekanntermaßen in Zeitlupe. 12 Angeklagte erhielten die Todesstrafe, 20 wurden zu „lebenslänglich" verurteilt. Die Bombenexplosionen sind bis heute ein traumatisches Ereignis im Bewusstsein der Bürger und zogen negative Folgen für das Zusammenleben von Hindus und Moslems nach sich. (Siehe das Kap. „Gott in Mumbai".) Dieser Terrorakt hat Mumbai nachhaltig verändert.

Die Umbenennung (1997)

Weniger traumatisch, aber vielleicht verwirrend, war 1997 die offizielle Umbenennung der Stadt von Bombay zu Mumbai. Der Name Bombay stammte wahrscheinlich vom portugiesischen *bom bahia,* „gute Bucht", und war von den Engländern an ihre Sprachgepflogenheiten angepasst worden. Die einheimischen Maharashtrier aber hatten den Ort von jeher Mumbai genannt. Dieser Name ist abgeleitet von der **Lokalgöttin Mumbadevi,** deren Tempel heute nahe dem Zaveri Bazar, dem Juweliersmarkt, steht. Im 18. Jh. musste sie von einem 1675 erbauten Tempel im Stadtteil Fort hierhin umziehen. *Mumbadevi* gilt als eine Manifestation von Mutter Erde und manche Gläubige nennen sie einfach *Ai* („Mutter" auf Marathi).

Der **Tempel** ist architektonisch keine Besonderheit und im Marktgewühl des Zaveri Bazar könnte man fast ungeachtet daran vorübergehen. Tagtäglich finden sich hier jedoch Tausende von Besuchern ein, die sich in Warteschlangen vor dem Eingangstor drängeln. 2003 explodierte eine Bombe ein paar Dutzend Meter entfernt im Zaveri Bazar. (Siehe Kap. „Gott in Mumbai".) Seither hat man einen Metalldetektor zu passieren, um aufs Tempelgelände zu gelangen. Der Tempel wäre ein perfektes, symbolträchtiges Ziel für moslemische Extremisten. Auch in anderen Städten sind bedeutende Hindu-Tempel Zielscheibe von Bombenanschlägen geworden.

Die Engländer waren früher über die Statue der Göttin entsetzt gewesen. Mit ihrem „dreimal zu großen Kopf" erschien sie ihnen wie ein Dämon. Das auffälligste Merkmal der Göttin aber ist die Tatsache, dass sie keinen Mund besitzt. *Mumbadevi* ist eine Göttin ohne Sprechorgan. Und sprachlos zu sein, das ist - wie wir noch sehen werden - in Mumbai wirklich sehr ungewöhnlich.

Schildertausch: die patriotische Umbenennung von Mumbais Straßen

In den 1980er- und 1990er-Jahren wurden zahlreiche englischsprachige Straßennamen und vor allem solche, die Anklänge an die Kolonialzeit trugen, nach indischen Persönlichkeiten umbenannt. Damit wollte man ***Überbleibsel des British Raj,*** *der britischen Herrschaft über Indien, ein für alle Mal auslöschen. Man war nicht stolz darauf, dass „Mutter Indien" fast zweihundert Jahre lang von einem Land beherrscht wurde, das nur ein Siebzehntel so groß war wie das eigene, damals noch mit dem heutigen Pakistan und Bangladesch zusammen, und das es fertigbrachte, mit meist nur 40.000 oder 50.000 weißhäutigen Soldaten die eigene riesige Bevölkerung unter Kontrolle zu halten. (In der indischen Teilung 1947 wurden Pakistan und Ostpakistan, das heutige Bangladesch, von Indien abgetrennt.) Den britischen Truppen standen allerdings bis zu sechsmal so viele indische Soldaten zur Seite. Im Jahre 1900 kam auf 5000 Einwohner Indiens je ein britischer Soldat. Der Anteil der britischen Bevölkerung in Indien, einschließlich Frauen und Kinder, betrug zu keiner Zeit mehr als 0,05 %.*

Viele Straßen sind heute nach „freedom fighters" benannt, die gegen die Kolonialmacht kämpften und von denen viele ihr Leben dabei ließen. Sie wurden zu „shahid", zu Märtyrern für das Vaterland. Die ***Straßennamen*** *sind meist länger und komplizierter geworden. Umgangssprachlich werden in der Regel noch die alten Versionen benutzt. Wer dem Taxifahrer die Anweisung „Lady Laxmibai Jagmohandas Marg" gibt, wird wohl nur einen verdutzten Blick ernten. Jeder kennt die Straße noch als „Nepean Sea Road". Auch hier im Buch sind einige Straßen noch mit ihrem alten und bekannteren Namen bezeichnet.*

Kleinere Straßen und Gassen, die zwar englisch, nicht aber nach Persönlichkeiten aus der Kolonialzeit benannt sind, entgingen der Umbenennungsmanie zum Teil. So gibt es z. B. noch eine „British Hotel Road", eine „Cinema Road" und eine „Mutton Street".

Hier eine Auswahl der wichtigsten umbenannten Straßen und anderer Lokalitäten (neuer Name rechts):

- *Apollo Pier Road - Chhatrapati Shivaji Marg*
- *Arthur Road - Sane Guruji Marg*
- *Ballard Road - Shoorji Vallabhdas Marg*
- *Bazar Gate Street - Perin Nariman Street*
- *Carnac Road - Lokmanya Tilak Marg*
- *Crawford Market - Mahatma Jyotirao Phule Market*

- *Cruickshank Road - Mahapalika Marg*
- *Charni Road - Ram Mohan Roy Marg*
- *Churchgate Street - Veer Nariman Marg*
- *Colaba Causeway - Shahid Bhagat Singh Marg*
- *Duncan Road - Maulana Azad Marg*
- *Delisle Road - D. N. Joshi Road*
- *Dhobhi Talao - K. Vasudeo B. Phadke Chowk*
- *Elphinstone Circle - Horniman Circle*
- *Falkland Road - Patthe Baburao Marg*
- *Flora Fountain - Hutatma Chowk*
- *Foras Road - R. S. Nimkar Marg*
- *Fort Street - Walchand Hirachand Road*
- *Grant Road - M. Shaukat Ali Road*
- *Gauwalia Tank Road - August Kranti Marg*
- *Hanes Street - Dr. E. Moses Marg*
- *Hanging Gardens - Pherozeshah Mehta Gardens*
- *Hornby Road - Dadabhai Naoroji Marg (D.N. Road)*
- *Jacob Circle - Gadge Maharaj Chowk*
- *King's Circle - Maheshwari Udyan*
- *Lamington Road - Dr. A. Nair Road*
- *Lady Jamshetji Road - Vitthalbhai Patel Marg*
- *Linking Road - N. Subhash Bose Marg*
- *Marine Lines Street - Sir Dinshaw Mulla Marg*
- *Marine Drive - Netaji Subhash Marg*
- *Masjid Bunder Road - Yussuf Meher Ali Marg*
- *Nepean Sea Road - Lady Laxmibai Jagmohandas Marg*
- *Parsi Bazar Street - Syed Abdullah Brelvi Marg*
- *Peddar Road - Dr. Deshmukh Road*
- *Prince of Wales Museum - Chhatrapati Shivaji Vastu Sangrahalaya*
- *Queen's Road - Maharishi Karve Marg*
- *Rampart Row - K. Dubash Marg*
- *Sahar International Airport - Chhatrapati Shivaji International Airport*
- *Sandhurst Road - S. V. Patel Marg*
- *Sion Circle - M. Laxmibai Chowk*
- *Tulsi Pipe Road - Senapati Bapat Marg*
- *Victoria Terminus (V. T.) - Chhatrapati Shivaji Terminus (C. S. T.)*
- *Victoria Gardens - Jijamata Bhosle Udyan*
- *Warden Road - Bhulabhai Desai Road*
- *Worli Road - Veer Savarkar Marg*

Menschenmagnet Mumbai: Völkergewirr zwischen Slum und Hightech-Tower

„Weil sie (die Gujaratis) reich sind, denken sie, sie sind die Herren von Bombay. Aber Bombay ist Maharashtra. Wir (Maharashtrier) und die Gujaratis haben nichts gemein ... Maharashtrier und Gujaratis sprechen unterschiedliche Sprachen. Wir essen Fleisch, sie sind Vegetarier. Wir unterscheiden uns so sehr wie die Deutschen von den Franzosen."

Alexander Campbell in *The Heart of India* (1958), einen Maharashtrier zitierend

Bevölkerung

Hätte ein Wahrsager im Indien des frühen 19. Jh. vorausgesagt, dass Mumbai zwei Jahrhunderte später **20 Millionen Einwohner** haben würde, hätte man ihn wahrscheinlich lauthals verspottet. Zwecks Rückgewinnung seines Verstandes hätte man ihn vielleicht in einen Bottich mit heiligem Kuhdung gesteckt und ihm einen Liter Kuhurin eingeflößt. Die Ausscheidungen der Kuh gelten als spirituell reinigend. Dummerweise hätte der gute Mann Recht gehabt. Unter allen indischen Städten verzeichnete Mumbai in den letzten Jahrhunderten und Jahrzehnten das größte Bevölkerungswachstum. Die guten Arbeits- und Verdienstmöglichkeiten lockten und locken Heerscharen von Zuwanderern aus dem Hinterland von Maharashtra wie auch aus weiter entfernten Landesteilen herbei.

Im Jahre 1715 war Mumbai noch ein Dorf mit gerade mal 1600 Einwohnern gewesen, 1744 waren daraus 70.000 geworden, 1836 verzeichente man 235.000 Einwohner und 1872 waren es schon 644.000. Als Indien 1947 die Unabhängigkeit erlangte, lebten 4 Millionen Menschen in der Stadt. Danach erst erlebte Mumbai sein größtes Wachstum. Anfang der 1980er-Jahre waren es 12 Mio., nun schien Mumbai die Grenze seiner Belastbarkeit erreicht zu haben. Den alteingesessenen Bürgern wurde ob der dauernd neu entstehenden Slumsiedlungen allmählich unheimlich und Wohnraum wurde rar. Heute hat Mumbai mehr als 20 Mio. Einwohner (Zensus 2001: 18,7 Mio.), das sind **40.000 Menschen pro Quadratkilometer** – damit ist Mumbai die am dichtesten besiedelte Stadt der Welt. Sie ist heute ein menschlicher Ameisenhaufen und mit jeder Minute wird der

Menschenmagnet: Mumbai zieht ehrgeizige Zuwanderer aus allen Landesteilen an

Lebensraum noch enger. Jeden Tag gesellen sich etwa 500 bis 1000 weitere Zuwanderer hinzu und zu diesen ist noch ein Geburtenüberschuss zu addieren (ca. 10 Pers. pro 1000 Zuwanderern). Die Zwergstadt Mumbai hat damit beinah so viele Einwohner wie das riesige Australien und spätestens im Jahr 2009 wird sie den Kontinent überflügelt haben.

003kmu Foto: rk

Mumbai ist die **Hauptstadt des Bundesstaates Maharashtra** und als solche war sie bis in die 1990er-Jahre in der Mehrheit von Maharashtriern bewohnt. Mit einer Fläche von 307.713 Quadratkilometern ist Maharashtra nur 14 % kleiner als Deutschland. Die Bevölkerung beträgt knapp 100 Millionen Menschen, damit ist Maharashtra der zweitbevölkerungsreichste indische Bundesstaat. Mit Maharashtra allein hat Mumbai schon ein großes Einzugsgebiet von potenziellen Zuwanderern in seinem Rücken, doch kommen sie aus allen Ecken und Enden des Landes. Ein besonders starker Zustrom erfolgte in den letzten zwei, drei Jahrzehnten aus den nördlichen Bundesstaaten Uttar Pradesh und Bihar. Uttar Pradesh ist mit 180 Millionen Einwohnern der bevölkerungsreichste Bundesstaat und außer ein wenig Landwirtschaft gibt es oft nichts zu tun. Bihar leidet unter beinah anarchistischen Zuständen, ist einer der ärmsten Bundesstaaten des Landes und weist eine hohe Bevölkerungsdichte auf.

Die ungeheure Zuwanderung ist jedoch dabei, die Maharashtrier zu einer Minderheit zu machen, was schon in den 1960er-Jahren die Parole **„Maharashtra den Maharashtriern!"** hervorgebracht hatte. Die Gründung der radikalen Shiv-Sena-Partei im Jahre 1966 war eine Reaktion auf den starken Zustrom von Nicht-Maharashtriern in Mumbai. In der Folgezeit sollte die Partei für viel Unruhe sowohl in der politischen Szene Maharashtras als auch ganz Indiens sorgen. (Siehe das Kap. „Politik".)

Heute sind nur noch etwa 40 % der Bewohner Mumbais Maharashtrier und ihr Anteil sinkt weiter. Sie fühlen sich benachteiligt und von anderen Landsmannschaften ökonomisch überflügelt. Die **zweitgrößte Bevölkerungsgruppe** sind mit 18 % die Gujaratis. Danach folgt eine schier endlos lange Liste von Landsmannschaften, fast so lang wie eine Aufzählung aller in Indien lebenden Volksgruppen: Zwischen den Maharashtriern und Gujaratis leben Marwaris, Panjabis, Rajasthanis, Sindhis, Nordinder aus Uttar Pradesh und Bihar, Kannadigas, Tamilen, Menschen aus Madhya Pradesh und Andhra Pradesh, Goanesen, Parsen, Assamesen u. v. m. Es wird kaum einen Distrikt in Indien geben, aus dem keine Bewohner nach Mumbai gezogen sind. Ich kenne einen Taxifahrer in Mumbai, der von den Andamanen-Inseln stammt, 2500 km entfernt. Entfernungsmäßig ist es genauso, als zöge ein Libanese von Beirut nach München.

Sprache

Ebenso gemischt wie die Herkunft sind auch die Sprachen, die in der Stadt gesprochen werden und so mancher Neuling muss erst einmal Hindi oder Marathi lernen, um sich verständlich machen zu können. Für einen Tamilen oder Kannadiga zum Beispiel sind Sprachen wie Hindi und Marathi so fremd wie für einen Deutschen das Portugiesische.

Die **Nationalsprache Hindi** ist zwangsläufig die Sprache, die alle Bewohner verbindet, da es aber für viele Leute nicht ihre Muttersprache ist, wird oft eine Art Kauderwelsch-Hindi gesprochen, ein Patois, ein rudimentäres, mit anderen Sprachen vermischtes und oft „falsches" Hindi. Man verständigt sich auf dem niedrigsten gemeinsamen Nenner. Wer Hoch-Hindi aus Nordindien, vor allem aus Delhi oder Uttar Pradesh gewöhnt ist, dem werden beim typischen Bambaiya-Hindi, das in Mumbai gesprochen wird, oft die Ohren schmerzen. Andererseits hat es einen derben, schlitzohrigen Charme, von dem in vielen Hindi-Filmen Gebrauch gemacht wird, vor allem bei den etwas windigeren Charakteren. In der Oberschicht ist **Englisch** oft die *lingua franca,* die Verkehrssprache. Hindi wird in diesen Kreisen vielleicht nur benutzt, wenn man den Hausangestellten eine Order gibt, das Hindi klingt dann unbeholfen, etwas affektiert und ist Englisch-akzentuiert.

Zuwanderer

Der große Zustrom hat die Stadtlandschaft Mumbais besonders seit den 1980er-Jahren stark verändert. Obwohl Indien in dieser Zeit gewaltige wirtschaftliche Fortschritte errungen hat, macht die Stadt heute vielerorts einen chaotischeren Eindruck als je zuvor. In den Jahren 1981–2001 hat sich die Slumbevölkerung in Indien mehr als verdoppelt, in Mumbai gelten heute **55 % der Stadtfläche als Slumgebiete.** Jedes freie Stück Land wird von Zuwanderern besetzt, sei es der Bürgersteig oder der regensichere Platz unter einer Straßenüberführung. Gelegentlich machen es sich Zuwanderer sogar in großen Abflussrohren bequem, die irgendwann einmal in den Boden eingelassen werden sollten, aus unerfindlichem Grunde aber liegen blieben. Die Rohre, mit vielleicht einem Durchmesser von 1 m, sind zumindest regenfest und einsturzsicher. Man kann nur mutmaßen, wie entsetzlich die Lebensumstände dieser Menschen auf dem Lande gewesen sein müssen, dass sie stattdessen lieber in einem Abflussrohr in Mumbai hausen.

Etwa die Hälfte der Einwohner Mumbais besitzt **keine eigene Toilette,** nicht selten sieht man jemanden am Straßenrand oder auf dem Mittelstreifen einer Straße hocken und seine Notdurft verrichten. In den Slums befinden sich nur Gemeinschaftstoiletten und diese werden von Hunderten von Menschen benutzt. Ihr Zustand lässt sich leicht ausmalen. Die hohe Bevölkerungsdichte hat Wohnraum zu einem der teuersten Güter werden lassen und wie wir noch sehen werden, wird oft auf Leben und Tod darum gekämpft. Mumbai wird häufig die „Stadt aus Gold genannt": Das Gold ist heute das schmutzige Braun des Bodens.

Nicht selten schickt sich die Stadtverwaltung an, **illegale Bauten** – das sind in den meisten Fällen Slumsiedlungen – abzureißen. Die Bewohner versuchen, sich dagegen zu schützen, indem sie zwischen den *jhopris* oder Slumhütten kleine Heiligtümer errichten: Einen Hindu-Tempel, einen christlicher Schrein oder eine winzige Moschee. Diese sollen die Siedlung vor dem Abbruch bewahren, denn wird ein religiöses Heiligtum niedergerissen, so sind in kürzester Zeit zahllose Anhänger der betroffenen Glaubensrichtung in Aufruhr. Blutige Straßenkämpfe zwischen ihnen und der Staatsmacht sind dann unvermeidlich. Am Ende wird den Slumbewohnern oft ein Aufschub gewährt und irgendwann geht das Spiel wieder von vorne los.

Der Zustrom zahlreicher Menschen mit unterschiedlichen ethnischen, religiösen und linguistischen Hintergründen kann verständlicherweise zu brisanten Situationen führen. In Mumbai leben einige Hunderttausend **illegale Einwanderer aus Bangladesch** – niemand kennt die genaue Zahl – und die allermeisten davon in Slums. Sie sind weder von den Behörden gern gesehen noch von den Zuwanderern aus anderen Teilen Indiens, ganz zu schweigen von den alteingesessenen Mumbaikars. Sie nehmen Raum und Arbeitsplätze weg, haben mehr Kinder als der durchschnittliche Mumbaikar und so hört man zumindest – sie sollen überdurchschnittlich kriminell sein. Fährt man vom Stadtteil Colaba über die P. D'Mello Road in Richtung Sewri, kann man beiderseits der Straße endlose Slumhütten sehen, die von Bangladeschern bewohnt werden. Da, wo sich einst ein breiter Bürgersteig befand, stehen heute nahtlos Elendsquartiere, kilometerweit. Die Hütten sind relativ solide gebaut, so als hätten sich ihre

004kmu Foto: rk

Bewohner auf einen permanenten Aufenthalt eingerichtet. Die Männer in den Behausungen verraten ihre Herkunft oft durch die Verwendung karierter *lungis,* Wickelgewänder, wie Männer in Bangladesch sie zu tragen pflegen. Die Umgangssprache ist Bengali. Dies ist nur eine von zahlreichen Bangladescher-Siedlungen in Mumbai, praktisch eine ganze Kleinstadt von illegalen Einwanderern inmitten der Millionenmetropole.

Als Beweis, dass jemand kein indischer Staatsbürger ist, reicht ein karierter *lungi* allerdings nicht aus. Der Nachweis ist schwer. Da es in Indien kein Personalausweissystem gibt, kann sich jeder, der einigermaßen indisch aussieht und eine der zahllosen Sprachen des Landes spricht, als Inder ausgeben. Ihm das Gegenteil zu beweisen, ist fast unmöglich. Korrupte Politiker kommen den Illegalen zu Hilfe, verfolgen dabei vor allem aber eigennützige Ziele: Statt durch einen Personalausweis wird in Indien die Nationalität durch die *ration card* nachgewiesen, eine Bezugskarte für rationalisierte, verbilligte Grundnahrungsmittel, auf die jeder Inder ein Anrecht hat. Die Politiker lassen dem Einwanderer eine Karte ausstellen und im Gegenzug bekommen sie bei der nächsten Wahl dessen Stimme. Mit der *ration card* kann man sich in die Wählerliste eintragen lassen und ist in jeder Hinsicht „Inder".

Die Bangladescher sind fast ausschließlich Moslems und fundamentalistisch-nationalistische Parteien wie die *Shiv Sena* sehen in ihrem Zuzug eine erhöhte **Gefahr des islamischen Terrorismus.** Zumindest verschieben sie das prozentuale Verhältnis zwischen Hindus und Moslems und zugunsten letzterer, was sowohl der *Shiv Sena* als auch den meisten Hindus in Mumbai ein Dorn im Auge ist. Etwa 68 % der Bevölkerung Mumbais sind Hindus, 17 % sind Moslems, der Anteil von Moslems ist damit höher als im Landesdurchschnitt (laut Volkszählung Gesamtindien 2001: Hindus 80,5 %, Moslems 13,4 %, Christen 2,3 %, Sikhs 1,9 %, Buddhisten 0,8 %, Jains 0,4 %).

Aber auch unter den Zuwanderern selbst ist das Zusammenleben nicht immer einfach. Vielen Indern sind Landsleute aus anderen Regionen oder Volksgruppen fremd und bisweilen ist man den Anderen gegenüber regelrecht misstrauisch. Man ist sich manchmal so fern wie ein Deutscher und ein Grieche. Der größte verbindende Faktor ist die Religion, alle anderen kulturellen Facetten können weit auseinanderklaffen. Am wohlsten fühlt man sich deshalb unter seinesgleichen und man sucht die Nähe von Menschen desselben religiösen oder ethnischen Hintergrunds. So haben sich schon früh in Mumbais Geschichte **Enklaven bestimmter religiöser Gemeinschaften oder regionaler Gruppen** gebildet. In Bandra West leben seit Langem zahlreiche Christen und manch versteckte kleine Gasse erinnert in ihrer Architektur an Goa. Viele goanesische Zuwanderer finden sich auch im Bereich Dhobi Talao. Im Stadtteil Dadar West leben zahlreiche Maharashtrier und Zuzügler aus Karnataka. Im benachbarten Mahim leben ebenfalls Kannadigas sowie Tamilen und viele Moslems. Gegenden wie Bhendi Bazar, Mohammed Ali Road, Dongri und Nagpada sind moslemische Hochburgen, ebenso die Stadtteile Byculla und Mazagaon. Byculla und Mazagaon beherbergen aber auch christliche Minderheiten. Die Wohnhäuser in Geschäftsvierteln wie Kalbadevi Road oder Zaveri Bazar werden vornehmlich von Gujaratis bewohnt. Der wohlhabende Stadtteil Walkeshwar ist ebenfalls hauptsächlich in Händen von Gujaratis.

Es gibt viele unterprivilegierte Stadtviertel, die mehrheitlich entweder von Hindus oder Moslems bewohnt werden. Für die betreffende Minderheit in einem solchen Viertel kann das Leben problematisch sein: Falls es zu interkonfessionellen Ausschreitungen kommt – so wie z. B. 1992 und 1993 –, sind sie die allererste Zielscheibe und auch ansonsten haben sie sich ein wenig bedeckt zu halten.

Viele Stadtteile werden durch die Traditionen der dort lebenden Volksgruppen geprägt und so kann man mancherorts wunderbar ethnische Stu-

Spaß im Slum: Viele Bewohner von Armutssiedlungen legen erstaunlichen Frohsinn an den Tag

dien treiben. Mumbai ist weniger ein *Völkergemisch,* in dem alles in allem aufgeht und nichts von der Individualität der einzelnen Gruppen übrig bleibt – es ist vielmehr **ein Völkermosaik,** dessen einzelnen Mosaiksteine nebeneinander und miteinander existieren und die ein schillerndes neues Ganzes bilden. Abseits der Hauptstraßen entdeckt man oft *wadis,* kleine Siedlungen, die von einer bestimmten Landsmannschaft oder gar Kaste bewohnt werden und die traditionelle Architektur ihres Herkunftsgebiets aufweisen. Einige dieser *wadis* stehen unter Denkmalsschutz, so z. B. das von Goanesen bewohnte Kotachi Wadi, Stadtteil Girgaum. Die Bhangi Galli („Bhangi-Gasse") in Girgaum bezieht ihren Namen von den Bhangis, einer Untergruppe der Kastenlosen, die ihren Broterwerb traditionell durch das Reinigen von Straßen, Toiletten u. Ä. verdienen. Wer auf die Straßenschilder in den kleinen Seitenwegen achtet und ein wenig der Landessprache mächtig ist, kann so manche Entdeckung machen.

Architektur, Streik und Slums

In Mumbai stehen die Gebäude Wand an Wand, Freiräume sind rar. Kein Wunder, dass auf den wenigen unbebauten Gebieten heute himmelhohe Apartmentgebäude aus dem Boden schießen. Man muss zwangsläufig hoch hinaus. Zum begehrtesten **Bauland** gehören die Grundstücke, auf dem sich bis in die 1980er-Jahre Textilfabriken befunden hatten. 1982–1983 legte ein Streik die Textilindustrie in Mumbai lahm, die bis dahin einer der Hauptarbeitgeber in der Stadt gewesen war. Die etwa 60 Textilfabriken beschäftigten 285.000 Menschen – und nun standen die Maschinen still. Als die Hoffnung auf ein baldiges Ende des Streiks schwand, verlegten viele Besitzer ihre Unternehmen nach Gujarat oder anderswo außerhalb Mumbais und zahlreiche Angestellte verloren ihre Arbeitsstelle. Mumbais Zeit als Zentrum der Textilindustrie war Geschichte geworden. Selten hatte ein Streik solch katastrophale Auswirkungen auf eine Stadt und wie wir noch sehen werden, nährte er am Ende auch das Gangstertum in Mumbai.

Die erste und handgreiflichste Auswirkung war jedoch eine **Rezession.** Der Geldumlauf in Mumbai ging dramatisch zurück. Selbst in den Billigbordellen in Falkland Road, Foras Road und Suklaji Street brach der Notstand aus. Viele der Kunden waren Textilarbeiter gewesen, die nun auf ihren Feierabendspaß verzichten mussten. Die Kosten für ein bisschen *chudai,* eine schnelle Nummer, fielen auf den Preis von fünf Glas Tee. Die sonst so belebten Bordellstraßen waren plötzlich friedhofsstill.

Der charismatische und kämpferische **Anführer des Streiks,** *Datta Samant,* wurde 1997 erschossen. Die Täter, zwei gedungene Mörder, die im

Auftrag eines Geschäftsmannes gehandelt hatten, wurden 2005 gefasst, doch das Motiv wurde nie ganz aufgeklärt. Möglicherweise war es *Datta Samants* Widerstand gegen die Pläne der Geschäftswelt, die Fabrikgrundstücke für kommerzielle Zwecke zu nutzen. Wie auch immer, der Schaden, den der Streik angerichtet hatte, war unwiderruflich. Der Streik wurde nie offiziell beendet. Heute sind wieder an die 30 Textilfabriken in Betrieb, von denen aber angeblich nur 10 bis 12 Gewinn abwerfen.

Lange Jahre lagen die **Grundstücke der ehemaligen Fabriken** brach. Die meisten Fabriken hatten sich in den Stadtteilen Mumbai Central, Byculla, Parel, Prabhadevi, Worli, Dadar und Sewri befunden. Auf einigen der Areale wurden bald riesige Shoppingmalls eröffnet. Aus den *mills* (Fabriken) wurden *malls* (Einkaufszentren). Auf dem Gelände des *Big Bazar* im Stadtteil Worli ist heute noch ein Fabrikschlot aus der alten Zeit zu sehen. Er überblickt die Tausende von Käufern, die ihre Einkaufswagen über das Gelände des Shoppingcenters schieben, und wirkt wie ein Museumsstück aus einer lang vergangenen Epoche. Viele der gutbetuchten jungen Kunden, die vielleicht in der dortigen Filiale von Barista einen Espresso schlürfen, wissen von dem Streik nur noch aus den Erzählungen ihrer Eltern – wenn überhaupt. Das statistische Durchschnittsalter der 1,1 Milliarden Inder liegt bei 24 Jahren.

Restriktive Gesetze verbaten zunächst die Nutzung der gesamten ehemaligen Fabrikareale, die Gesetze wurden 2001 jedoch gelockert. Als Folge begannen Privatfirmen mit dem Bau von gigantischen Apartmenttürmen. Auf dem Gelände der ehemaligen *Mahalakshmi Mills* in Mumbai Central errichtete die Firma Godrej den 221 m hohen *Planet Godrej* mit 51 Stockwerken. Auf dem Gelände der früheren *M. P. Mills* im Stadtteil Tardeo wurden die 249 m hohen, 60 Stockwerke umfassenden Zwillingstürme *Imperial Tower 1 & 2* gebaut. Dazu kamen viele weitere ähnliche Bauwerke auf anderen einstigen Fabrikgeländen. Die potenziellen Kunden für die in den Wohntürmen befindlichen Apartments wurden mit den neuesten Hightech-Errungenschaften gelockt, so z. B. mit einem Hochgeschwindigkeitslift, der 200 Meter Höhenunterschied in 40 Sekunden schafft. Die neuen Gebäude brauchen den Vergleich mit ähnlichen, teuren Apartmenthäusern nicht zu scheuen. Man bedient sich neuester Technologie und die Preise bewegen sich auf Erste-Welt-Niveau, oft sogar im Weltspitzenbereich.

Bei den enormen Wohnraumpreisen ist verständlich, dass sich nur eine erlesene Minderheit ein solches Apartment leisten kann. (S. auch Kap. „(K)ein Dach über dem Kopf".) Zwischen all den neuen Hightech-Türmen werden sich die Slumsiedlungen vorerst weiter verdichten und den ansonsten grandiosen Ausblick von oben trüben. Aber glaubt man der Re-

Wirtschaftsturbine Mumbai: Indiens Geldverdiener Nr. 1

„Alle kommen nach Mumbai, um Geld zu machen, sei es durch den Verkauf von Chapatis auf dem Chowpatty Beach, durch den Verkauf von gestohlenen Brieftaschen oder von gebrauchtem Zahnersatz am Straßenrand."

So heißt es in den „Mumbai Pages – The Complete Guide to the City of Mumbai" (online) und dies trifft die Einstellung vieler Zuwanderer in Mumbai sehr gut. **Jeder will Geld verdienen.** Viel Geld. Und Mumbai bietet dazu mehr Möglichkeiten als jede andere Stadt in Indien. Mumbai ist Indiens wirtschaftlicher Motor, das Geld rotiert im Schnellverfahren.

Mumbais ökonomische Indikatoren sind in jeder Beziehung beeindruckend. 10 % aller Arbeitsstellen der indischen Industrie befinden sich in Mumbai, die Stadt ist für 40 % des gesamten Außenhandels Indiens verantwortlich und sie nimmt 60 % aller Zollgebühren in Indien ein. Ein Drittel der gesamten Einkommensteuer Indiens wird hier erwirtschaftet.

Obwohl Mumbai schon zu Kolonialzeiten ein bedeutendes Handels- und Wirtschaftszentrum war, so erlebte es sein größtes Wachstum nach dem 2. Weltkrieg und dieses ging mit einem erhöhten Zustrom von Migranten einher. Die Briten hatten im 19. Jh. die **Textilindustrie** ausgebaut, die lange Zeit Mumbais wichtigster Produktionszweig sein sollte. Nach dem großen Textilstreik in den 1980er-Jahren nahm ihre Bedeutung jedoch ab. Heute ist die Textilindustrie nur eine von vielen Sparten. Die Textilfabriken verarbeiten Baumwolle, die in großem Stile in Mumbais Hinterland angebaut wird – vor allem in der Vidharbha-Region von Maharashtra – aber auch Kunstfasern und Seide. Weiterhin hat Mumbai eine ausgedehnte **pharmazeutische Industrie:** 40 % aller pharmazeutischen Produkte in Indien werden in Mumbai und Maharashtra hergestellt. Maharashtra steht mit einem Anteil von 13 % an der gesamten Industrieproduktion an der Spitze der indischen Bundesstaaten. Hinzu kommt in Mumbai die chemische und petrochemische Industrie, Plastik- und Papierherstellung, Bauwesen, ein weitverzweigter Dienstleistungssektor u. v. m. Nicht zu vergessen ist auch die **Filmindustrie,** gemeinhin „Bollywood" genannt, eine Wortkombination aus Hollywood und Bombay. Bollywood beschäftigt 110.000 Menschen mit einem jährlichen Umsatz von ca. 1 Milliarde Euro. (S. auch Kap. „Bollywood".) Bollywood-Filme sind ein zunehmend erfolgreicher Exportartikel und bringen Milliarden Rupien ins Land.

Kleinvieh macht auch Mist: Ersatzteilverwerter im „Diebesmarkt"

005kmu Foto: rk

Fast das gesamte Petroleum in Indien wird in Mumbai vermarktet und der ***Hafen,*** *der auch zu britischen Zeiten schon weitgehend für den Wohlstand verantwortlich war, ist auch heute noch von maßgeblicher Bedeutung. Es ist der wichtigste Hafen auf dem indischen Subkontinent, durch ihn wandern 30 % aller in Indien umgeschlagenen Waren. 160 km vor der Küste Mumbais befindet sich Mumbai High, Indiens größtes* ***maritimes Erdöl- und Erdgasfeld.*** *Hier werden 38 % des indischen Erdöls gefördert, was 14 % des heimischen Verbrauchs deckt. Der im Stadtzentrum Worli gelegene „National Stock Exchange of India (NSE)“ ist vom Umsatzvolumen her der größte Aktienmarkt des Landes und der drittgrößte der Welt.*

Bei den Riesensummen von Geld, die durch die Stadt fließen, ist nicht verwunderlich, dass viele Inder aus anderen Landesteilen sich ein Stück von dem Kuchen abschneiden wollen. Der große Zustrom in Mumbai ist aber nicht nur ein Zeichen des wirtschaftlichen Erfolges der Stadt – er ist auch ***Zeichen des Misserfolges in vielen ländlichen Gebieten.*** *Das Gefälle zwischen beidem ist eklatant. Wenn der Fortschritt und das Geld nicht ins heimische Dorf kommen, dann muss man eben in die Stadt ziehen – und zur Not verkauft man dort auch gebrauchten Zahnersatz. Man braucht ja nicht zu erwähnen, dass er gebraucht ist … Jede Rupie zählt.*

gierung von Maharashtra, so soll sich auch unten in den Slums etwas tun. So soll bespielsweise der **berühmt-berüchtige Riesenslum Dharavi** gänzlich beseitigt werden. Der Stadtteil Dharavi gilt mit seinen 170.000 Slumhütten und primitiven Zementgebäuden, 4500 kleinen Handwerksbetrieben und einer Bevölkerung von ca. 500.000 bis 700.000 Menschen als der zweitgrößte Slum Asiens. Gleich nach dem Stadtteil Orangi in Karatschi, Pakistan. Die in Dharavi gelegenen Handwerksunternehmen betreiben vor allem Lederverarbeitung und die Herstellung von Schmuck- und Töpfereiwaren sowie Ziegelsteinen. Die Schlote der Ziegelbrennereien stoßen schwarze Qualmwolken aus und verursachen eine hohe Luftverschmutzung und Lungenerkrankungen. Als Giganto-Slum wurde Dharavi in zahllosen Magazinreportagen und TV-Dokumentationen weltberühmt. Als Folge des *Dharavi Redevelopment Project* aber, das von der Regierung von Maharashtra ausgerufen wurde und fast 2 Mrd. Euro kosten wird, soll das Armenviertel bis zum Jahre 2015 der Vergangenheit angehören. Die Bewohner sollen bis dahin in kostenlosen 20-m²-Apartments eine neue Bleibe gefunden haben. Nicht nur das – ganz Mumbai soll bis dahin „slum-frei" geworden sein, so wurde es zumindest angekündigt. Man hat sich viel vorgenommen, aber eine gesunde Skepsis ist angebracht. Indischen Politikern kommen die Versprechungen so leicht über die Lippen wie einem liebestrunkenen *Casanova* die Treueschwüre.

Falls der ehrgeizige Plan tatsächlich gelingt, hätte die Regierung ein mittelprächtiges Wunder vollbracht. Erfolg oder Misserfolg kann darüber ausschlaggebend sein, ob Mumbai in Zukunft asiatischen Geschäftszentren wie Shanghai oder Singapur Konkurrenz machen kann. (Siehe das Kap. Politik.) Jahrzehntelang hat man sich in Indien vorgeschwärmt, welches Potenzial das Land doch habe und mittlerweile hat man auch viele **ausländische Investoren** davon überzeugen können. Anfang des 21. Jh. war die Zeit gekommen, endlich etwas aus den Möglichkeiten zu machen, wollte man nicht riskieren, für immer ein Land der verpatzten Chancen zu bleiben. In Dharavi bringen die Bürger die Pläne vielleicht selbst zum Scheitern: Zahlreiche Slumbewohner wollen ihre alten Behausungen und Werkstätten nicht verlassen. Der Slum bietet organisch gewachsene Lebens- und Arbeitsstrukturen, die bei einem Umzug verloren gingen.

Im Jahre 2020 wird Mumbai mit ca. 26 Millionen Einwohnern die **zweitbevölkerungsreichste Stadt der Welt** sein. Für die Lebens- und Wohnqualität des durchschnittlichen Bürgers, der sich kein 80-Millionen-Rupien-Penthouse und keinen Mercedes mit Chauffeur leisten kann, lässt diese Zahl nichts allzu Gutes erahnen. Wann wird Mumbai aufhören zu wachsen? Wird es überhaupt aufhören? Wo ist die Grenze?

Diese Fragen kann nur der eingangs erwähnte Wahrsager beantworten.

Die großen Bosse am Geldhahn: von Sindhis, Marwaris und Parsen

„Auf den Fußstapfen der Marwaris scheinen alle möglichen Formen von Elend zu folgen."

Aus den *Transactions of the Literary Society of Bombay,* 1819, in Anspielung auf die Geldverleihaktivitäten der Marwaris.

Wenn es ums Big Business in Mumbai geht, so sind es immer wieder Mitglieder dieser drei Gruppen, die ganz vorne anstehen: die Sindhis, Marwaris und Parsen.

Die Sindhis – von Vertriebenen zu Wohlstandsbürgern

Die **Sindhis** sind Hindus und stammen ursprünglich aus der Provinz Sindh im heutigen Pakistan. Während der Teilung des indischen Subkontinents flohen sie ins hindudominierte Indien, vor allem zuerst nach Gujarat und Rajasthan und schließlich nach Mumbai. Viele von ihnen wurden wohlhabende Geschäftsleute. Sindhis sind häufig in der Textilbranche tätig, aber auch im Gemüsegroßhandel oder in Transportunternehmen.

Die erfolgreichsten Sindhi-Industriellen sind die *Ambani,* die langjährigen Herren über *Reliance Industries,* ein weitverzweigtes Wirtschaftsimperium. Gegründet wurde es im Jahre 1958 von *Dhirajlal Hirachand Ambani* (1932–2002), genannt *Dhirubhai,* der im heimatlichen Gujarat als kaufmännisch gesinnter junger Bursche kleine Mahlzeiten an Pilger verkauft hatte. Sein erstes großes Vermögen machte er in Aden, wo er jemenitische Rials aufkaufte – damals aus reinem Silber bestehend –, sie einschmolz und in London weiter verkaufte, wo ein hoher Silberbedarf bestand. Der Bollywood-Film *Guru* (2007) mit *Abhishekh Bachchan* in der männlichen Hauptrolle ist vage an *Dhirubhais* Lebensgeschichte angelehnt.

Der Tod des Unternehmensgründers zog einen Familienzwist nach sich, der streckenweise an eine der peinlichen Seifenopern im indischen Fernsehen erinnerte. Als Folge wurde im Jahre 2005 das Unternehmen zwischen den verfeindeten Brüdern *Mukesh* (geb. 1957) und *Anil Ambani* (geb. 1959) aufgeteilt. *Anil Ambani* nennt sein Unternehmen nun *Ambani Enterprises.* Das Nettovermögen der beiden wird auf ca. 8 bzw. 34 Mrd. Euro beziffert. Die Brüder *Ambani,* der Immobilienmakler *Kushal Pal (K. P.) Singh* und der Stahlmagnat *Lakshmi Mittal* gehören zu den zehn reichsten Menschen der Welt.

006kmu Foto: rk

Die Nachnamen der Sindhis enden meist auf -ani: zum Beispiel Advani, Ajwani, Daswani, Gidwani, Kripalani, Lakhani, Motwani, Rupani, Thadani, Vaswani usw.

In Mumbai leben etwa 600.000 Sindhis (Indien: 3,5 Mio.). Ein großer Teil von ihnen isst traditionell vegetarisch, dennoch ist ihre Kost generell offenbar **nicht sehr gesund:** Gemäß dem im Jaslok Hospital in Mumbai praktizierenden, angesehenen *Dr. O. P. Kapoor* leiden zahlreiche Sindhis an Zuckerkrankheit, Herzerkrankungen, Fettleibigkeit, Bluthochdruck und Thalassämie („Mittelmeeranämie"). Dazu klagen viele über „unvollständige Darmentleerung", „extrem ausgeprägtes Rülpsen" und Aerophagie (Luftschlucken und Blähungen). Nach vierzigjähriger Praxiserfahrung kommt *Dr. Kapoor* zu dem Schluss, dass „die Sindhis die höchste Rülpsanfälligkeit und Aerophagie-Rate der Welt" haben. Das mag besorglich stimmen, das Essen der Sindhis ist trotz allem sehr schmackhaft, wie ein Besuch im Sindhi-Restaurant Kailash Parbat z. B. (am Colaba Causeway) schnell unter Beweis stellt. Wahrscheinlich kommt es auf die richtige Dosierung und Ausgewogenheit an. Außerdem, so *Dr. Kapoor,* leiden viele Sindhis unter starkem Zungenbelag, den sie sich mit Zungenschabern zu entfernen versuchen.

Wie wohl unter allen im Geschäftsleben erfolgreichen Gruppen, so gibt es auch unter den Sindhis schwarze Schafe. Die Stadt Ulhasnagar 60 km nördlich von Mumbai war lange als riesige Fälscherwerkstatt bekannt und viele der Fälscherbosse waren Sindhis. Scherzhaft wurden die in Ulhasnagar hergestellten Falsifikate als Waren *Made by USA* bezeichnet – USA = *Ulhasnagar Sindhi Association.* Die Sindhis sind natürlich nicht die einzigen Übeltäter. Vom Bollywood-Drehbuchautor bis zum Dissertation schreibenden Studenten bedienen sich zahlreiche Inder an fremden, meist westlichen Ideen und geben sie als die ihren aus. Ideenklau wird als Teil des Intelligentseins betrachtet.

Die „USA" scheint heute weniger aktiv zu sein als zuvor, denn gefälschte Konsumprodukte oder solche minderer Qualität lassen sich heute preiswerter aus China importieren. Der indische Markt ist mit chinesischen Billigwaren überschwemmt.

Die Marwaris – die vegetarischen Industriekapitäne

Die zweite prominente Gruppe von Geschäftsleuten sind die **Marwaris,** die ursprünglich aus der Marwar-Region in Rajasthan stammen. Viele von ihnen waren jedoch schon über Generation in anderen Gebieten Indiens ansässig, bevor sie sich in Handelszentren wie Mumbai oder Kolkata (Kalkutta) niederließen.

Die Marwaris können sowohl Hindus als auch **Jains** sein und sie sind fast ausschließlich **strikte Vegetarier.** Die Jains unter ihnen dürfen gemäß ihrer Religion nicht einmal Nahrungsmittel essen, die in der Erde wachsen – also z. B. Kartoffeln, Zwiebeln, Karotten und Knoblauch –, da beim Herausziehen dieser unzählige kleine Lebewesen getötet würden. Dies verstößt gegen eine Grundregel des Jainismus, das *ahimsa,* das absolute Nichtverletzen von Lebewesen. Viele bessere Restaurants in Mumbai – selbst Pizza-Anlieferer wie die *Domino's*-Kette – bieten ihre Speisen auch als Jain-Version an, in der die verbotenen Nahrungsmittel nicht verwandt werden. Bei Weitem nicht alle Jains halten sich heute noch an die strenge Regel, besonders die junge Generation denkt pragmatischer – auf einer Geschäftsreise nach Bangkok, Hongkong oder gar Seoul lässt sich der Knoblauch meist nicht vermeiden.

Der Gedanke, dass bei der Ernte oder in der Landwirtschaft generell Kleinstlebewesen getötet werden, ist der Grund, warum Jains allesamt als **Geschäftsleute** fungieren. In ihrer Sichtweise ist der Handel die einzige berufliche Tätigkeit, die das Prinzip des *ahimsa* vollkommen erfüllen kann.

Auch die hinduistischen Marwaris sind durchweg im Handel tätig, oft im Edelsteinhandel. Die Marwaris haben aber auch viele Industrie-Imperien

Leben an der Prachtstraße: Viele wohlhabende
Sindhis und Marwaris besitzen teure Wohnungen am Marine Drive

hervorgebracht: Man denke nur an in Indien allgegenwärtige (Firmen-)Namen wie Agarwal, Bajaj, Birla, Goenka, Hinduja, Khetan, Kothari, Mittal, Modi, Oswal, Poddar, Sanghvi und Singhania. Die *Oswals* galten früher einmal als die **„Rothschilds Indiens".** Es wird geschätzt, dass sich ca. 60% der indischen Industrie im Besitz von Marwaris befindet. Die Marwaris sind im Geschäftsleben allgegenwärtig, selbst im entlegenen Nordosten Indiens. Eine assamesische Redewendung lautet: „Wo es nicht einmal einen Ochsenkarren gibt, einen Marwari gibt es dort gewiss." Der wohlhabendste Brite und fünftreichste Mann der Welt ist der Stahlmagnat *Lakshmi Mittal* (geb. 1950), ein indischstämmiger Marwari. Sein Nettovermögen wird zurzeit auf ca. 20 Milliarden Euro beziffert.

Den Marwaris geht in Indien oft der Ruf voraus, ruchlose Geschäftsleute zu sein. Das beruht großenteils darauf, dass sich viele in der Vergangenheit auch als **Geldverleiher** betätigten oder Pfandhäuser betrieben. 1875 zettelten Bauern in der Gegend von Pune und Ahmadnagar im Hinterland von Mumbai gewalttätige Pogrome gegen Marwari-Geldverleiher an. Die Bauern fühlten sich von den Marwaris übervorteilt. Die Ausschreitungen waren ein einschneidendes Ereignis im indischen Bewusstsein: Seither hatten die Marwaris dieselbe verhasste Stellung inne, die in Europa den Juden zugedacht war. Gewalttätigkeiten eines solchen Ausmaßes hatte es gegen eine Händler- oder Geldverleiherschicht bis dahin nicht gegeben. Über 1000 aufständische Bauern wurden im Zuge der Aufstände inhaftiert. Man ging auch wortgewaltig gegen die Marwaris vor. 1932 schrieb der bengalische Nationalist *Prafulla Chandra Ray,* dass „die Marwaris reine Parasiten" sind, „die nicht einen Heller zum Wohlstand des Landes beisteuern." Die Sprachwahl dürfte allen Deutschen bekannt vorkommen.

In Mumbai leben heute ca. 400.000 Marwaris (Indien: 13 Mio.) und sie sind wohl nicht skrupelloser als andere Geschäftsleute auch. Es hängt ihnen jedoch noch immer der Ruf von Pfennigfuchsern an. Aus diesem Grunde wird das Wort *marwari* umgangssprachlich auch im Sinne von **„Geizhals"** benutzt. Die Frage „Bist du etwa ein Marwari?", die man eventuell zu hören bekommt, wenn man auf dem Markt zu verbissen handelt, bedeutet so viel wie „Du bist ja ein richtiger Geizknochen, was?" Schon 1857 hieß es im Marathi-Englisch-Wörterbuch von Molesworth unter dem Eintrag *Marwari:* „ ... eine Anspielung auf einen listigen und schurkenhaften Gesellen." In seinem Roman *Sacred Games* (2006) lässt Autor *Vikram Chandra* eine seiner Figuren einen Witz über die Marwaris erzählen: Frage: Wie kann man dreißig Marwaris in einen *Maruti 800* (einen indischen Kleinwagen, d. A.) bekommen? Antwort: Indem man einen Hundertrupienschein hineinwirft.

Die Parsen – eine Elite in Untergangsstimmung

Die dritte Gruppe herausragender Geschäftsleute stellen die **Parsen,** die von der Religion her **Zoroastrier** sind. Die Parsen sind heute eine verschwindend geringe Minderheit in Mumbai: Es gibt nur noch etwa 40.000 (Indien: 65.000), Tendenz rapide sinkend. 1997 waren es noch 60.000 gewesen. Im Jahre 1780 betrug der Parsen-Anteil an der Bevölkerung Mumbais 9,2 %; heute sind es 0,22 %.

Fast die Hälfte der Parsen ist ledig. Wenn Parsen heiraten, dann in der Regel sehr spät und sie haben nur wenige Kinder. Hinzu kommt, dass in früheren Jahrhunderten und Jahrzehnten oft enge Verwandte untereinander verheiratet wurden – z. B. Cousin und Cousine –, was zwar ganz plangemäß das Vermögen im engeren Familienkreis beließ, andererseits aber auch die Erbanlagen nachhaltig schädigte. Als Resultat leiden viele Parsen heute unter Erbkrankheiten, z. B. Sichelzellenanämie, und die Fruchtbarkeitsrate ist ungewöhnlich niedrig. Parsen haben die weltweit höchste Rate an der Parkinsonkrankheit (328 von 100.000 Personen), ca. siebzehnmal so hoch wie die der indischen Gesamtbevölkerung. Man kränkelt und die Gemeinschaft stirbt langsam, aber sicher vor sich hin.

Etwa 45 % der Parsen in Mumbai leben in sogenannten **Parsee Colonies,** Wohnsiedlungen, die fast ausschließlich von Parsen bewohnt werden. Die Gemeinschaft ist so klein, dass man sich aneinanderklammert. Die für Touristen sichtbarste Parsen-Kolonie ist Cusrow Baug am Colaba Causeway (Shahid Bhagat Singh Rd.) im Touristenviertel Colaba. Die Siedlung, errichtet Anfang der 1930er-Jahre, beinhaltet auch einen kleinen Feuertempel *(agiary).*

So klein die Parsen-Gemeinde auch sein mag, so unermesslich ist ihr Beitrag im indischen Geschäftsleben. Die herausragenden von Parsen geführten Unternehmen sind heute die **Tata Group** und die *Godrej Group,* beides Mega-Unternehmen mit Hunderttausenden von Angestellten. *Tata,* heute das größte Industriekonglomerat Indiens, war 1859 von *Jamshetji Nusserwanji (N. J.) Tata* aus der Taufe gehoben worden. Die Stahlstadt Jamshedpur in Jharkhand ist nach ihm benannt. *J. R. D. Tata* (1904–1993), das wohl charismatischste Mitglied der Dynastie, begründete sowohl Air India als auch das Taj Mahal Hotel in Mumbai. *Tata* ist heute der größte Kraftfahrzeughersteller Indiens. Das markante Logo der Firma, ein stilisiertes „T" umgeben von einem Kreis, ziert Millionen von Lastwagen, Bussen und Pkws. 2008 warf *Tata* den „Tato Nano" auf den Markt, einen Kleinwagen und das bis dato billigste Auto der Welt. Preis: 100.000 Rupien, etwa 1600 Euro. Nicht genug des Ruhmes, kurz darauf kaufte Tata die Automarken „Jaguar" und „Land Rover" auf. Beide letztgenannten Ereignisse gaben Anlass zu patriotischem Stolz in Indien, denn das Land war nun offenbar tatsächlich dabei, eine wirtschaftliche Weltmacht zu werden, so wie es schon lange zuvor prophezeit worden war.

Tata ist auch Indiens größter privater Stromerzeuger und man mischt kräftig im Telekomsektor mit. Der Name *Tata* begegnet einem in Indien auf Schritt und Tritt. Für viele Inder beginnt der Tag mit einer Tasse Tata-Tee und er endet mit einem Blick auf die Tata-Armbanduhr, Markenname „Titan". Zwischendurch wandelt man auf Tata-Schuhen, fährt einen Tata-Pkw, spricht in ein Tata-Handy und hört Tata-Internetradio auf dem Handy. Kein Tag ohne Tata.

Das zweitgrößte Parsen-Unternehmen, **Godrej,** besteht seit 1897 und ist Indiens größter Hersteller von Konsum- und Haushaltsprodukten. Von Seife, Margarine und Babywindeln bis zu Kaffeeautomat, Klimaanlage und Kühlschrank wird jede Ware hergestellt, die ein Haushalt benötigt. Zudem hat man sich stark im Immobilienbau engagiert und stampft Apartmentgebäude aus dem Boden.

Das Parsen-Unternehmen *Wadia* betreibt vornehmlich Immobilienhandel und Textilproduktion (die Marke *Bombay Dyeing*). Ein weiterer häufig im Geschäftsleben anzutreffender Parsi-Name ist **Shroff** (wörtl. „Bankier", „Geldwechsler"). Die *Shroffs* sind in unterschiedlichen Geschäftsbereichen tätig. Nicht alle *Shroffs* sind jedoch Parsen, einige sind Hindus aus Gujarat.

Viele der bedeutenden Geschäftsleute, Politiker und Philanthropen in vergangenen Jahrzehnten und Jahrhunderten waren Parsen und zahlreiche Straßen oder Plätze in Süd-Mumbai wurden ihnen zu Ehren benannt – siehe Nariman Point, Horniman Circle, Dinshaw Wacha Road, Dadabhai Naoroji Marg (D. N. Road), Jamshetji Tata Road, Sir Dorab Tata Road, Madame Cama Road, Sir Pherozeshah Mehta Road u. v. m. Besonders als **Philanthropen** haben sich die Parsen einen Namen gemacht, denn eines der Gebote ihres Propheten *Zarathustra* lautete „Glück sei dem gegeben, der selbst Glück gibt." Auch untereinander wird Hilfe und Nächstenliebe groß geschrieben. Gemeinnützige Parsen-Organisationen verhelfen weniger bemittelten Parsen zu Wohnungen, fördern die Ausbildung junger Gemeindemitglieder und versorgen die Alten.

Was den Parsen in der Vergangenheit das geschäftliche Vorankommen erleichterte, war die Tatsache, dass ihre Religion keinerlei Vorbehalte gegen den **Umgang mit den Briten** hegte und sie so zu den engsten Ver-

Großmut: Viele karitative Organisationen werden von Parsen betrieben

007kmu Foto: rk

bündeten der Kolonialherren wurden. Das sicherte ihnen eine privilegierte Stellung in Schiffsbau und Handel. Die Moslems verachteten die Briten, da diese Schweinefleisch aßen und dem Alkohol zusprachen. Die Hindus waren ihnen ebenfalls abgeneigt, da sie nicht in ihr Kastensystem passten, Fleisch und Alkohol zu sich nahmen und gemäß alter Hindu-Philosophie *mlechcha* waren, „unreine Fremde" oder Barbaren, die übers „schwarze Wasser" nach Indien gekommen waren. Mit derartigen Wesen wollte man nicht in engen Kontakt treten. In die Bresche sprangen die Parsen – und wurden reich. Die Beziehungen zwischen Briten und Parsen waren in der Regel freundschaftlich und die Parsen agierten als eine Art menschliches „Gleitöl" für das Verhältnis zwischen Briten und dem großen Rest der indischen Bevölkerung. Einmal aber reagierten die Parsen böse: Als die britische Verwaltung sich 1832 anschickte, die streunenden **Hunde** in Mumbai zu vernichten, zettelten sie Aufstände gegen die Briten an, denen sich bald auch Hindus anschlossen. Hunde nehmen bei den Parsen eine besondere Stellung ein, sie gelten beinah als heilig und ihnen wird ein sechster Sinn nachgesagt. Die Parsen waren in ihrem Ursprungsgebiet Persien ein Hirtenvolk gewesen und Hunde leisteten ihnen treue Dienste. Gemäß alter Tradition wird nach dem Tod eines Parsen ein Hund ins Totenzimmer gebracht. Am Verhalten des Hundes wird abgelesen, ob der Tod tatsächlich eingetreten ist.

Solange man ihre religiösen Gefühle in Ruhe ließ, waren die Parsen jedoch verlässliche Verbündete. Trotz der beinah sprichwörtlichen Rechtschaffenheit der Parsen beteiligten sie sich rege am **Opiumhandel.** Im 19. Jh. exportierten sie die sogenannten „Kanonenkugeln" nach China: Opiumkugeln von einem Kilo Gewicht. Für die „drei J's", die Magnaten *Jamshetji Tata, Jamshetji Jeejeebhoy* und *Cowasji Jehangir,* war der Opiumhandel einer der Grundsteine ihres Reichtums. Heute möchte man daran nicht erinnert werden.

Die Parsen sind oft an ihrer hellen, beinah mitteleuropäisch wirkenden Hautfarbe zu erkennen. Eingeweihte identifizieren sie zudem meist an ihren typischen **Nachnamen.** Viele Namen tragen das Suffix „-wala": z. B. Batliwala („Flaschenverkäufer"), Lakriwala („Holzverkäufer"), Nariyalwala („Kokosnussverkäufer"), Screwwala („Schraubenverkäufer"), Daruwala („Schnapsverkäufer"), Tyrewala („Reifenverkäufer") oder Colabawala („Der aus Colaba"). Manche dieser Namen klingen für viele Nicht-Parsen recht erheiternd und der eine oder andere dient als Vorlage für Witze. Auch ganz allgemein müssen die Parsen oft als Zielscheibe für Scherze herhalten. Es ist ihnen zugutezuhalten, dass sie dies in der Regel in Würde und mit Humor hinnehmen. So mancher lässt es sich nicht nehmen, selbst Parsen-Witze zu erzählen. Selbstironie wird großgeschrieben.

Die heute im Westen bekanntesten Parsen sind der **Dirigent Zubin Mehta** (geb. 1936) und der ehemalige Sänger der Rockgruppe „Queen", der auf Sansibar geborene **Freddy Mercury** (1946–1991). Sein Geburtsname lautete Farrouk Bulsara. Der Nachname verrät, dass seine Familie ursprünglich aus dem kleinen Ort Bulsar (Balsar) in Gujarat stammte. Die Parsen sind häufig begeisterte Anhänger klassischer westlicher Musik und die o. g. Musiker sind der beste Beweis dafür. Selbst *Freddy Mercurys* Rockmusik war oft von klassischen Elementen durchdrungen.

Bejan Daruwalla, einer der angeblich „zehn besten Astrologen" der Welt, ist ebenfalls Parse. Ihm werden zahllose exakt eingetroffene Prognosen zugeschrieben und seine astrologischen Kolumnen werden in zahlreichen Zeitungen abgedruckt. Anfang der 1980er-Jahre war es ein Parse aus Mumbai, ein Konzertpianist, der sich als erster Inder einer Geschlechtsumwandlung unterzog. In zahlreichen Zeitungsinterviews bekannte er sich offen dazu, was damals ein revolutionär mutiger Schritt war. Ich kannte ihn flüchtig und später erfuhr ich, dass er – bzw. sie – bald nach der Operation nach Deutschland gezogen war und dort geheiratet hatte.

In Mumbai gelten die Parsen als etwas verschroben und exzentrisch, gleichzeitig aber auch als friedfertig, großmütig und grundehrlich. Es ist eine sehr sympathische kleine Gemeinschaft, die leider unwiderruflich dem Nullpunkt entgegenschwindet.

Bollywood: Unterhaltung made in Mumbai, für Indien und die ganze Welt

„Ein Brahmane darf während einer Opferzeremonie niemals die Speisen essen, die dargebracht wurden von ... einem Dieb, einem Musiker, ... einem Geizhals, einem Mann in Ketten, ... einem grausamen Mann, ... einem Schauspieler, Schneider oder einem undankbaren Mann."

Aus *Manu Smriti* („Gesetzbuch des *Manu*"), ca. 1. Jh. n. Chr.

Die Geburt des indischen Kinos

Die Inder mögen nicht alles, was aus dem Westen kommt. So manches wird in der Rubrik „verderblich und unmoralisch" abgehandelt. Deshalb ist es verwunderlich, dass die **Erfindung des Filmes** – ein potenziell verderbliches Medium – mit solch unverhohlener Begeisterung aufgenommen wurde. Schon kurz nach der ersten Filmvorführung in Paris wurde die neue Technik in Indien vorgestellt. Am 7. Juli 1896 wurden im Watson's Hotel an der Esplanade, Mumbais ehemaliger Prachtstraße, zum ersten Mal in Indien Filme aufgeführt. Es waren sechs kurze Streifen der Gebrüder *Lumière*, der Eintrittspreis betrug 1 Rupie – damals eine stattliche Summe. **Watson's Hotel,** errichtet 1868–1869, war zu jener Zeit das beste Hotel am Ort und es war eine architektonische Besonderheit: Das „Rückgrat" des Gebäudes bestand aus einem Skelett aus Gusseisen, dies ließ es während seines Baus zunächst als „gigantischer Vogelkäfig" erscheinen – so schrieb zumindest ein zeitgenössischer Beobachter. Zudem waren die Einzelteile des Gebäudes in London vorgefertigt und dann nach Mumbai verschifft worden. Es war ein frühes Beispiel eines Fertighauses. Im Erdgeschoss des Hotels residierten vornehme Geschäfte und in den drei Stockwerken darüber fanden die Gäste in 130 Zimmern und 20 Suiten einen perfekten Platz für einen Aufenthalt in Mumbai. Von der Balustrade, die das Gebäude umgab, konnte man die davor gelegene Esplanade und das kleine Viertel Kala Ghora mit einer bronzenen Reiterstatue *König Edwards des VII.* überblicken.

Die Esplanade heißt heute Mahatma Gandhi Road und daran steht heute immer noch das alte Gebäude, in dem das Hotel untergebracht war. Der Hotelbetrieb ist schon lange eingestellt, aus Watson's Hotel wurde das **Esplanade Mansion.** Das Gebäude wirkt heute bedrohlich einsturzgefährdet. 2005 brachen zwei Balkons heraus und töteten eine Person. Bezeichnenderweise war das Gebäude gerade eine Woche zuvor vom *World Monument Fund (WMF)* in New York auf die Liste der „100 gefähr-

008kmu Foto: rk

detsten Denkmäler der Welt“ gesetzt worden. Trotzdem leben darin etwa einhundert Menschen und das Gebäude wird auch voller Energie kommerziell genutzt. Im Erdgeschoss befinden sich Geschäfte und ein Restaurant und in den oberen Etagen haben sich zahlreiche Anwaltsbüros angesiedelt. Gleich nördlich angrenzend liegt der viktorianisch-protzige Bau des *Bombay High Court.* In der Umgebung huschen stets eilige Gestalten in schwarzen Anzügen und Talaren umher, die sich zwischen den Gerichtsverhandlungen mit ein paar *Samosas* (gefüllte Teigtaschen) und etwas Tee Stärkung verschaffen. Sie passen sehr gut in die Nähe des geschichtsträchtigen Gebäudes, denn das indische Kino liebt dramatische Gerichtsszenen: Sie sind der Höhepunkt oder das Finale so manchen Spielfilms.

Esplanade Mansion ist der Geburtsort des indischen Kinos – und manchmal holt das Leben draußen den Film ein. Oder sie treffen aufeinander. Als ich 2006 in der Nähe des Gebäudes Fotos machte, wurden direkt davor zwei Gangster von Rivalen erschossen – am hellichten Tage, kurz vor der Mittagspause. Einer von beiden war ein Polizeispitzel und hatte wenige Minuten zuvor Aussagen vor Gericht gemacht, die die verfeindeten Gangster belasteten. Der andere, der ihn begleitete, wurde gleich mit erschossen. **Realität und Kino** – beides gehört in Mumbai zusammen und an dieser Stelle knallten sie (im wahrsten Sinne des Wortes) brüsk aufeinander. Ich bin nicht sicher, ob die anderen Beinah-Augenzeugen die Situation als ebenso bemerkenswert empfanden wie ich. Die meisten der Schaulustigen wussten wahrscheinlich nicht einmal, vor welchem historischen Gebäude sie sich befanden. Die daran angebrachte kleine Erinnerungsplakette ist leicht zu übersehen. Schon wenige Minuten nachdem die Opfer im Leichenwagen der Polizei abtransportiert worden waren, ging das Leben weiter, so als wäre nie etwas geschehen. Ein Doppelmord auf einer belebten Straße in Mumbai - was soll's, man hat's Hunderte von Malen im Kino gesehen. *No problem, sab chalta hai,* wie man sagt, „Alles geht irgendwie", „Alles ist schon OK".

Bereits 1899 drehte zum ersten Mal ein Inder einen Film, gerade fünf Jahre nachdem der erste Film in Paris die Bevölkerung in Staunen versetzt hatte. Der Portraitfotograf *Harishchandra Sakharam Bhatvadekar* importierte eine Filmkamera aus London und bald führte er seinen Landsleuten zwei kurze Dokumentarfilme vor: „Mann mit einem Affen" und „Der Ringer", aufgenommen in den Hanging Gardens. Der **erste Spielfilm,** das erste Stück Bollywood-Unterhaltung, wurde 1913 von *Dadasaheb Phalke* (1870–1944) produziert, der heute als Begründer des indischen Kinos angesehen wird. Ein staatlicher indischer Filmpreis ist nach ihm benannt. Sein erstes Werk hieß *Raja Harishchandra,* war fünfzig Minuten kurz und wie alle Filme zu jener Zeit noch ein Stummfilm. 1931 wurde der erste indische Tonfilm gedreht.

In der **Nachkriegszeit** wurde der Film zunehmend zu einem Medium der Massenunterhaltung. Filme wie *Shree 420* („Herr Betrüger; 1955), *Mother India* (1957) oder *Moghal-e-Azam* („Glorreicher Herrscher"; 1960) wurden zu Riesenerfolgen und gelten bis heute als Klassiker des Hindi-Kinos. Letzterer wurde 2005 in einer digital bearbeiteten Farbfassung herausgegeben, was allerdings einige Puristen ärgerte. Die 1960er- und frühen 1970er-Jahre gehörten den Romanzen, auf der weichen Welle schwammen zartbesaitete Stars - sentimentale Sanft- und Gutmänner - wie *Rajesh Khanna, Rishi Kapoor* und *Raj Kapoor* ganz oben.

Raj Kapoor (1924–1988), der sich auch als Filmregisseur hervortat, gehört zu den legendärsten Figuren des Hindi-Films. In seinen schauspielerischen Anfangszeiten hatte er sich ganz unverhohlen an *Charlie Chaplin* orientiert: Gestik und Mimik sind unverkennbar übernommen, der Watschelgang und selbst der schwarze Hut waren mit dabei. Das **Phänomen des Kopierens westlicher Filmideen,** gar das komplette Abkupfern von Drehbuchern oder Filmsongs, sollte auch in den folgenden Jahrzehnten

Preiswerte Unterhaltung: Besucher an einem Billigkino im Stadtteil Kamatipura, Eintritt 25 Cents

ein permanentes Merkmal des Hindi-Films sein und es trug zu seinem damals etwas lächerlichen, unseriösen Image bei. Unzählige Filmplots wurden von Hollywood abgeschaut und auf indische Verhältnisse ummodelliert. Es war wie beim faden Toastbrot, das die Engländer eingeführt hatten und aus dem die Inder leckeren *Chutney Toast* machten: Man nahm etwas Fremdes, gab ein paar Ingredienzen hinzu, würzte ausgiebig und fabrizierte etwas Indisches daraus.

Manche Filme wurden Szene für Szene nachgedreht. Drehbuchautoren legten den Produzenten oft einfach ein Video eines Hollywoodfilms vor und fragten, ob sie davon nicht eine indische Version machen sollten. Als im Westen „Spaghetti-Western" angesagt waren, strickte man in Bollywood nach ähnlichem Muster „Curry-Western". Auf gleiche Weise bereicherte man sich an westlichen Musikstücken. Jeder Hindi-Film muss mindestens sieben oder acht **Gesangs- und Tanzeinlagen** haben, um nicht in den Verdacht zu geraten, ein intellektueller Langweilerfilm zu sein. Eine unbedingt sehens- und hörenswerte Musikkopie findet sich im Film *Janwar* („Das Tier"; 1965), in dem eine indische Band eine Hindi-Version des Beatles-Hits *I Want to Hold Your Hand* zum Besten gibt. Der Produzent hatte nicht lange gezögert und sofort das Beatles-Phänomen, das die Welt zu jener Zeit in Begeisterung versetzte, aufgegriffen. Der Hindi-Titel der Stücks lautet *Dekho Ab To*, „Jetzt guck' doch mal". Gucken muss man da wirklich: Die Einlage zeigt vier hyperaktiv zappelnde Beatles-Imitatoren, die wirken, als hätten sie eine noch im Teststadium befindliche Glücks- und Energiedroge geschluckt. Sie gehört mit zum Komischsten, was Bollywood je produziert hat. Clips davon sind auf www.youtube.com zu sehen.

Tantiemenzahlungen an **ausländische Urheber** waren bis vor Kurzem nicht üblich und es ist nicht anzunehmen, dass *Lennon/McCartney* jemals eine Rupie für die Benutzung ihres Songs bekommen haben. Für den Film *Akele Hum, Akele Tum* („Ich bin allein, du bist allein"; 1995) bediente sich der „Komponist" *Anu Malik* beim Deep-Purple-Klassiker *Child in Time*, der Note für Note kopiert wurde. *Anu Malik* ist bekannt dafür, sich von fremden Komponisten „inspirieren" zu lassen. Das Drehbuch selbst war eine „indisierte" Version des Scheidungsdramas „Kramer gegen Kramer". Es gäbe noch Hunderte weiterer Beispiele. Erst in jüngerer Vergangenheit, mit Bollywoods zunehmender Präsenz auf der Weltbühne, werden urheberrechtliche Verpflichtungen ernster genommen, zumindest bei Filmen, die auch im Westen gezeigt werden.

Gutes Gelingen: Vor der ersten Vorstellung des Tages bitten die Filmvorführer im Edward Theatre die Glücksgöttin Lakshmi um Beistand

009kmu Foto: rk

Die Stars

Die 1970er-Jahre gehörten vor allem einem Mann: **Amitabh Bachchan.** Der 1942 in Allahabad geborene Schauspieler war, wie so viele vor ihm, mittellos in Mumbai angekommen, um auf Biegen und Brechen ein Star zu werden. Seine ersten Filme, in denen er teilweise den biederen Ehemann oder Büroangestellten mimte, waren nicht sehr erfolgreich. Der Durchbruch kam 1973 mit dem Film *Zanjeer* („Die Kette"), in dem er zum ersten Mal die Rolle des „zornigen jungen Mannes" spielte, der gegen die gefestigten sozialen Strukturen oder die widrigen Lebensumstände ankämpft und schließlich obsiegt. *Amitabh,* ein großgewachsener, schlaksiger junger Mann mit mäßig gutem Aussehen, dafür aber mit viel Charisma, war wie geschaffen für diese Art von Rollen. In vieler Hinsicht repräsentierte er den durchschnittlichen, ehrgeizigen jungen Inder, der sich im von Armut geplagten Indien eine gehobene Stellung und einen Namen zu verschaffen versucht. So wie er hätten sich gern auch viele andere gegen die schwierigen Umstände durchgeboxt. Außerdem hatte *Amitabh* in seinen Filmen immer ein großes Mundwerk, was in Indien – und speziell in Mumbai – immer gut ankommt. Viele seiner Filmdialoge sind allgemeines Kulturgut geworden. Unzählige Inder haben seine Filme Dutzende von Malen gesehen und können zeilenlang aus den Dialogen zitieren.

„Old is Gold" – der Hang zum Vertrauten

Inder sind meist eng mit dem Althergebrachten und der Tradition verbunden, was sich in vielen Lebensbereichen beobachten lässt. „Old is Gold", sagt man oft, etwa im Sinne: „Das Althergebrachte ist das Beste", und man handelt in der Regel auch danach. Wer in einen der großen CD-Läden in Mumbai geht, wie z. B. Planet M oder Rhythm House, dem wird vielleicht auffallen, dass das Sortiment zum größten Teil aus ***altbewährten „Klassikern"*** *besteht. So findet man eher die gesammelten Werke von „The Grateful Dead" und „The Doors" als die neuesten Hip-Hop-Hits. Wer nach einer obskuren CD von den „Byrds" sucht, wird vielleicht fündig werden, aber diese neue Britney-Spears-CD? „Sorry, Sir, die ist nicht vorrätig."*

Weitere Meilensteine in *Amitabhs* Karriere waren *Deewar* („Die Wand"; 1975), *Sholay* („Flammen"; 1975), *Amar Akbar Anthony* („Amar, Akbar und Anthony"; 1977), *Muqaddar Ka Sikandar* („Der Bezwinger des Schicksals"; 1978), *Don* („Der Gangsterboss", 1978) und *Kala Patthar* („Schwarzer Stein"; 1979). *Sholay* gilt heute unter vielen Filmfans als der beste Hindi-Film aller Zeiten, er bietet perfekte Unterhaltung und schlägt seine Zuschauer auch nach wiederholtem Ansehen noch in den Bann. Dialogzeilen aus dem Film sind ins indische Kulturgut eingegangen und zu geflügelten Worten geworden.

1983 wurde *Amitabh Bachchan* bei den Dreharbeiten zum Film *Coolie* lebensgefährlich verletzt. Tausende von Menschen belagerten das Breach Candy Hospital, auf dessen Intensivstation er lag. Die Fans beteten für ihn, manche gingen auf Pilgerfahrten, um die Götter gnädig zu stimmen.

Unter den Pilgern war auch die Schauspielerin *Rekha* (geb. 1954), in vielen Filmen sein weiblicher Co-Star und privat seine Geliebte. Von den **Schauspielerinnen der Epoche** kam keine an den Status ihrer männlichen Kollegen heran. Schauspielerinnen wie *Rekha, Zeenat Aman, Parveen Babi, Dimple Kapadia* oder *Hema Malini* waren zwar auch verehrte Stars, aber sie blieben immer Beiwerk – wenn auch ein sehr attraktives – im Schatten der großen Helden. Sie bekamen auch geringere Gagen. So wie nach indischer Sichtweise im normalen Leben eine Frau ohne einen Mann unvollkommen ist, so konnte auch eine Schauspielerin allein den Film nicht auf ihren Schultern tragen.

Die alten Epen wie die „Ramayana" verlieren nie ihre Anziehungskraft und viele alte Filmhits, die nach einem ähnlichen Gut-gegen-Böse-Schema gestrickt sind, verkaufen sich bestens bis heute. Die neuen, von modernen Themen handelnden Blockbuster kommen und gehen, aber jahrzehntealte Streifen wie „Sholay" oder „Satyam Shivam Sundaram" werden immer wieder gerne gesehen. Die alten Hits werden fast Jahr für Jahr von irgendeinem der vielen TV-Kanäle ausgestrahlt und es finden sich immer wieder begeisterte Zuschauer.

In zwischenmenschlichen Beziehungen macht sich der Hang zum Vertrauten oft in Form von **Loyalität und Anhänglichkeit** *bemerkbar. Freundschaftliche Beziehungen sind - wie wir im weiteren Verlauf noch sehen werden - oft sehr tief gehend und lange während. Tradition und Kontinuität sind Grundpfeiler der indischen Mentalität.*

Amitabh Bachchan hat den Unfall überlebt und ist mit Abstand die bekannteste und beliebteste Persönlichkeit des Landes. 2001 wurde ihm in Kolkata von einem Anhänger ein Tempel errichtet und man kann erwarten, dass nach seinem Tod – der Kinogott möge ihn noch lange hinauszögern – viele ähnliche Huldigungen dargebracht werden. *Amitabh* hat unzählige Fans ihr Leben lang begleitet und ohne *The Big B,* wie er oft respektvoll genannt wird, wird Bollywood für viele nie mehr dasselbe sein. *Amitabh* dreht immer noch fleißig Filme und sein in Würde gealtertes Gesicht ist in Dutzenden von Werbekampagnen zu sehen. Er ist allgegenwärtig wie ... ja, beinah wie ein Gott.

Amitabhs Aufstieg ging überein mit dem Aufstieg des sogenannten **formula film.** Hatten die Drehbuchautoren einmal ein Thema entdeckt, das die Kassen klingen ließ, so produzierten sie gleich etliche Filme nach gleichem Strickmuster hinterher. Es ging nach „Schema F" und die Handlungsabläufe waren leicht vorhersehbar. Die meisten indischen Zuschauer störte es nicht. Schließlich hat man auch die *Ramayana* (bekanntes Hindu-Epos) hundertmal gelesen oder daraus zitiert gehört und sie war immer noch spannend und lehrreich. Inder lieben die Schablone, das Voraussehbare, vielleicht weil es solch einen krassen Gegensatz zum allgemein chaotischen Alltagsleben bildet. Die alten Mythen und religiösen Geschichten werden bis heute unverändert und unangezweifelt weitererzählt. Es war wohl nur in Indien möglich, dass ein Automodell fünfzig Jahre lang mit nur geringfügigen Veränderungen vermarktet werden konnte, so wie der alte Ambassador, der ab 1948 Indiens Straßenbild bestimmte. Man vertraut dem Althergebrachten.

Bei den Filmen nahm man es auch mit dem **Realismus** nicht sehr genau. Oft kämpfte der heroische Held in geradezu akrobatenhafter Weise mit einem halben Dutzend Angreifer zugleich und schlug dabei noch elegante Saltos in der Luft. Kampfbewegungen wurden per Zeitraffer beschleunigt, was in westlichen Augen jedoch eher wie überkandidelter Kintopp wirkte.

In **Amar Akbar Anthony** gibt es eine köstliche Szene, in der die drei Hauptfiguren ihrer kranken Mutter Blut spenden. Die Mutter liegt komatös auf einem Bett im Krankenhaus. Daneben befindet sich das Dreiergespann: *Amar, Akbar* und *Anthony.* In ihren Armen stecken Kanülen und Plastikschläuche die in den Armen der Mutter enden. Das Blut fließt somit direkt von den Söhnen in die kränkelnde, blutarme Mutter – als ginge es um das Auftanken eines Mopeds. Ähnlich absurde Szenen gab es zu jener Zeit häufig, dem Dorfbewohner fielen sie nicht auf und der gebildetere Städter betrachtete das Ganze wohlwollend als fantasievolle Unterhaltung. Im obigen Fall sollte die Szene sogar eine patriotische Botschaft haben: Aufgrund verschlungener Umstände wussten die drei bis zu diesem Zeitpunkt nicht, dass sie Brüder waren und die Frau ihre Mutter war. Die drei versinnbildlichten die drei wichtigsten Religionen in Indien, denn *Amar* war als Hindu aufgewachsen, *Akbar* als Moslem und *Anthony* als Christ. Die Mutter symbolisierte *Bharat Mata* oder „Mutter Indien", die von Landsleuten aller Konfessionen – Blutsbrüdern sozusagen – gleichermaßen geliebt wird und für die man gern ein Opfer, und sei es das eigene Blut, zu bringen bereit ist.

In den 1980er- und 1990er-Jahren drängten zahlreiche **neue Stars** ins Rampenlicht, wie *Shah Rukh Khan, Salman Khan* und *Aamir Khan.* Die Frauen sicherten sich etwas bessere Positionen und ohne eine *Madhuri Dixit* (geb. 1967), deren Lächeln einen ganzen Kinosaal aufhellen konnte, wäre ein Film wie *Hum Aapke Hain Kaun?* vielleicht nicht ganz so erfolgreich gewesen. (Siehe auch das Kap. „Im Schatten der Moralapostel".) Heute ist *Aishwarya Bachchan-Rai,* vormals *Aishwarya Rai* (geb. 1973), das weibliche Aushängeschild des Hindi-Films. Sie ist auch international erfolgreich. 2007 heiratete sie den Sohn *Amitabh Bachchans,* den Schauspieler *Abhishek Bachchan* (geb. 1976), und trägt seither den famosen Doppelnamen. Der Name *Bachchan* ist heute zusammen mit *Gandhi* der wohl bekannteste Nachname in Indien. Dabei ist es nicht einmal der richtige Name der Familie. *Amitabhs* Vater war ein bekannter Dichter, der nicht unter seinem tatsächlichen Familiennamen *Srivastava* publizierte, sondern sich das Pseudonym *Bachchan* zugelegt hatte.

Bollywood heute

Seit den 1990er-Jahren hat sich der Hindi-Film einer ungeheuren **Wandlung** unterzogen. Nachdem plötzlich jeder Haushalt Dutzende von TV-Sendern zur Auswahl hatte, darunter viele westliche, konnte man täglich Hollywoodfilme sehen. Auch in den Kinos wurden vermehrt Hollywoodfilme gezeigt, sie wurden sogar in zahlreiche Lokalsprachen synchronisiert – u. a. Panjabi, Marathi, Tamil, Kannada, Telugu und Bhojpuri. Selbst der Dorfbewohner konnte nun westliche Filme sehen und Vergleiche mit dem einheimischen Kino anstellen. Um mit der neuen Konkurrenz mithalten zu können, mussten indische Filmemacher origineller und zeitgemäßer werden. Es war eine Überlebensfrage. Alsbald wurde die Technik verbessert, die Drehbücher wurden moderner und waren besser durchdacht, die Zahl der Gesangseinlagen wurde verringert und die Filme wurden kürzer. Früher waren die Filme oft über drei Stunden lang gewesen und hatten neben der Haupthandlung zahlreiche verästelte Nebenstränge, jetzt beschränkte man sich auf zwei oder zweieinviertel Stunden. Der technische Aufwand wurde größer und die Filme wurden erheblich teurer. Heute kostet ein *A-Grade-Movie,* ein Film aus einem renommierten Produktionshaus mit bekannten Stars, leicht 10 Mio. Euro oder mehr. Einen nicht unerheblichen Anteil an dieser Summe machen die **Gagen** aus. Der derzeit höchstbezahlte Schauspieler ist *Akshay Kumar* (geb. 1967), der für einen Film über 3 Mio. Euro abkassieren kann. Superstars wie *Shah Rukh Khan, Hrithik Roshan* und *John Abraham* liegen um Einiges darunter. *Sanjay Dutt,* von dem wir im Weiteren noch hören werden, konnte ca. 650.000 Euro pro Film kassieren. Nur wenige Filmstars sprechen offen über ihre Gagen, denn so manches Einkommen wird vor der Steuer verborgen. Die Gagen steigen oder sinken natürlich mit jedem Hit oder Flop, den der Star geliefert hat.

Viele Filme werden heute im Ausland gedreht – von der Schweiz bis Australien –, was ebenfalls die Kosten in die Höhe treibt. Die Tendenz begann in den 1990er-Jahren, als Kaschmir aufgrund der dortigen terroristischen Aktivitäten als Drehort ausgefallen war und die Schweiz, mit ähnlichen Bergen und grünen Wiesen, eine gute Alternative bot. Heute will das indische Publikum **immer „exotischere" Handlungsorte** sehen. Da macht es auch nichts, wenn die Produzenten ein wenig mogeln: Der Film *Hum Dil De Chuke Hain Sanam* („Wir haben unser Herz schon vergeben"; 1999) spielt zwar in Italien, wurde aber im kostengünstigeren Ungarn gedreht. Kaum ein indischer Zuschauer dürfte den Unterschied bemerkt haben. Kein Drehort ist heute weit genug. Für *Dhoom 2* („Aufruhr Teil 2"; 2006) flog das Team nach Brasilien und Südafrika. Den höchsten Anteil an

Donnerstagabend in der Lamington Road: Filmauslieferung per Fahrrad und Vorortzug

Jeden Donnerstagabend gegen 18 Uhr spielen sich dieselben Szenen am Naaz Cinema an der Lamington Road ab: Etwa einhundert ausgemergelte Gestalten finden sich auf dem Vorplatz des Kinos ein und warten auf Arbeit. Donnerstagabend werden die Filme ausgeliefert, die freitags neu in Mumbais Kinos anlaufen. ***Zur Auslieferung sind Helfer vonnöten.*** *Und es finden sich stets mehr ein als gebraucht werden.*

Die Auslieferer bekommen ein wenig Geld für ihre Arbeit, genug zumindest, um einen Tag überleben zu können. Meist sind es ***100 Rupien, weniger als zwei Euro.*** *Einige legen das Geld gleich in einer Trost spendenden Viertelliterflasche „deshi", in Indien produziertem, billigen Schnaps, an.*

Um das Naaz Cinema herum liegen die Büros der Filmverleihfirmen. Die brandneuen großen Filmproduktionen werden in glänzende Messingbüchsen gesteckt und dann in klimatisierten Lieferwagen zur Premiere ausgeliefert. Wenn sie am Kino eintreffen, salutieren die Wachmänner. Die älteren Filme hingegen, die nur noch in den billigen Arbeiterkinos laufen, werden von den Zulieferern ***per Fahrrad oder Vorortzug*** *angeliefert. Die Filme werden in rostigen alten Messingdosen verpackt und landen dann in einem abgewetzten alten Jutesack. Das Ganze sieht eher aus, als würde ein Lumpensammler seinen elenden Tagesfund zur Wiederaufbereitungsanlage schleppen. Dann geht die Fahrt los zum Kino. Eventuelle Fahrtkosten für Bus oder „local train" müssen die Auslieferer von den 100*

den Auslandsproduktionen hat derzeit Thailand: 2006 wurden über fünfzig Hindi-Filme ganz oder teilweise in Thailand gedreht. Der zum Teil in Thailand produzierte *Kaho Naa ... Pyar Hai* („Sag doch, dass du mich liebst"; 1999) machte den damals noch unbekannten *Hrithik Roshan* zum Superstar.

Die hohen Kosten gehen leider nicht immer mit hohen Gewinnen überein. Der Großteil der Hindi-Filme sind Flops. Es sind die wenigen Superhits, die die Industrie am Leben erhalten. Die gestiegenen Kosten haben auch die Anzahl der Hindi-Filme drastisch zurückgehen lassen. In Indien gibt es mit 800 bis 900 Filmen im Jahr **die größte Filmproduktion der Welt.** Bis in die 1990er-Jahre waren davon etwa 300 Filme in Hindi, der Rest verteilte sich auf Lokalsprachen wie Tamil, Kannada und Malayalam. Heute werden jedoch nur noch ca. 100 bis 130 Hindi-Filme pro Jahr gedreht (2007: 118) und von diesen sind nicht wenige schlüpfrige und billig

Rupien selbst abzweigen. Wohl dem, der ein Fahrrad besitzt und nicht allzu weit zu radeln hat.

Manchmal geht es chaotisch zu. Ich habe eine ***Auslieferung per Lieferwagen*** *erlebt, bei der das Fahrzeug auf halber Strecke liegen blieb – zwei Reifen waren platt. Und nur noch eine Stunde Zeit bis zur „Preview Show" (die Vorstellung einen Tag vor der offiziellen Premiere) um 22 Uhr. Panik, Flüche auf den Wagen und Flüche auf die Mütter zahlreicher imaginärer Feinde. Einer aus der Crew wurde dann mit den Filmrollen per Motor-Rikscha zum nächsten Bahnhof geschickt. Dort hieß es einen der vollgepackten Vorortzüge nehmen und dann wieder eine Motor-Rikscha, um den Film noch rechtzeitig zum Kino in Andheri West zu bekommen. Es klappte soeben, keine Minute zu früh. Ein gutes Beispiel indischer Improvisationskunst. Das halbe Leben in Indien ist Improvisation.*

Von Problemen mit Lieferwaren können die meisten der Filmverteiler aber nur träumen. Bollywood beschäftigt Abertausende von Menschen und die Filmauslieferer gehören zum untersten Glied einer langen, gut eingespielten Produktionskette. Ohne sie würden die Filme nicht in die Kinos gelangen – aber ***ihr Tageslohn ist geringer als ein Ticket*** *in einem der neuen Multiplexkinos kostet oder weniger als der Preis einer Tasse Tee im Taj Mahal Hotel, in dem die Filmstars so gern ein und aus gehen. Leute aus der Filmindustrie, mit denen ich sprach, wussten nicht einmal, dass die Billigauslieferer existieren. Ein Regisseur lachte verwundert und meinte: „100 Rupien?! Kein Wunder, wenn sie unsere Filme zwischendurch einem Raubkopierer überlassen!"*

zusammengeschusterte B- und C-Grade-Produktionen, die in den großen Metropolen oft nicht einmal gezeigt werden. Ihr Markt sind die ländlichen Gebiete, da, wo das Publikum noch nicht so anspruchsvoll ist. Die Premiere einer Top-Produktion wird heute mit Spannung erwartet und es wird schon wochenlang vorher über den Film diskutiert – vor 15 oder 20 Jahren hingegen konnte man aufgrund der schieren Menge der Filme gar nicht alle verfolgen.

Die erstaunliche Weiterentwicklung, die der Hindi-Film erlebt hat, findet jedoch nicht in allen Sektionen der Gesellschaft Zuspruch. Vielen ländlichen Zuschauern sind die Filme zu modern geworden. Die Handlungen drehen sich meist um wohlhabende Menschen in den Städten, mit denen man sich nicht identifizieren kann. Diese Tatsache hat in den letzten Jahren die **Bhojpuri-Filme** sehr populär gemacht, deren Handlungen sich etwa auf dem Stand der Hindi-Filme der 1970er- oder 1980er-Jahre befinden. Bhojpuri ist eine dem Hindi eng verwandte Sprache, die im östlichen Uttar Pradesh und im westlichen Bihar gesprochen wird, oft wird sie auch als ein Dialekt des Hindi bezeichnet. Etwa 40 Millionen Menschen sprechen Bhojpuri als Muttersprache, viele weitere Millionen können es verstehen. Aus geschäftlicher Hinsicht ist der Bhojpuri-Film somit durchaus attraktiv.

Die Bhojpuri-Filme sind beinah **Imitationen der alten Hindi-Filme,** sie handeln von bösen Landbesitzern, die die Dorfbewohner knechten, oder von Ganoven, die Angst und Schrecken auf dem Lande verbreiten und den Vätern die Töchter rauben, gerade kurz vor deren Hochzeit – rustikale Themen oder auch schwülstige Liebesdramen, mit denen man in den rückständigeren Regionen Nordindiens leicht etwas anfangen kann. Es ist eine Art Revival, zurück zum alten „Klamaukkino". Die Filmtitel geben Aufschluss, was zu erwarten ist: „Priester, sag', wann werde ich heiraten?", „Mein Schwiegervater ist steinreich" und „Herr Wachtmeister, ich liebe dich" hießen einige der Bhojpuri-Hits der letzten Jahre. Die bekanntesten Bhojpuri-Schauspieler, *Manoj Tiwari* und *Ravi Kissen,* sind Superstars in den Bhojpuri sprechenden Regionen. *Ravi Kissen,* der zuerst erfolglos in Bollywood-Filmen gearbeitet hatte, gilt als der *„Amitabh Bachchan* des Bhojpuri-Films".

In Mumbai werden die Filme in Arbeitervierteln gezeigt, die einen hohen Anteil von Migranten aus den Bhojpuri sprechenden Regionen aufweisen. Auch in anderen Metropolen sind sie zu sehen. Der Bhojpuri-Film ist mittlerweile so erfolgreich, dass selbst prominente Stars des Hindi-Kinos darin mitspielen, z. B. *Amitabh Bachchan* und *Hema Malini* im Film *Ganga* („Der Ganges"; 2006).

Jedes Jahr werden in Indien etwa **3,5 bis 4 Milliarden Kinotickets** veräußert, mehr als Hollywood weltweit verkauft. Die gesamte indische Filmindustrie nimmt derzeit jährlich etwa 2 Mrd. Euro ein, etwa für die Hälfte davon zeichnet der Hindi-Film verantwortlich. Für die nahe Zukunft werden erhebliche Steigerungen vorausgesagt. Die großen Hindi-Produktionen werden heute erfolgreich in den Westen exportiert und manche nehmen dort mehr Geld ein als in Indien. Filme mit gewagten Themen wie z. B. *Kabhie Alvida Naa Kehna* („Sag' niemals Adieu"; 2006), in dem sich zwei verwestlichte indische Ehepaare scheiden lassen und neue Partner finden, werden im konservativen Indien teilweise missbilligt. Derartige Fil-

Filmdreh in den Film-City-Studios: Ravi Kissen bittet Gott Shiva in einem medizinischen Notfall um Hilfe. Die Szene spielt in einem Krankenhaus.

010kmu Foto: rk

me, deren Thematik gegen traditionelle Moralvorstellungen verstößt, haben bessere Chancen auf dem Auslandsmarkt.

Mumbai, als Geburtsort des Hindi-Films, ist verständlicherweise eine völlig filmverrückte Stadt. Man kann den Filmen einfach nicht entgehen. An jeder Ecke prangen die kunterbunten Filmposter oder riesige Reklameschilder und die Mumbaikars reden permanent von den Stars, und das oft so, als sei man gut mit ihnen befreundet, meist nennt man sie nur beim Vornamen. Die Lokalzeitungen lassen sich seitenlang über die Stars, ihre neuesten Filme und ihre Affairen aus und häufig sieht man eine riesige Menschentraube, die wieder einmal einen Open-Air-Dreh verfolgt. Es ist kaum möglich, sich länger in Mumbai aufzuhalten und nicht irgendwann auf ein Filmteam in Aktion zu stoßen oder einen Star im Coffeeshop irgendeines Fünfsternehotels zu erspähen. Zu den beliebtesten Drehorten für Außenaufnahmen gehört der Gateway of India, der Marine Drive, die Stufen vor der *Asiatic Library* am Horniman Circle und Juhu Beach. Die Filmstudios, wie Film City, Filmistan, R. K. Studios oder Mehboob Studios, befinden sich alle in den nördlichen Vororten.

Woran kann man feststellen, ob man sich vollständig im Leben in Mumbai integriert hat, ob man Mumbaikar geworden ist? Wenn man sich darüber ereifert, dass *Shah Rukh Khan* jetzt doch wirklich mit dem Kettenrauchen aufhören sollte oder wenn man diskutiert, ob *Priyanka Chopra* wirklich was mit *John Abraham* hatte oder warum *Govinda* wieder so dick geworden ist. Es passiert leichter, als man denkt.

Kampf mit Bomben und AK-56: Mumbais kriminelle Unterwelt

„Ein gerechter König soll einen Dieb nicht zum Tode verurteilen, solange er nicht mit den gestohlenen Gütern ergriffen worden ist; derjenige (Dieb), der mit den gestohlenen Gütern und den Einbruchswerkzeugen ertappt worden ist, kann ohne Zaudern hingerichtet werden."

Aus *Manu Smriti,* ca. 1. Jh. n. Chr.

Ein indisches Sprichwort besagt: „Halte fünf Schritte Abstand zu einem Pferdewagen, zehn Schritte zu einem Pferd, einhundert Schritte zu einem Elefanten, aber der Abstand, den man zu einem bösen Menschen halten muss, ist unermesslich." Befolgte man diese Regel konsequent, dürfte man sich keine Minute in Mumbai aufhalten. Die guten Einkommensmöglichkeiten locken nicht nur zahllose fleißige Arbeitskräfte in die Stadt, sondern auch Menschen, die sich ihren täglichen Reis durch die Ausübung von Verbrechen „verdienen". Dies ist die Kehrseite der glänzenden Medaille des wirtschaftlichen Erfolges der Stadt. Mumbai ist seit Jahrzehnten **Indiens Zentrum der organisierten Kriminalität,** mit weit über die Landesgrenzen hinausreichenden Tentakeln.

Schmuggel

In den 1960er- und 1970er-Jahren waren es Indiens strikten Importbeschränkungen, die die Existenzgrundlage einiger gut organisierter **Schmugglerbanden** bildeten. Die Einfuhr von Alkohol, Gold und Silber war bis in die 1990er-Jahre stark reguliert und die Schmuggler deckten den Bedarf. Gold ist ein sehr gefragtes Gut in Indien: Viele Frauen tragen Goldschmuck, es ist eine gute Investition und Gold ist traditionell Bestandteil der Mitgift, die Frauen in die Ehe mitzubringen haben. Gold war damals sehr teuer auf dem indischen Markt und die Schmuggler stießen in eine perfekte Marktlücke. Nebenbei wurden Zigaretten, Haschisch und Mandrax geschmuggelt (Mandrax ist ein stark suchterregendes Beruhigungsmittel).

In den 1960er- und 1970er-Jahren erlebte Mumbai den dramatischen Aufstieg von Schmugglern wie *Karim Lala, Haji Mastan Mirza, Varadaraja Mudaliar* und *Yusuf Patel.* Die Schmuggler wurden **Teil der Mumbai-Folklore** und der eine oder andere wurde im Hindi-Kino verewigt. *Amitabh Bachchans* Rolle in *Deewar* (1975) lehnte sich an den Werdegang von *Haji Mastan Mirza* an, der seine Karriere als Hafenarbeiter in Mumbai begonnen hatte. Zunächst stahl er Waren aus den Lagerhäusern, später arbeitete er sich zum Schmuggler hoch. *Karim Lala* wurde in Filmen wie *Zanjeer* („Die Kette"; 1975), *Khuda Gawah* („Gott ist mein Zeuge"; 1992) oder *Hathiyaar* („Die Waffe"; 2002) portraitiert. Der brillante Tamil-Film *Nayakan* („Der Boss"; 1987) erzählt die Lebensgeschichte von *Varadaraja Mudaliar* und zeichnet ein beinah sympathisches Bild von ihm. Die Faszination, die die Filmwelt für die Ganoven hegte, wurde wechselseitig erwidert und viele Gangster suchten die Nähe von Bollywood und umgaben sich mit Schauspielern. Die Bandenbosse suchten notgedrungen aber auch die Nähe zu den Politikern, die bestochen wurden, damit sie die verbrecherischen Tätigkeiten nicht verfolgten. *Haji Mastan* brüstete sich damit, Politiker jeder erdenklichen Partei „gekauft" zu haben. Die anderen Schmuggler verfuhren nicht anders und keiner der oben genannten vier *Dons*, Gangsterbosse, starb im Gefängnis. Offiziell verdienten sie ihren Lebensunterhalt durch legitime Geschäfte wie die Bauindustrie, doch jedes Kind in Mumbai wusste, woher ihr Reichtum in Wirklichkeit stammte. In der Ellenbogengesellschaft von Mumbai, in der jeder Erfolg seine Bewunderer findet, egal auf welche Art erwirtschaftet, wurden die Ganoven von vielen Mumbaikars heroisiert. Die Inder lieben Göttermythen und die Taten der Gangsterbosse passten in den Reigen der fabulösen alten Geschichten. Somit war es den Kriminellen auch möglich, sich eine Art Gentlemanimage zuzulegen und sie wurden von Persönlichkeiten aus allen Lebensbereichen hofiert. Gentlemen waren sie beileibe nicht: Wer ihnen im Wege stand wurde „herausgenommen", wie man im Hindi-Slang sagt.

Neben dem Schmuggel war die *matka* eine gute Einnahmequelle, eine **illegale Lotterie.** *Matka* ist eine Art Tonkrug und der Name der Lotterie impliziert, dass die Gewinnzahlen aus einem solchen gezogen werden. Die Lotterie war so weit verbreitet, dass sogar Tageszeitungen die Gewinnnummern abdruckten – allerdings ohne jeglichen Kommentar, einfach im normalen Zeitungstext untergebracht, irgendwo in einer kleinen Box. Der jährliche Umsatz durch *matka* in Mumbai soll heute 20 Mrd. Rupien betragen (ca. 320 Mio. Euro). Dazu gibt es noch diverse weitere illegale Lotterien.

1975 ging es vielen Gangstern erst einmal an den Kragen. *Indira Gandhi* hatte den nationalen Notstand ausgerufen und so mancher Kriminelle wanderte ins Gefängnis. Der Notstand dauerte 19 Monate – und am Ende verbrachte *Indira Gandhi* selbst einige Zeit hinter Gittern. In der Ganovenszene dürfte die Schadenfreude unbändig gewesen sein.

In den 1990er-Jahren änderte sich die Mafialandschaft dramatisch. Nachdem 1991 die indische Wirtschaft nach Außen geöffnet worden war, sank der Preis von Importwaren, vor allem der von Gold. Die Schmuggler waren somit eines erheblichen Teils ihrer Einnahmen beraubt. Sie wichen auf den **Immobilienmarkt** aus, der immer höhere Gewinne versprach, und auf **Erpressung.** Beides gehört bis heute zu den Haupteinnahmequellen der Banden. Um an Häuser oder Grundstücke zu gelangen, bedrohen sie deren Besitzer und bieten ihnen einen Kaufpreis, der weit unter dem regulären Marktpreis liegt. Es ist schwer, mit Nein zu antworten, wenn die Stimme am anderen Ende der Telefonleitung sagt: „Wir wissen, wo deine Kinder auf die Schule gehen – falls du nicht verkaufst, siehst du die Kinder nie wieder!" oder: „Deine Frau ist doch gerade allein zu Hause. Wir können ihr doch mal ein paar unserer Männer zur Unterhaltung vorbeischicken. Was meinst du?" Heute spricht man in Mumbai von einer *builder mafia,* einer Mafia, die im Bauwesen aktiv ist und deren Beziehungen bis in die höchsten Regierungsebenen reichen. Ihr beizukommen, ist somit nicht leicht.

Erpressungen

Die **Schutzgelderpressung** ist ebenfalls weit verbreitet. Geschäftsleute werden unter Morddrohungen zu Zahlungen genötigt und es gibt genügend Beispiele von mutigen Nichtzahlern, die erschossen wurden. Um eine Zahlungsforderung zu erhalten, braucht man nicht einmal Großverdiener zu sein. Ich kenne einen Wäschereibesitzer in Colaba, der erpresseri-

011kmu Foto: rk

sche Anrufe erhielt. Dem Anrufer wurde eine Falle gestellt und er wurde gefasst. Es war ein kleiner Ganove aus dem näheren Umfeld, ein Gelegenheitserpresser, der es auch mal so machen wollte wie die mächtigen Gangsterbosse. Die Großen erpressen die Reichen, die Kleinen geben sich mit Wäschereien und Eckläden zufrieden. Tatsächlich reichen die Erpressungen so weit nach unten, dass sogar manche Bauchladenhändler, die irgendwelchen Schnickschnack verkaufen, an einen *gunda,* einen Gangster, aus dem Viertel eine Tagesgebühr abgeben müssen. Dieser muss dann eventuell einen Teil seiner Einkünfte wiederum an einen übergeordneten Ganoven abführen. Manche Kleinkriminelle hängen sich an die bekannten Namen im Geschäft und geben vor, im Auftrag einer der gefürchteten Großgangster anzurufen. Die Namen dieser Bandenchefs verbreiten Angst und Schrecken.

Gelegentlich werden wohlhabende **Hochzeitspaare Opfer von Erpressungen.** Für indische Hochzeiten werden oft obszön hohe Summen ausgegeben und die Gangs wollen daran teilhaben. Das führt dazu, dass manche Paare Hochzeitseinladungen verschicken, auf denen eine falsche Adresse für die Hochzeitsfeier angegeben ist. Erst einen Tag vor der Hochzeit wird den Gästen der tatsächliche Ort mitgeteilt. So will man sich die Gangster vom Leib halten. Dumm nur, wenn einer der geladenen Gäste Mafiainformant ist - auch das ist nicht auszuschließen.

Viele Bewohner Mumbais finden sich still mit den Schutzgeldzahlungen ab. Sie betrachten sie als eine **„inoffizielle Steuer“,** die man zahlen muss, um ungestört seinem Leben nachgehen zu können. Da man oft keine Steuern an den Staat zahlt - oder weniger als man müsste –, können viele die Schutzgeldzahlungen verkraften. Inder sind pragmatische Menschen: Um im Leben weiterzukommen, muss man sich mit den übergeordneten Mächten arrangieren - mit Göttern ebenso wie mit Gangsterbossen.

Dawood Ibrahim und die Bombenattentate von 1993

In den 1980er-Jahren begann der **Aufstieg von Dawood Ibrahim,** geboren 1955 als Sohn eines kleinen Polizisten in Ratnagiri an der Konkan-Küste. *Dawood,* ein Moslem, lebte in den heruntergekommenen moslemischen Stadtteilen Dongri und Nagpada, Zentren krimineller Aktivität, und war zunächst „Lehrling“ beim Bandenführer *Karim Lala.* Sein Erfolg stellte bald den aller vorangegangenen Gangster in den Schatten. Allein in Mum-

Unsicherheit: Plakat bei einer Demonstration von Geschäftsleuten aus Protest gegen mangelnde Hilfe der Polizei bei Erpressungen und anderen Straftaten

bai verschafften ihm seine ungesetzlichen Geschäfte ein jährliches Einkommen in Milliarden-Dollar-Höhe. Ein einziger Anruf von *Bhai,* „Bruder", wie er gemeinhin genannt wurde, ließ das Erpressungsopfer erzittern. *Dawood* (sprich Daud) und seine sogenannte *D-Company* meinten es bitterernst, die Pistolen saßen locker. *Dawood* kontrollierte auch das Hawala-Geschäft, d. h. den internationalen Transfer von Geldern, der ebenso effizient sogar noch schneller funktioniert wie bei einer Bank. *Hawala* ist aber illegal, da damit Gelder vor der Steuer versteckt und reingewaschen werden können. Bei jedem Transfer macht der *hawaaladar,* der Leiter des Unternehmens, Gewinn. *Dawood Ibrahim* war der Drahtzieher der mörderischen **Bombenexplosionen von 1993 in Mumbai,** die als Rache für die Zerstörung der Babri-Moschee in Ayodhya durch fanatische Hindus und die anschließenden Pogrome gegen Moslems in Mumbai gedacht waren. (Siehe Kap. „Mumbais Geschichte".)

Nach den Bombenattentaten hielt *Dawood* sich zunächst viele Jahre in Dubai auf, wo er diversen Aktivitäten nachging – und von wo aus er seine Geschäfte in Mumbai weiterleitete. „Fernsteuerung" nennt man das im Gangsterjargon. Heute lebt *Dawood Ibrahim* vermutlich in Karatschi, geschützt vom pakistanischen Geheimdienst *ISI (Inter Services Intelligence),* und soll auch mit al-Qaida zusammenarbeiten. Einem seiner wichtigsten Leute, *Abu Salem* (geb. 1968), wird zur Last gelegt, die Bombenaktion mitgeplant zu haben. Er wurde 2002 in Portugal festgenommen und ist zurzeit in Indien inhaftiert. Andere von *Dawoods* engsten Verbündeten wie *Chhota Shakeel* (richtiger Name *Shakeel Ahmad Babu)* und *Mustaq „Tiger" Memon* gehören zu den meistgesuchten Männern Indiens.

Die Bombenexplosionen veränderten viele Aspekte im Leben der Mumbaikars, sie hatten aber auch bedeutende Auswirkungen auf die Verbrecherszene. Aus Zorn über diese Attentate gegen Hindus verließ *Chhota Rajan,* einst getreuer Handlanger *Dawoods,* die *D-Company.* Viele hinduistische Gangster folgten ihm. *Chhota Rajan* („Kleiner Rajan"), mit richtigem Namen *Rajendra Sadashiv Nikhalje,* wurde zum erklärten Feind *Dawood Ibrahims.* Möglicherweise hatte es schon zuvor Querelen um Geld mit *Dawood* gegeben, die Bomben waren jedoch der endgültige Auslöser. Zuvor hatte der Boss *Chhota Rajan* stolz als einen seiner „Kronjuwelen" bezeichnet.

Außerdem spaltete sich die Szene nach den Explosionen plötzlich in **Hindu- und Moslem-Banden** auf. Gab es vorher „nur" Territoriumskriege zwischen verschiedenen Banden, so gab es nun Territoriumskriege *und* religiös bedingten Zwist. Die Kämpfe wurden erbitterter und in den 1990er-Jahren verging kaum eine Woche, in der sich nicht verfeindete Mafiamitglieder beschossen und ermordet hätten – ganz abgesehen von den Normalbürgern, die ins Kreuzfeuer gerieten. Heute gibt es nur noch vereinzelt Hindu-Gangster in Moslem-Gangs und umgekehrt. In den Banden verhält es sich in dieser Beziehung nicht anders als in der Normalbevölkerung, die sich ebenfalls zunehmend nach Religionszugehörigkeit trennt. (Siehe Kap. „Gott in Mumbai".)

Arun Gawli, Politik und Encounter

In das Vakuum, das die Flucht *Dawood Ibrahims* verursacht hatte, traten Leute wie der **Gangster Arun Gawli.** Seine Bandenmitglieder setzten sich zu einem erheblichen Teil aus Leuten zusammen, die im großen Textilstreik ihre Arbeit verloren hatten. Auch andere, kleinere Gangsterbosse profitierten so von dem Streik. Viele Gangs bekamen auch Zulauf aus den rückständigen Bundesstaaten Uttar Pradesh und Bihar, die eine hohe Arbeitslosenrate aufweisen. Die Stadt Azamgarh in Uttar Pradesh ist bekannt für ihre zahlreichen *shooters,* gedungene Killer, die sich in Mumbais Banden verdingen. Das Leben einer „kleinen" Person, einer ungefährlichen Zielscheibe, um die nicht viel Aufhebens gemacht werden wird, löschen sie für 5000 bis 10.000 Rupien aus. Der Tod einer Person von Bedeutung, deren Name in fetten Schlagzeilen in den Zeitungen stehen wird, kostet 100.000 Rupien oder mehr. *Arun Gawli* machte bald auch in einem ihm fremden Metier von sich reden. Wie alle Gangster hatte *Gawli,* der aus einer Kuhhirtenkaste in Maharashtra stammt, auch Verbindungen in die Politik unterhalten. Die wechselnden Machtverhältnisse in Maharashtra wirkten sich jedoch zeitweise gegenteilig für ihn aus und er wanderte ins Gefängnis. 1997 beschloss er, selbst in die Politik zu gehen und **gründete eine politische Partei,** die *Akhil Bharatiya Sena* („Gesamtindische Armee"). Mit dieser hoffte er, seine kriminellen Interessen weiter durchsetzen zu können. Seine neue Rolle war aber auch als lebenserhaltende Maßnahme gedacht, denn als Politiker war er davor geschützt, Opfer eines sogenannten *encounter* der Polizei zu werden. *Gawli* hatte 60 seiner Leute durch *encounter* verloren.

Mitte der 1980er-Jahre hatte Mumbais Polizei damit begonnen, **systematisch Gangster zu eliminieren** und in den 1990ern erreichten die Tötungen ihren Höhepunkt. Diese Aktionen, die bestens geplant waren und den Kriminellen keine Chance ließen, wurden beschönigend **encounter** genannt („Aufeinandertreffen"). Die Verbrecher wurden von Spezialteams der Polizei in die Enge getrieben und niedergeschossen. Dabei drehte man das Geschehen so hin, als handle die Polizei in Notwehr – aber jeder in Mumbai wusste, was tatsächlich gespielt wurde. Meist kamen die in einem Hinterhalt überraschten Gangster nicht einmal dazu, ihre Pistolen zu ziehen – die Polizisten drückten den Leichen dann nachträglich eine Waffe in die Hand. Bezeichnenderweise kam bei den Aktionen fast nie ein Gesetzeshüter zu Schaden, dafür fanden sich bei vielen getöteten Gangstern Einschusswunden im Hinterkopf oder im Rücken.

Unter den Polizisten herrschte schon seit Langem Frustration darüber, dass Kriminelle, die sie festgenommen hatte, nach kurzer Zeit durch Beziehungen wieder frei kamen oder dass es in Indiens langatmigem Justizsystem viele Jahre dauerte, bis es überhaupt einen Prozess gab. Die *encounter* waren praktisch **außergerichtliche Exekutionen.** Trotz aller Illegalität aber wurden sie vom Gros der Bevölkerung befürwortet, denn auch der Normalbürger war von den Mafiaaktivitäten zermürbt. Insgesamt wurden ca. 1500 Gangster erschossen und die Zahl steigt immer noch. Die *encounter* waren aus juristischer Sicht zwar Mord, sie bewirkten aber das schier Unmögliche: Der Einfluss der Kriminellen ging drastisch zurück. Zahlreiche Banden hatten ihre wichtigsten Leute verloren. Anfang des 21. Jh. war die Gangsterplage zwar keinesfalls beseitigt – das wird vielleicht nie der Fall sein –, sie war jedoch stark verringert. Darauf hätte zehn Jahre zuvor niemand zu hoffen gewagt.

Die Hauptakteure bei den *encounters* sind die **Encounterspezialisten,** Scharfschützen, von denen einige 50 bis 100 Gangster umgebracht haben. Namen wie *Vijay Salaskar, Daya Nayak, Ravindra Angre, Praful Bhosale, Pradeep Sawant* und *Pradeep Sharma* versetzen die Unterwelt in Unruhe. Sie sind lebende Polizeilegenden. *Daya Nayak* ist durch einen Spielfilm, der sich an sein Leben anlehnt, beinah zum Kulthelden geworden. (Siehe Filmtipps im Anhang: *„Ab Tak Chappan".*) Die oben genannten zeichnen sich für fast die Hälfte der erschossenen Verbrecher verantwortlich. Gelegentlich wird den Spezialisten nachgesagt, selbst für eine der Banden zu arbeiten. Wenn einer von ihnen auffallend viele Mitglieder einer bestimmten Gang „auslöscht", setzt er sich dem Verdacht aus, für eine der Konkurrenzbanden tätig zu sein. Leben die Scharfschützen gefährlich? Gewiss – aber: Einerseits haben die Gangster hohe Kopfgelder auf die Encounterspezialisten ausgesetzt, andererseits ist bisher noch keinem von ihnen etwas passiert. Würden die Kriminellen einen der Scharfschützen töten, so würden ihre Polizeikollegen möglicherweise an den Familienmitgliedern der Gangster Rache nehmen, und das will kein Verbrecher riskieren. Dennoch gehört die schusssichere Weste zur Standardausrüstung der Spezialisten.

Pistolen und Liebe: Werbeplakat für den Film „Gangster" – Untertitel „Eine Liebesgeschichte"

012kmu Foto: rk

Bollywood und seine Beziehungen zur Unterwelt

Viel Stoff für Legenden hat auch die Verknüpfung der kriminellen Unterwelt mit **Bollywood** geliefert. Es ist der Filmindustrie vielleicht nicht ganz zu verdenken, dass sie die Nähe der reichen Gangster sucht: Indiens Banken hatten sich bis in die jüngste Vergangenheit geweigert, Geld für Filme zu verleihen. Das Geschäft mit den flimmernden Bildern war ihnen zu unsicher. Erst in letzter Zeit werden Darlehen an Filmproduzenten erteilt, die jedoch schon vor der Premiere des Filmes mit sehr hohen Zinsen zurückbezahlt werden müssen. Für die meisten Produzenten ist das unpraktikabel. Zu Hilfe kommt die Unterwelt. Es ist ein offenes Geheimnis, dass viele Filme mittels Mafiagelder finanziert werden. Nur selten fliegen die dunklen Verbindungen auf. Der Film *Chori Chori Chupke Chupke* („Ganz heimlich, ganz leise", 2001) wurde von *Dawood Ibrahim* finanziert, der bekanntermaßen ein Filmnarr ist. *Dawood* selbst war zwar nicht beizukommen, der offizielle Financier des Films aber, *Ibrahims* Verbindungsmann *Bharat Shah,* und der Produzent *Nazim Rizvi* wurden wegen krimineller Verbindungen und Zurückhaltens von Informationen ins Gefängnis geschickt.

Dawood Ibrahim hat des Öfteren **Bollywood-Stars** zu sich nach Dubai geladen. Wenn *„Bhai"* anruft, dann sagen auch die Machomänner des Hindi-Films nicht leicht Nein. Einige Stars sind möglicherweise unter Er-

Filmstar Sanjay Dutt – vom Helden zum Bösewicht und zurück

Seine engen ***Beziehungen zur Unterwelt*** *wurden dem Schauspieler Sanjay Dutt zum Verhängnis. Sanjay Dutt (geb. 1959) ist der Sohn der Schauspielerin Nargis Dutt, einer Moslemin, und dem Schauspieler Sunil Dutt, einem Hindu. Während der Hindu-Moslem-Ausschreitungen von 1992 und 1993 wurde seine Familie von der hinduistisch-fundamentalistischen Shiv Sena bedroht, weil die Familie angeblich „Moslems unterstützt" hatte. In Wahrheit hatte die Familie Dutt Hilfsgüter an beide Religionsgemeinschaften verteilt. Sanjay glaubte, sich sicherer zu fühlen, wenn er* ***Waffen*** *zur Verfügung hätte und bestellte welche. Keine gute Idee, denn er hatte schon drei legale Schussfeuerwaffen, aber Sanjay war ein hoffnungsloser Waffennarr und, wie sein verzweifelter Vater später sagen sollte, „ein Dummkopf". Sanjay hatte genügend Beziehungen, sich Waffen zu besorgen. Als ehemaliger Drogenabhängiger und gewohnheitsmäßiger Draufgänger hatte er gute Verbindungen zur Unterwelt. Die Mumbai-Polizei besitzt Aufzeichnungen eines langen, vertraulichen Telefonats von Dutt mit Chhota Shakeel, das kein gutes Licht auf den Schauspieler wirft. Vielleicht ist es wie im Film „Naam" („Der Name"; 1986), in dem Dutt einen Gangster spielt und in dem es heißt: „Diese Verbrecherwelt ist eine Einbahnstraße, es gibt keinen Ausgang."*

Bald nach Dutts Bestellung fuhr Abu Salem mit zwei Begleitern bei ihm vor. Sie übergaben ihm drei Maschinenpistolen, Typ AK-56, eine 9-mm-Pistole, Munition und eine Kiste voll Handgranaten. Eine AK-56, hergestellt in China und von der Unterwelt liebevoll „guitar" genant, kostet in Mumbai ca. 120.000 bis 300.000 Rupien (ca. 20.000 bis 48.000 Euro). Eingeschmuggelt werden die AK-56 meist über Pakistan oder Nepal. Das obige Waffenarsenal war Dutt doch etwas zu viel, das meiste davon gab er alsbald zurück. Er behielt eine „Gitarre". Im Zuge der Ermittlungen um die Bombenexplosionen geriet er ins Netz der Ermittler, denn dieselben Leute, von denen die Waffen stammten, hatten auch die 13 Bomben gelegt. 1993 wurde er verhaftet und verbrachte 16 Monate unter dem Verdacht des Terrorismus in ***Untersuchungshaft.*** *Noch andere Vertreter Bollywoods sollen sich damals ähnlich bewaffnet haben, doch nachdem ihr Schauspielerkollege der Polizei in die Hände gefallen war, entledigten sie sich der Waffen. Nach Dutts Verhaftung wurden an mehreren Stellen der Küste Mumbais AK-56 angespült.*

Als ein abgemagerter und zerzauster Sanjay Dutt aus dem Tor des berüchtigten „Arthur Road Jail" wankte, wirkte es wie eine der zahllosen

Filmszenen, in denen der unschuldige Held endlich wieder in die Freiheit schreitet und von seinen Freunden jubelnd begrüßt wird. Dieses Mal war es nüchternes Leben – und von unschuldig konnte keine Rede sein.

*Die **Shiv Sena** war der Auslöser von Sanjay Dutts misslicher Situation gewesen und am Ende war es Shiv-Sena-Oberhaupt Bal Thackeray, der auf Flehen von Sanjays Vater hin seine Beziehungen spielen ließ und den Filmstar auf Kaution aus dem Gefängnis holte. Die Familie Dutt hätte die Drohungen vielleicht nie erhalten, wäre Sunil Dutt nicht prominentes Mitglied der Congress(I)-Partei und gar deren Parlamentsabgeordneter gewesen. Er und seine Partei waren Thackerays erbitterte Rivalen. Die richtige oder falsche Zugehörigkeit zu haben, sei es in Partei, Kaste, ethnischer oder religiöser Gruppe, kann in Indien über das Schicksal entscheiden – manchmal auch über Leben und Tod.*

*2007, mehr als vierzehn Jahre nach diesen Ereignissen, wurde vom TADA-Gericht in Mumbai, das für Terrorfälle zuständig war, das Urteil verkündet (TADA = Terrorist and Destructive Acitivities). Der merklich gealterte Sanjay Dutt wurde vom Verdacht des Terrorismus freigesprochen. Er war jedoch des illegalen Waffenbesitzes schuldig. Urteil: 6 Jahre verschärfte Haft. Aus dem Schauspieler wurde **Strafgefangener Nr. C-15170.** Ein Schock für Bollywood und Millionen von Fans. Viele Inder sahen in dem Urteil den Beweis, dass Indien eine Demokratie ist und niemand, egal wie einflussreich und populär, über dem Gesetz steht. Doch leider ist dem nicht so, wie wir im nächsten Kapitel am Beispiel eines berüchtigten Politikers sehen werden.*

Während Sanjay Dutt monatelang auf seine Verurteilung warten musste, hatte so manch einer in Mumbai ein paar Goldtaler an ihm verdient. In illegalen Wettbüros wurde auf die Höhe seiner Gefängnisstrafe gewettet. Der Gesamwert der Wetten betrug 1,1 Mrd. Rupien (18 Mio. Euro). Damit hätte man zwei oder drei erstklassige Bollywood-Filme drehen können. Während Dutt um seine Existenz bangte, machte die Unterwelt fleißig „maalaamaal" aus seinem Malheur, „Zaster". In Mumbai lässt man eben keine Gelegenheit ungenutzt verstreichen.

*Sanjay Dutt ist heute – nach einem weiteren Gerichtsverfahren – **ein freier Mann,** wenn auch offiziell nur auf Kaution. Als Hauptdarsteller in den Filmen der enorm erfolgreichen „Munnabhai"-Serie, in denen er einen gutmütigen Schurken mimt, hat er sich in die Herzen seiner Landsleute gespielt und sich ein bleibendes Denkmal gesetzt. Jeder Filmfan hofft, dass Sanjay nun von den Gangstern fern bleiben möge – und die Gangster bitte auch von ihm.*

013kmu Foto: rk

pressung nach Dubai gereist, um dem unter Heimweh leidenden *Dawood* ein wenig Gesellschaft zu leisten und auf einer seiner Partys zu tanzen. Andere kamen freiwillig. So manche ließen sich fröhlich mit ihm fotografieren. Sich mit einem Gangsterboss einzulassen, ist ein heikles Spiel, es kann aber auch Protektion vor den anderen Bösewichten gewähren. Bollywood-Stars handeln in dieser Beziehung nicht anders als der kleine Mumbaikar auf der Straße. Das Leben ist gefährlich und man sucht sich einen Beschützer.

Da **Erpressung** eine der ergiebigsten Einnahmequellen der Gangs ist, ist es nicht verwunderlich, wenn auch Bollywood angezapft wird. Der Regisseur *Mahesh Bhatt* sagte einmal, dass es keine Bollywood-Persönlichkeit gibt, die nicht schon einmal in Kontakt mit den Banden gekommen wäre. Die Ereignisse scheinen ihm Recht zu geben. Im Jahre 2000 überlebte der Filmproduzent *Rakesh Roshan,* Vater des Schauspielers *Hrithik Roshan,* einen Mordanschlag. Die Täter waren Mitglieder der Gang von *Abu Salem. Salem* hatte *Roshan* zuvor um 20 Mio. Rupien (ca. 320.000 Euro) erpressen wollen, um vom Ertrag des kurz vorher veröffentlichten Superhits *Kaho Naa ... Pyar Hai* etwas abzuschöpfen. 1997 wurde der Filmmusikproduzent *Gulshan Kumar* auf offener Straße erschossen, ebenfalls auf Geheiß von *Abu Salem.* Der angeschossene *Kumar* konnte sich mit letzter Kraft in eine öffentliche Toilette schleppen und verstarb dort. Ein Hindi-Film hätte keinen elenderen Tod darstellen können. 2001 „neutralisierte" die Polizei vier Gangster aus *Abu Salems* Bande, die beauftragt waren, den Schauspieler *Aamir Khan* umzubringen. 2002 wurde ein Plan vereitelt, die Schauspielerin *Manisha Koirala* zu entführen. Ihr „Sekretär" (im indischen Kontext: Manager) wurde erschossen.

Es ist nicht leicht, sich die Unterwelt vom Leib zu halten. Bollywood-Stars haben, je nach Ausmaß der Gefährdung, unterschiedlich große **Kontingente von Leibwächtern** und die ganz großen berühmten bekommen sogar vom Staat Schutz gestellt, so z. B. *Amitabh Bachchan.* Der Grad des Schutzes wird mit Buchstaben bezeichnet: *Amitabh* bekommt *Z Security,* die zweithöchste Sicherheitsstufe nach *Z+.* Letztere wird dem Premierminister, dem Präsidenten und besonders gefährdeten Ministern gewährt.

Viele Bollywood-Schauspieler gehen gerne im westlichen Ausland auf Urlaub – zum einen können sie dort ungestört über die Straße gehen, ohne von Horden von Fans verfolgt zu werden, zudem brauchen sie auch keine Gangsterattacken zu befürchten.

Gangster auf und hinter der Leinwand: Bollywood-Filme sind lukrativ, kein Wunder, dass auch die Ganoven mitverdienen wollen. Angeblich sollen manche Gangster, die Filme finanziert haben, bekannte Stars bedroht haben, damit diese in ihren Streifen mitspielen.

0014kmu Foto: rk

DIE MUMBAIKARS IM ALLTAGSLEBEN

Gott in Mumbai: zwischen Toleranz und Religionskrieg

„Wir sind doch Vegetarier (und daher auch gegen Gewalt, d. A.), aber irgendwann werden wir wohl kämpfen müssen."

V.S. Naipaul in *India – A Million Mutinies Now* (1990), einen Jain in Mumbai zitierend.

Heilige Kuh als Mauerschmuck: Die Gegend um die Kalbadevi Road wird weitgehend von Gujaratis und Marwaris beherrscht, die zumeist strikte Vegetarier sind

Krieg der Religionen: religiöse Konflikte damals und heute

In seiner Vergangenheit war Mumbai, so erzählen es zumindest ältere Bewohner, eine Stadt, in der **Hindus und Moslems** die allermeiste Zeit friedlich nebeneinander und miteinander lebten. Man war gemeinsam in Mumbai, um zu arbeiten und erfolgreich zu sein, den indischen Traum zu träumen. Hindus feierten bei ihren moslemischen Nachbarn deren Feste mit und umgekehrt ging es genauso. Man lebte nach der alten Redewendung, dass es nur einen Gott gibt, aber viele verschiedene Wege, um zu ihm zu gelangen. Mit den Christen hatte ohnehin niemand Probleme, sie waren eine verschwindend kleine Minderheit und stellten für niemanden eine Bedrohung dar. Zumeist war das Miteinander der Religionsgemeinschaften harmonisch und der generell herrschende soziale Friede ermöglichte Mumbais wirtschaftlichen Aufstieg.

Es gab aber auch Ausnahmen, kurze Ausbrüche blinden Hasses auf die „Anderen". Inder nehmen ihre Religion im Allgemeinen sehr ernst. Die Religionszugehörigkeit ist der **wichtigste einzelne Identifikationsfaktor.** Treffen einander unbekannte Inder zusammen, so werden die meisten als Erstes die Religion des Gegenübers ausfindig machen, anhand des Namens geht das in der Regel leicht. Damit ist die erste bedeutsame Frage geklärt, danach geht man weiter ins Detail und versucht Kaste (unter den Hindus), regionale Zugehörigkeit, Status, Beruf, Ehestand etc. zu bestimmen.

Die Religion steht über allem und Verletzungen religiöser Tabus können dramatische Folgen nach sich ziehen. Erstaunlicherweise spielten sich in Mumbai die ersten größeren interkonfessionellen Ausschreitungen zwischen Moslems und den sonst so zurückhaltenden Parsen ab. 1850 veröffentlichte eine Parsi-Zeitung ein Bild des Propheten *Mohammed.* Abbildungen des Propheten sind im Islam verboten und niemand weiß, wie er ausgesehen haben könnte. Als Reaktion begingen Moslems **Übergriffe auf Parsen.** Ein Jahr später klebte ein Provokateur ein Bild des Propheten an die Tür einer Moschee und wieder gingen die Moslems gegen Parsen vor. Abgesehen von der verbotenen Darstellung selbst – in diesem Fall war der Druck auch noch so schlecht, dass *Mohammed* einäugig aussah. 1857 ermordeten Moslems zwei Parsen, einen Priester und einen Laien, die angeblich den Islam beleidigt hatten. Die Missetäter waren von der britischen Kolonialmacht zwar bestraft worden, in den Augen der Moslems jedoch zu milde. 1874 wurden die Moslems durch einen Zeitungsartikel über den Propheten verärgert, der von einem Amerikaner geschrieben und von einem Parsen übersetzt worden war. Erneut wurden die Parsen attackiert. Im selben Jahr zog eine besonders teilnehmerreiche moslemische Beerdigungsprozession durch ein Parsen-Viertel in Dhobi Talao und die Parsen bewarfen die Moslems mit Steinen. Ein Mann starb. Bei dem sanftmütigen Image, das die Parsen heute genießen, kann man sich die leichte Aufmüpfigkeit, die sie im 19. Jh. bisweilen an den Tag legten, kaum vorstellen. Aber sie waren damals eine einflussreiche Minderheit und mit über 50.000 Gemeindemitgliedern in den späten 1860er- und 1870er-Jahren für ihre Verhältnisse relativ stark. Die Gesamtbevölkerung im Jahre 1872 betrug 644.000 Menschen.

1893 wähnten sich Moslems in Mumbai von der kolonialen Verwaltung zugunsten der Hindus benachteiligt. In den nachfolgenden Ausschreitungen kamen einige Menschen ums Leben. Einige Hindu-Tempel und Moscheen wurden zerstört und Hindus plünderten ein moslemisches Viertel. 1929 ereigneten sich **Hindu-Moslem-Auseinandersetzungen,** die auf einem Arbeiterdisput beruhten. Hindu-Mobs griffen Moslems an und lynchten sie. Bei einem Zwischenfall steinigten 2000 Hindus drei Moslems zu Tode, die zufälligerweise in deren Stadtviertel geraten waren. In den Jahren 1872, 1904 und 1908 gab es Kämpfe zwischen den moslemischen Sekten der Sunni und Shia. Aufgrund der häufigen Verwicklung von Moslems in religiöse Konflikte bezeichnete die britische Verwaltung die moslemische Gemeinde als die „unstabilste“ in der Stadt. Insgesamt betrachtet hielten sich religiös bedingte Streitigkeiten jedoch im Rahmen, sie gefährdeten nicht das Gesamtbild der Stadt.

Im Jahre 1992 aber bewahrheitete sich die Prophezeiung des oben zitierten Jains. Nachdem im Dezember die Babri-Moschee in Ayodhya von Hindu-Fanatikern zerstört worden war und Moslems dagegen protestiert hatten, kam es zu den **schlimmsten interkonfessionellen Ausschreitungen,** die Mumbai je erlebt hat. Offiziell starben 1788 Menschen (gemäß *Amnesty International),* etwa zwei Drittel davon Moslems. Hindu-Mobs, angestachelt von der *Shiv Sena* und anderen fundamentalistischen Hindu-Organisationen, machten gezielt Jagd auf den moslemischen Erzfeind. Anhand von Wählerlisten, die ihnen von offizieller Stelle zugespielt worden sein müssen, spürte man Moslem-Familien auf und brachte sie auf grausamste Weise um. Die Polizei, deren Mitglieder überwiegend hinduistische Maharashtrier sind, schoss zwar auf moslemische Menschenansammlungen, ließ den mordenden und plündernden Hindu-Pöbel aber meist gewähren.

Viele Hindus sahen mit Genugtuung, dass die Moslems endlich „ihre Lektion erhalten“ hätten. Der Unmut gegen die Moslems hatte sich lange angestaut. Viele Hindus waren es leid, sich von einer Minderheit, die oft als unpatriotisch und verräterisch galt, auf der Nase herumtanzen zu lassen. Bei Cricketturnieren, in denen Indien und Erzfeind Pakistan aufeinan-

015kmu Foto: rk

der trafen, hatten indische Moslems oft das pakistanische Team angefeuert und deren Flagge geschwungen – für viele Inder ein Beweis, dass sie dem eigenen Land feindlich gesonnen waren.

Die **Srikrishna Commission,** geleitet vom ehemaligen Richter des Obersten Gerichtshofes, *B. N. Srikrishna,* die zur Aufklärung der Vorfälle einberufen wurde, sprach Teilen der Polizei, der *Shiv Sena* und deren Oberhaupt *Bal Thackeray* eindeutig Schuld zu. *Thackeray* hatte seine Shiv-Sena-Leute gegen die Moslems zu Missetaten angestiftet. Gemäß den Erkenntnissen der Kommission habe er Anweisungen gegeben, die Moslems „fertigzumachen, damit keiner der Mistkerle als Augenzeuge übrig bleibt". Die Schuldverhältnisse scheinen klar, jedoch ist bis heute noch niemand zur Rechenschaft gezogen worden. Es herrscht Angst: Jeder in Mumbai kann sich ausmalen, welch destruktive Energie *Thackerays* Anhänger freisetzen würden, wenn ihr Anführer in Haft genommen würde. Die Mitglieder der *Shiv Sena* sind bekannt für ihr Rowdytum. Als 1996 *Thackerays* ältester Sohn *Bindumadhav* bei einem Verkehrsunfall umgekommen war, zogen randalierende Shiv-Sena-Anhänger durch Mumbai und zwangen Geschäftsinhaber unter Gewaltandrohung „aus Trauer" ihre Geschäfte zu schließen. Ginge *Bal Thackeray* ins Gefängnis – das würde einen „Vulkanausbruch" auslösen. Auch von „oben" werden Leute wie *Thackeray* gedeckt. Nachdem die *Srikrishna Commisson* ihr klares Urteil gesprochen hatte, drohte der damalige Ministerpräsident von Maharashtra, *Manohar Joshi (Shiv Sena),* dass er zurücktreten und auf der Straße agitieren würde, wenn jemand *Thackeray* auch nur „anfasste". *Sanjay Dutt* bekam für illegalen Waffenbesitz sechs Jahre Gefängnis - *Thackeray* hingegen, der indirekt zahlreiche Menschenleben auf dem Gewissen hatte, ist bisher ungeschoren davongekommen. Daran wird sich auch in Zukunft kaum etwas ändern. (Siehe auch das Kap, „Politik".)

Die **Massaker von 1992 und 1993** hinterließen ein tiefes Trauma im Bewusstsein der Bevölkerung. Die Wunden sind noch immer nicht verheilt und viele Mumbaikars behaupten, die Stadt sei heute „nicht mehr das ist, was sie einst war." Viele sagen, dass der *dam,* die Power oder der *drive,* der die Stadt früher ausgezeichnet hat, heute fehlt. Selbst mangelnde Kauf- oder Ausgehfreudigkeit wird von einigen Leuten auf den derzeit - vermeintlich - nicht mehr so optimistischen Geist der Stadt geschoben. Empirisch ist der Beweis dafür nicht zu erbringen, aber es zeugt davon, wie sehr die Ereignisse noch in der Erinnerung vorhanden sind. Eine offensichtliche Veränderung nach den Ausschreitungen sind die Polizeiabsperrungen, die *nakabandis,* die man gegenwärtig nachts auf vielen Straßen sieht und an denen Autos angehalten und kontrolliert werden. Die Polizei zeigt seit den Vorfällen eine erhöhte Präsenz.

Heute herrscht wieder der althergebrachte Religionsfrieden, auf den ersten Blick ist alles wie zuvor, doch unter der Oberfläche lauern **Misstrauen und Furcht.** Was einmal passiert ist, kann theoretisch immer wieder geschehen, so denken viele. In moslemischen Vierteln sammeln Moslem-Organisationen *zakat* ein, wörtlich „spirituelle Reinigung", eine Art moslemische Almosensteuer - niemand weiß so recht, was mit dem Geld finanziert wird. Da die Methoden, mit denen *zakat* eingetrieben wird, oft an Schutzgelderpressung erinnern, kann man über die Nutzung des Geldes Zweifel hegen. Viele Hindus halten Moslems generell für gewalttätig und blutrünstig, da sie zu ihren Festen **Ziegen schlachten.** Schon als Kinder erleben Moslems, wie den Tieren nach islamischen Regeln die Kehle durchgeschnitten wird, und sie jubeln gar darüber ... Und das - so meinen viele Hindus - gibt die Richtung fürs spätere Leben vor. Keinem Hindu in Mumbai würde es einfallen, zu einem religiösen Fest ein Tier zu töten, ohnehin sind viele von ihnen Vegetarier, die Kluft ist somit weit. Der Abdecker in den Schlachthöfen, der blutbefleckte *kasai,* ist fast immer ein Moslem. Die Leute, die das Fell der toten Tiere gerben, sind Moslems oder aber *chamaar,* kastenlose Hindus, der Bodensatz der hinduistischen Gesellschaft.

Moschee im Bhendi Bazar: In dieser Gegend sind
die Moslems in der Überzahl und haben nichts zu befürchten

Das gegenseitige Misstrauen und die Gewaltbereitschaft sind am größten in den Armutssiedlungen, unter dem „Lumpenproletariat", das mangelnde Bildung oft durch ein Übermaß an Hitzköpfigkeit ersetzt. Die meisten Massaker von 1992 und 1993 ereigneten sich in den ärmeren Stadtteilen. Es ist leicht, zu kämpfen, wenn man nicht viel zu verlieren hat. In den besseren Wohnsiedlungen blieb es bis auf wenige Ausnahmen ruhig. Hindus und Moslems standen sich hier meist hilfreich zur Seite, Bürger aller Konfessionen bildeten **gemeinsame Bürgerwehren.** Sie hielten von Hausdächern aus Wache und beim Anrücken des Mobs trommelten sie zur Warnung auf metallenem Essgeschirr. Dennoch sind auch viele Moslems in den besseren Vierteln verunsichert. Vorsichtshalber haben etliche das Namensschild an ihrer Wohnung abgenommen: Moslems sind fast immer am Namen zu erkennen und falls es erneut zu einem Gewaltausbruch kommt, will man unsichtbar sein. Manche Nachnamen können Parsen- oder auch Moslem-Namen sein, aber im Zweifelsfall wendet der Gegner den Hose-runter-Test an: Moslemische Männer sind beschnitten und während der Ausschreitungen von 1992/1993 prüften amoklaufende Mobs von beiden Seiten oft den Zustand der Vorhaut eines potenziellen Opfers. Man wollte sich vergewissern, dass man den Richtigen umbringt.

Nach den Ausschreitungen setzte eine große Umzugsbewegung in der Stadt ein. Moslems verließen Stadtteile, in denen sie in der Minderheit waren, Hindus ihrerseits zogen fort aus moslemisch dominierten Vierteln. Bei einem neuerlichen Eklat wäre man möglicherweise das erste Opfer. In vielen Stadtteilen oder Apartmentblocks brauchen sich Moslems heute gar nicht erst um eine Wohnung zu bewerben, vor allem, wenn sie von den oft sehr orthodoxen Gujaratis bewohnt sind. Mumbai ist heute eine weitgehend **nach Hindu- und Moslem-Bereichen aufgeteilte Stadt.** Die zunehmende Separierung ist eine ungesunde Entwicklung, denn das Getrenntleben fördert nur das weitere Entstehen und die Verstärkung von Vorurteilen.

Trotz allem hat Mumbai bisher alle Versuche, die Bevölkerung erneut gegeneinander aufzuwiegeln, bestens gemeistert. In den Jahren nach 1992 hat es mehrere **Bombenattentate** gegeben, die die Hindus zu Übergriffen auf Moslems verleiten sollten, woraus gewisse Kreise politisches Kapital gezogen hätten. Allen voran standen die sieben koordinierten Explosionen, die sich am 11. Juli 2006 in vollen Vorortzügen ereigneten. Es gab 209 Tote und über 700 Verletzte, die Waggons waren wie Blech-

Danksagung: Am Banganga Tank bringt ein Hindu mit Hilfe eines Priesters (rechts) Opfergaben für seinen verstorbenen Vater dar

016kmu Foto: rk

büchsen aufgerissen und zerfetzt worden. Der Verdacht richtete sich sogleich gegen Moslem-Extremisten, dennoch blieben Racheaktionen von Hindus aus. Ein paar Tage lang befand sich Mumbai wie unter Schock, doch dann ging das Leben weiter. Mumbaikars haben ein dickes Fell. Die Börse verzeichnete keinen Einbruch, das Business lief geschmiert wie immer. Die Kriminalpolizei von Mumbai leistete gute Arbeit und bald wurden einige der mutmaßlichen Drahtzieher verhaftet. Es waren moslemische Extremisten, die die Materialien für die Bomben offenbar aus Pakistan erhalten hatten. Gemäß den Ermittlungen waren die Attentate mithilfe des pakistanischen Geheimdienstes *ISI* geplant worden.

Filmtipp

Der Film „Dhokha" („Betrug") handelt von einem Polizeiinspektor in Mumbai, der erfährt, dass seine Frau zur moslemischen Fanatikerin und Selbstmordattentäterin geworden ist. Nach ihrem verheerenden Attentat wird ihr Mann zur Zielscheibe religiösen Hasses. Sehr spannend und realistisch. Regie Pooja Bhatt, mit Muzammil Ibrahim, Anupam Kher, Gulshan Grover u. a., 2007.

Raus, Dämon, raus: Exorzismus am Heiligengrab

Einer der merkwürdigsten Orte in Mumbai ist das Grab des moslemischen Heiligen **Hazrat Pir Syed Ali Datar.** *Das Grab, oder „dargah" in der islamischen Terminologie, befindet sich im heruntergekommenen Viertel Darukhana, einem Teil des größeren Stadtteils Mazagaon. In unmittelbarer Nähe liegt ein Schiffsfriedhof, dort dümpeln allzeit ein paar rostige Schiffe und warten auf die Abwrackcrew. Der Schiffsabbruch hier ist notorisch umweltfeindlich und für die unterbezahlten Arbeiter extrem gesundheitsgefährdend. Es ist ein schmutziger, rauer Stadtteil. Ringsum befinden sich Slumbehausungen und nicht jeder Bewohner mag neugierige ausländische Besucher.*

Syed Ali Datar war ein arabischer islamischer Heiliger, dem wundersame Kräfte nachgesagt wurden. Diese sollen auch über seinen Tod hinaus Wirkung zeigen. Aus unerfindlichem Grund wurde sein Grab ein Anziehungspunkt für Leute, die sich verhext oder von Geistern besessen fühlen. **Schwarze Magie,** *„kala jadu", ist in Mumbai nicht so selten wie das moderne Image der Stadt weismachen könnte. Verwandte verhexen untereinander, um die feindliche Partei in den Tod zu treiben und so an eine Erbschaft oder ein Stück Land zu kommen – oder man hetzt einem Nebenbuhler Geister an den Hals, um ihn als Konkurrenten auszuschalten. Das ist eleganter als Mord und juristisch nicht verfolgbar. Es gibt Tantriker des sogenannten „linken Pfades" („vama-marga"), die sich auf solche Fälle spezialisieren. Oft werden in der Wohnung des Opfers verhexte Gegenstände versteckt, z. B. Limonen, in die Nägel gesteckt wurden. Wer so etwas in seiner Wohnung findet, heuert am besten einen weißen Magier zwecks Einleitung von Gegenmaßnahmen an.*

Niemand scheint genau zu wissen, wann der Pir oder Heilige von Arabien nach Mumbai gekommen war oder was seine genauen Lebensumstände waren. Die zahlreichen Besucher scheint das nicht zu kümmern. Viele von ihnen sind offensichtlich nicht ganz bei Sinnen: Manche schreien wie von unzähligen inneren Plagegeistern gequält, andere rollen sich wie von der Tarantel gestochen vor dem Grab herum und wiederum andere sitzen nur ganz still und wippen ihren Körper geistesabwesend hin und

Die Dargah von Hazrat Ali Datar

her. An manchen Tagen wirkt der Vorplatz um die „dargah“ wie ein kleines **Open-Air-Irrenhaus.**

An dem Heiligengrab soll es zahlreiche spontane **Heilungen von Besessenheit** *gegeben haben. Viele Leute, mit denen man dort spricht, kennen angeblich jemanden, der hier von seinen Plagegeistern befreit wurde. Die an der Gasse vor dem Grab gelegenen Devotionalienhändler profitieren vom Zustrom der Besucher. Auch die Verwaltung der „dargah“ dürfte beachtliche Spendeneinnahmen verzeichnen.*

017kmu Foto: rk

Am Grab des Heiligen selbst ist das Fotografieren verboten, ebenso an den nahegelegenen Gräbern von Mutter und Onkel mütterlicherseits. Draußen kann jedoch fotografiert werden. So manch ein „Besessener“ scheint beim Anblick einer Kamera den Amitabh Bachchan in sich herauskehren zu wollen und legt noch eine Gangart zu. Es gibt hier aber auch unberechenbare und aggressive Zeitgenossen und die Situation kann recht unangenehm werden. Es ist kein fröhlicher Ort. Man sollte feinfühlig und umsichtig agieren. Wie so oft in Indien kann sich Freundlichkeit im Handumdrehen in Feindseligkeit umkehren. Viele hier haben nichts mehr zu verlieren, nicht mal Ihren Verstand.

Extrem freundlich und anhänglich hingegen sind **die Kinder des Viertels,** *die den Fremden oft lachend und scherzend verfolgen und zum Fotografieren drängen. Wie so oft in Indien liegen der Schrecken und das Schöne ganz dicht beieinander.*

Die meisten Besucher an der „dargah“ finden sich am Freitag ein, dem heiligen Tag des Islam. Da es keine öffentlichen Verkehrsverbindungen hierher gibt, sollte man ein Taxi nehmen und den Fahrer für die Rückfahrt warten lassen.

Heute hat man sich in Mumbai daran gewöhnt, Feinde zu haben – interne wie externe –, und man lebt im Bewusstsein, dass jederzeit wieder „etwas passieren" kann. Die Stimmung der Mumbaikars ist somit vielleicht ein wenig gedämpft und man ist etwas nervöser als zuvor, von „gebrochen" jedoch, so wie sich die Bombenleger es erhofft hatten, kann keine Rede sein. (Siehe auch das Kap. „Sicherheit".)

Stressabbau im Namen Gottes: Mumbais große religiöse Feste

Jeder Religionsgemeinschaft in Indien werden ihre speziellen Feiertage gewährt, die unten genannten gehören zu den wichtigsten und sehenswertesten in Mumbai. Einige Feiertage sind **„dry days"**, d.h. Tage, an denen kein Alkohol verkauft werden darf. Dazu gehören Mahatma Gandhis Geburtstag (2.10.), der Unabhängigkeitstag (15.8.), der Tag der Republik (26.1.), „Holi" und der letzte Tag von „Navratri". Auch Wahltage sind „trocken". Damit soll verhindert werden, dass alkoholisierte Anhänger gegnerischer Parteien aneinandergeraten.

- **Holi** (März) – Das indische Frühlingsfest, das den Beginn der heißen Jahreszeit markiert. Man bewirft sich mit bunten Farbpulvern und -wassern, manchmal leider auch mit Lackfarbe oder anderen unangenehmen Flüssigkeiten und Substanzen. Es geht wild zu und man hält sich besser am Rand des Geschehens auf. Manche Männer trinken „bhang", ein stark berauschendes Getränk aus Milch, Zucker, Mandeln, Gewürzen und den Blättern der Haschischpflanze. Das ist theoretisch illegal, wird in der Praxis aber nicht geahndet. Cannabisgebrauch aus religiösen Gründen (oder in diesem Fall zu einem landesweiten Festtag) wird klammheimlich geduldet. Nahe dem Mumbadevi-Tempel gibt es Stände, die das ganze Jahr hindurch „bhang" verkaufen.
- **Gokulashtami (Krishna Jayanti)** (Aug./Sept.) – Man feiert den Geburtstag des Hindu-Gottes Krishna, dem Gott der Kuhhirten. Junge Männer bilden Menschenpyramiden, um an Milchtöpfe („handi" oder „matka") zu gelangen, die hoch zwischen den Gassen und Straßen an Seilen aufgehängt sind. An den Milchtöpfen sind auch Geldscheine angebracht, die Teilnehmer müssen die Töpfe zerschlagen, sodass der Inhalt auf die Menge spritzt. Diese Sitte erinnert an einen Streich des jungen Krishna, in dem er die Milchtöpfe der Kuhhirtinnen von Mathura zerschlug. Es kommt zu wahrhaft akrobatischen Leistungen, nicht selten brechen die Menschenpyramiden aber auch unverrichteter Dinge zusammen. In manchen Stadtvierteln werden lukrative Preise für das Zerschlagen besonders hoch gehängter Töpfe (15 m oder mehr) ausge-

schrieben und es kann recht hitzig zugehen. Preise von 100.000 Rupien sind keine Seltenheit. Es ist ein großer Spaß für Teilnehmer und Zuschauer zugleich und ein sportlicher Wettbewerb dazu.

- **Ganesh Chaturthi** (Sept.) – Ein neuntägiges Fest, in dem Figuren und Statuen des Elefantengottes *Ganesh* durch die Stadt gefahren und getragen werden. An vielen Straßenecken sind „pandals" errichtet, ausgiebig dekorierte Unterstände oder Festzelte, in denen sich Ganesh-Figuren befinden und in denen man dem Gott huldigt. Das Ganze wird begleitet von lauter Musik – religiöse Gesänge oder auch Hindi-Filmmusik – und es geht ziemlich heiter zu. Die „pandals" wetteifern mit diversen Attraktionen um die Aufmerksamkeit der Gläubigen, denn es geht auch um Spendengelder. So gibt es manchmal kleine Nachbauten von bekannten Tempeln oder anderen Gebäuden zu sehen. Zum Unterhalt der Festzelte wird auch an Haustüren um einen Obulus („chanda") gebeten. Der exklusivste und größte „pandal" befindet sich seit vielen Jahren im Stadtteil Tilak Nagar und es wird gemunkelt, er würde vom Gangsterboss Chhota Rajan finanziert werden. Auch kleinere Lichter der Verbrecherszene sollen „pandals" unterhalten.

  Am letzten Tag des Festes versammeln sich Hunderttausende von Feiernden am Chowpatty Beach und versenken die Ganesh-Figuren – manche sind mehrere Meter hoch – im Meer. Dabei wird von der Menschenmenge ein Vers skandiert: „Ganpati Bappa Morya", „Ganpati (= Ganesh), komm' nächstes Jahr zurück". Dieser letzte Tag von „Ganesh Chaturthi" ist Mumbais sehenswertester Festtag und ein Gottesgeschenk für Fotografen. Wer Fotos machen möchte, sollte am besten nachmittags in Chowpatty sein, bevor es gegen Abend so voll wird, dass man sich kaum noch bewegen kann. (Siehe auch den Abschnitt „Fotografieren".)
- **Dassera/Navratri** (Okt./Nov.) – Neun Tage lang wird der Sieg des Gottes Rama über den Dämonen Ravana gefeiert. Am Chowpatty Beach und auf anderen öffentlichen Plätzen wird die „Ram Lila" aufgeführt, volkstümliche Theaterstücke, die von den Heldentaten Ramas berichten. Die Gujaratis und Sindhis in der Stadt unterhalten sich mit „Dandiya Raas", einem Volkstanz, bei dem man zur Musikbegleitung Stöcke („dandiya") spielerisch gegeneinander schlägt. Jeder Teilnehmer hat zwei Stöcke, die wie in einem freundschaftlichen Fechtkampf rhythmisch gegen die der anderen Tänzer geschlagen werden. Die Stöcke repräsentieren das Schwert der Göttin Durga, der Tanz ist die symbolische Darstellung des Kampfes der Göttin gegen den Dämonen Mahishasura. Am letzten Tag des Festes werden unter großem Jubel riesige Strohpuppen verbrannt, die Ravana repräsentieren.

018kmu Foto: rk

- **Ramzan Id/Id-ul-Fitr** (Okt./Nov.) – Das Fest markiert das Ende der moslemischen Fastenperiode Ramadan („Ramzan", wie die indischen Moslems sagen). Moslems treffen sich zum freudigen Abendschmaus, dem „Brechen des Fastens" („id-ul-fitr"), und in überwiegend moslemischen Stadtteilen wie Bhendi Bazar und Mohammed Ali Road werden an zahlreichen Ständen Spezialitäten aus der moslemischen Küche feilgeboten. Eine besondere Leckerei zu diesem Tag ist das „sevaiyan" oder „shirkurma", eine Süßspeise aus kleinen Vermicelli-Nudeln, Milch, Ghi, Zucker, Mandeln und anderen Zutaten. Die Sevaiyan-Stände werden von dichten Menschentrauben belagert.
- **Diwali/Dipawali** (Okt./Nov.) – Das „Fest des Lichts", das den Sieg des Guten über das Böse symbolisiert und zu dem zahllose kleine Lampen aufgestellt und Feuerwerkskörper abgebrannt werden. Das Fest gilt auch als Beginn eines neuen Geschäftsjahres und Geschäftsleute tragen ihre Geschäftsbücher auf roten Samtkissen zu Tempeln, um sie von der Glücksgöttin Lakshmi absegnen zu lassen. Zum Feiertag werden große Mengen Süßigkeiten verzehrt, es werden Geschenke verteilt und generell wird viel eingekauft. Die Umsätze zu Diwali werden von Wirtschaftsexperten genau beobachtet, denn sie gelten als Wirtschaftsbarometer, ganz wie die Weihnachtsverkäufe in westlichen Ländern.

  Da ein neues Geschäftsjahr beginnt, erhöhen anschließend viele Händler ihre Preise. Eine geläufige Redewendung lautet „diwali ayi, mahañgai layi", etwa „Diwali ist gekommen und jetzt dürfen wir mehr für alles blechen." Die gestiegenen Preise und der durch die Festausgaben entleerte Geldbeutel lassen nach den Feierlichkeiten ein wenig Katerstimmung aufkommen.

Wie Himmel und Erde: die Kluft zwischen Reich und Arm

„Der Prinz von Wales besuchte am letzten Tag seiner Reise durch Indien Asiens (damals, d. A.) größten Slum (Dharavi, d. A.) ... Ein Teil des Bereiches war für den Besuch des Prinzen gesäubert worden, aber er und seine Begleiter wurden dennoch mit gewaltigen Haufen Müll und der einen oder anderen toten Ratte konfrontiert."

BBC News, 2003

Einerseits schwimmt Mumbai im Geld, andererseits wird bei einem Blick in die ärmeren Stadtviertel schnell offensichtlich, dass ein hoher Anteil der Bevölkerung auf niedrigstem finanziellen Niveau lebt. Niemand muss verhungern – ein paar Essensabfälle finden sich zur Not immer – aber die Zahl der Menschen, die **am Rande des Existenzminimums** existiert, ist erheblich. Der Anblick ausgedehnter Elendssiedlungen löst in den meisten Neuankömmlingen einen beachtlichen Schock aus. Dies ist nicht das Mumbai, das man aus den glattgebügelten, keimfrei gemachten Hindi-Filmen kennt, oder das Mumbai, das die Bezeichnung „reichste Stadt Indiens" verdienen würde.

Die Hälfte der Bewohner Mumbais lebt von der sprichwörtlichen Hand in den Mund. Etwa ein Viertel der Bevölkerung gilt offiziell als „minderbemittelt", sprich arm, mit einem Jahreseinkommen pro Haushalt von weniger als 90.000 Rupien (ca. 1500 Euro). Das sind maximal 245 Rupien pro Tag, eine vielleicht fünf- oder sechsköpfige Familie kann damit gerade soeben überleben. Ganz zu schweigen von den Menschen, die noch unterhalb dieser Schwelle existieren. Ein Oberklassetourist, der im Taj Mahal Hotel in Mumbai absteigt, zahlt für sein Zimmer pro Tag so viel wie eine

Zu Feiern gibt es immer etwas: Festzug zu Ehren Dr. Ambedkars, des Begründers des indischen „Neo-Buddhismus"

der oben genannten Familien in zwei Monaten zur Verfügung hat. Wohnt er gar einen Tag lang in einer Luxussuite des Taj, so könnte die Familie mit dem Geld ein Jahr lang auskommen. Die Kluft ist immens. Ein **schlechtes Gewissen** braucht der Taj-Mahal-Gast dennoch nicht zu haben, denn durch das Fernbleiben wäre niemandem geholfen, am wenigsten den Angestellten, die – ihrer adretten Uniform zum Trotz – möglicherweise in einem der armseligen *chawls* (Wohnblocks mit engen Einzimmerwohnungen und Gemeinschaftstoiletten) wohnen und nur mit Mühe ihre Familie ernähren können.

Der Gast im Fünfsternehotel zahlt Unsummen, aber ein Großteil des Personals bekommt sehr magere Gehälter. Irgendwer muss folglich einen Riesenreibach machen. Genauso wie in einem Fünftsternehotel sieht es in jeder anderen Branche aus: Dem hohen Gewinn einiger weniger steht das klägliche Einkommen der großen Masse entgegen. Indien hatte nach Erlangung seiner Unabhängigkeit **sozialistische Träume** – es ist heute jedoch ein Land, das kapitalistischer nicht sein könnte.

Der weit verbreiteten Armut steht somit oft **ungeheurer Reichtum** entgegen – und gelegentlich auch die beinah obszöne Zurschaustellung desselben. Der Industrielle *Mukesh Ambani* begann 2007 in der Altamount Road mit dem Bau eines 173 Meter hohen, 630 Mio. Euro teuren Wohnturms, der teuersten Privatresidenz der Welt. Die 27 Etagen werden jeweils mehr als doppelt so hoch sein wie übliche Stockwerke – mit palastähnlich hoher Decke – und darin wird *Ambani* von 600 Bediensteten umhegt werden. Das eingeschlossene Parkhaus soll sechs Stockwerke umfassen und die 168 Autos seiner sechsköpfigen Familie fassen. Von dem Turm wird sich ein fantastischer Ausblick auf das Arabische Meer bieten, *Mukesh Ambani* wird aber auch ausufernde graue Slumsiedlungen sehen, so weit sein Auge reicht.

Der **Besitzer der Sahara-Firmengruppe,** *Subroto Roy,* gab für die Hochzeitsfeiern seiner beiden Söhne umgerechnet 90 Mio. Euro aus. Mit derselben Summe hätte er zehn Prozent seiner Landsleute einen Tag lang ernähren können. Oder er hätte etwa vier Prozent des gesamten indischen Gesundheitshaushalts für ein Jahr übernehmen können (Budget des Gesundheitsministeriums 2007: 2,3 Mrd. Euro). Die Zahlen sind schwindelerregend. Allein die Kerzen, die bei den Feierlichkeiten abgebrannt wurden, kosteten fast 200.000 Euro. Beinah bescheiden wirkt dagegen die Hochzeit der Bollywood-Stars *Abhishek Bachchan* und *Aishwarya Rai,* die nur etwa 700.000 Euro gekostet haben soll. Der Vater des Bräutigams, der Bollywood-Großverdiener *Amitabh Bachchan,* war in den 1990er-Jahren mit seiner Entertainmentfirma ABCL Pleite gegangen und kennt heute den Wert des Geldes.

Die **Hochzeiten des Geldadels** sind oft eine ausschweifende Demonstration von Reichtum und Luxus, die sehr an die Opulenz der Maharajahöfe von einst erinnert. Geld bedeutet Macht und beides will in diesen Kreisen demonstriert werden. Wer genug zahlt, kann selbst Bollywood-Stars wie *Shah Rukh Khan* und *Rani Mukherjee* für sich tanzen lassen, so wie 2007 bei der Hochzeit von *Lakshmi Mittals* Sohn in Kolkata – Gesamtkosten 62 Mio. Euro. Einen Filmstar für sich auftreten zu lassen, ihn als prestigeträchtige(n) Freund(in) vorführen zu können, ist generell ein Statussymbol der Reichen und Mächtigen.

Das gemeine Volk kann nur staunen, ist aber nicht allzu überrascht: Man kennt die alten Geschichten um die Extravaganz der Maharajas, das Gebaren vieler Großindustrieller heute ist nicht viel anders. Die **Maharajas von heute** tragen Anzüge von Armani und fliegen im Privatjet zu einem Businessdeal nach New York. Der Nizam von Hyderabad, vor der indischen Unabhängigkeit der reichste Mann der Welt, besaß einen Fuhrpark von 400 Autos; *Mukesh Ambani* hat nicht ganz so viele, dafür aber einen mit allem Luxus ausgestatteten Airbus A319 zu 40 Mio. Euro. Im Jahr 2007 gab es in Indien 271 Privatjets und es wurde erwartet, dass die Zahl sich in wenigen Jahren verdoppeln oder verdreifachen würde. Die Wirtschaft boomt, in den Chefetagen knallen die Champagnerkorken und es werden Airbusprospekte herumgereicht.

Der indische Premierminister *Manmohan Singh,* von Beruf Ökonom, ermahnte die Businessmagnaten auf die **„vulgäre Zurschaustellung von Reichtum“** zu verzichten, da diese „eine Beleidigung für die Armen“ darstelle. Man darf erwarten, dass seinen Worten nicht viel Gehör geschenkt werden wird. Leute wie *Azim Premji,* Gründer der Softwarefirma *Wipro Technologies* und einer der reichsten Männer Indiens, der sich durch sympathische Bescheidenheit auszeichnet, sind die Ausnahme. *Premji* fliegt nur Economy Class und die Hochzeit seines Sohnes war so schlicht, dass niemand etwas davon bemerkte.

Mumbais Tageszeitungen sind voll von Artikeln über **die Partys der Reichen,** der *socialites,* chronische Partygänger, die offenbar genug Geld und Muße haben, sich jeden zweiten Abend bei einer Feier sehen zu lassen. Wer die Kolumnen aufmerksam studiert, wird oft auf dieselben Namen stoßen: *Parmeshwar Godrej, Tina Ambani* (beides Industriellengattinnen), *Prahlad Kakkar* („Werbeguru“) und *Shobhaa Dé* (Industriellengattin und Autorin) sind nur einige der Namen, die einem regelmäßig ins Auge fallen. Dazu gesellt sich unweigerlich eine Abordnung von Bollywood-Schauspielern und -regisseuren, sowie zahlreiche Möchtegern-Celebrities, Leute, die gerade verbissen dabei sind, sich in der High Society hochzuhangeln.

019kmu Foto: rk

Die Kolumnisten lassen sich lang und breit aus, wer was trug oder wer wieder einmal betrunken aussah. Das Leben der Reichen, der *glitterati*, der Vertreter der Glitzerwelt, wird aufmerksam verfolgt und so manchem ehrgeizigen jungen Geschäftsmann oder Nachwuchsschauspieler wird damit täglich vor Augen geführt, wohin man gelangen kann, wenn man es nur richtig anpackt. Auf der richtigen Party zu sein, mit den richtigen Leuten gesehen zu werden, kann der erste Schritt sein. Die Nachwuchsstars und Jungindustriellen drängen sich vor die Objektive der Fotografen, um am nächsten Morgen in der Zeitung gesehen zu werden. In Filmstudios bin ich des Öfteren von Nachwuchsschauspielern angesprochen worden, die mir praktisch ihre Visitenkarten aufdrängten: Da ich mehrere Kameras bei mir trug, sah ich wie jemand aus, der ihnen Publicity verschaffen könnte. Viele Inder sind nicht schüchtern, wenn es darum geht, die eigenen Vorzüge anzupreisen.

Im Jahre 2004 verdiente offiziell etwa jeder 800. Haushalt in Mumbai mehr als 10 Mio. Rupien pro Jahr (ca. 160.000 Euro), an indischen Verhältnissen gemessen eine fürstliche Summe. Ein *crore* (also 10 Mio. Rupien) zu besitzen, ein **crorepati** zu sein, das heißt, die Mauer in die Welt der Reichen durchbrochen zu haben. Derzeit gibt es etwa 60.000 Familien in dieser Einkommensklasse in Indien, etwa die Hälfte davon lebt in Mumbai und Delhi. Dabei ist sogar anzunehmen, dass weit mehr Haushalte über dieser Schwelle liegen, denn aus Angst vor den Steuerbehörden wird bei der Einkommenserklärung gern untertrieben. In den nächsten Jahren werden viele weitere Familien in die Ränge der *crorepatis* aufsteigen. Der nächste Schritt ist dann der zum *arabpati* (1 *arab* = 100 Mio.), der Ausstieg in die finanzielle Oberliga. Das Rennen zu Reichtum oder zumindest Wohlstand ist heute in vollem Gange, allen voran in Städten wie Mumbai, Delhi und Bangalore.

Im Jahre 2000 begann auf dem Fernsehsender *STAR Plus* die Ausstrahlung der Quizserie *Kaun Banega Crorepati?,* die indische Version von **„Wer wird Millionär?".** Die Serie war ein ungeheurer Erfolg, was einerseits der gekonnten Präsentation des Moderators, dem über alles verehrten *Amitabh Bachchan* zu verdanken war – andererseits entsprach die Vorstellung, durch die Beantwortung einiger Fragen von heute auf morgen zum Multimillionär zu werden, genau dem Zeitgeist. „Ein paar Antworten können Ihr Leben verändern", lockte *STAR Plus* auf der Website des Programms. *Mahatma Gandhi,* der „Vater der Nation" und Apostel der Einfachheit und Askese, dürfte sich in seinem Grab in Delhi unruhig hin-und-her-wälzen ... Gedarbt hat man in Indien früher genug, heutzutage will man im Konsum schwelgen.

Während oben in der Gesellschaft Anfang des 21. Jh. ungeheurer Optimismus herrscht, so ist kaum anzunehmen, dass sich für das Gros der Unterschicht in naher Zukunft viel ändern wird. Wer keine gute Ausbildung hat, wer als kleiner Handlanger oder Bürgersteighändler sein Auskommen finden muss, wird kaum sehr hoch aufsteigen können. Heute leben noch 26 % der indischen Bevölkerung **unter der Armutsgrenze,** d. h. im indischen Kontext, sie leben von maximal 12 Rupien (das sind ca. 20 Cents) pro Tag. 77 % aller Inder leben von maximal 20 Rupien am Tag.

Es gibt viele **Erfolgsgeschichten** von Menschen, die nach Mumbai kamen, zunächst auf der Straße schliefen und später berühmt und reich wurden – Schauspieler wie *Amitabh Bachchan, Anupam Kher, Mithun Chakravarty* oder *Dharmendra* sind Paradebeispiele dafür oder die bekannten Self-made-Millionäre im Geschäftsleben. Statistisch gesehen sind sie jedoch eine verschwindend kleine Minderheit. Für jeden *Mukesh Ambani* oder *Amitabh Bachchan* gibt es Abertausende von gesichtslosen *Ashoks, Ganpats* oder *Sunils,* für deren Nachnamen und Lebensgeschichte sich nie jemand interessieren wird.

Viele Menschen in den Slums oder ärmeren Stadtteilen verstehen heute, dass der beste Weg aus dem Elend eine **gute Ausbildung** ist und schi-

Komfortabel in der Mitte: Die Lage der Mittelklassefamilien hat sich in den letzten Jahren stark verbessert

cken ihre Kinder in die Schule – und sie bekommen weniger Kinder als ihre Eltern hatten. Nahe dem *Gateway of India* unterhielt ich mich mit einem Schlangenbeschwörer, der aus dem Bundesstaat Haryana nach Mumbai gekommen war. Stolz erzählte er mir, dass schon sein Vater und sein Großvater und unzählige Generationen davor alle Männer in seiner Familie Schlangenbeschwörer waren. „Und was soll dein Sohn mal werden?", fragte ich ihn, „Das mit den Schlangen ist doch heute nicht mehr erlaubt." (Das Fangen von Schlangen und ihre Haltung ist seit dem Jahr 1972 verboten, aber erst seit 2004 wird es auch gelegentlich geahndet.) „Richtig, *Sahib*", antwortete er und zeigte auf seine Kobra, die schläfrig in ihrem Bastkorb lag. „Das Zeitalter von diesem hier ist vorbei. Heute ist doch das Zeitalter des Computers. Mein Sohn wird Computer studieren!". Er sprach es aus wie *„kahmputar"* und es klang etwas unbeholfen, so als wüsste er gar nicht genau, was das eigentlich ist. Sein Vater hatte ihn schon in jüngster Kindheit an Kobras gewöhnt und er hatte mit ihnen gespielt, als seien es handzahme Katzen. Sein Sohn hingegen sollte etwas „Vernünftiges" werden.

Den **Menschen in der Mittelklasse** ist der Wert der Ausbildung in der Regel sogar noch mehr bewusst und sie haben eine bessere Ausgangsposition. Die Lage der Mittelklasse wird sich generell verbessern, teilweise vielleicht sogar dramatisch. Ganz oben aber wird man noch reicher werden und die Kluft nach unten, zu den Ärmsten der Armen, wird sich eher noch vergrößern. *„India Shining"*, „Indien erstrahlt", lautete einmal die Wahlparole der *Bharatiya Janata Party (BJP)* – es strahlt tatsächlich, nur steht die Mehrheit der Bevölkerung noch im Schatten.

Fortschritt mit Schattenseiten

Mittlerweile zieht die Jagd nach Wohlstand schon tödliche Folgen nach sich. Indien verzeichnet die ***höchste Selbstmordrate unter Teenagern*** *in der Welt. Die Selbstmordrate ist etwa sieben mal so hoch wie im Weltdurchschnitt: 58:100.000 unter indischen Jungen, 148:100.000 unter Mädchen (Weltdurchschnitt 14,5:100.000).*

In 43 % der Fälle ist Examensangst der Grund des Suizids. Die jungen Leute fürchten sich, zu versagen und ihre Eltern zu enttäuschen.

Indiens Weg aus der Armut ist offenbar mit mehr Hindernissen gespickt als es auf den ersten Blick den Anschein hat.

Im Schatten der Moralapostel: Jugend, Verwestlichung und Liebesleben

„Der St.-Valentins-Tag ist nichts als ein Komplott des Westens gegen die indische Kultur, um unsere Jugend kommerziell auszubeuten.“
Uddhav Thackeray, der Sohn *Bal Thackerays*, 2003.

Hüter von Kultur und Moral

In den 1990er-Jahren durchlebte Indien einen außerordentlichen Wandel. Nachdem der damalige Finanzminister *Manmohan Singh* 1991 die indische Wirtschaft für **ausländische Importe und Investitionen** geöffnet hatte, strömten plötzlich Waren auf den Markt, die man zuvor nur aus der Reklame in ausländischen Zeitschriften kannte. Zuvor hatten indische Verbraucher fast nur Zugang zu einheimischen Produkten gehabt und die Qualität ließ oft zu wünschen übrig. Nun brauchte man nicht mehr in dem alten, auf Nachkriegstechnik basierenden Ambassador fahren, sondern konnte sich ein modernes japanisches Auto kaufen. Indische Hersteller sahen sich plötzlich der ausländischen Konkurrenz ausgesetzt und mussten den Standard heben, wollten sie nicht untergehen. Die indische Mittelklasse, zu jener Zeit auf ca. 250 Millionen Menschen angewachsen, wurde vom Konsumrausch gepackt.

Zur gleichen Zeit wurde das **staatliche Fernsehmonopol** aufgehoben und indische Haushalte hatten bald die Wahl unter einhundert TV-Sendern, viele davon aus dem Ausland. Bis dahin hatte die allabendliche Unterhaltung darin bestanden, auf dem staatlichen Kanal *Doordarshan Bhajans,* religiöse Gesänge, oder eine Dokumentation über eine indische Bauerngenossenschaft zu verfolgen. Die meisten staatlichen Programme waren so knochentrocken wie die Wüste in Rajasthan.

Nun hingegen konnte man auf *HBO* oder *Star Movies* Actionfilme aus Hollywood sehen. *MTV* brachte westliche Popmusik ins Haus, die in vorangegangenen Jahrzehnten auf dem heimatlichen *All India Radio* verboten gewesen war. Zu allen Seiten öffneten sich Türen und **fremde Ideen und Moralvorstellungen** drangen in indische Wohnungen ein. Kurzum, in weniger als einer Dekade wurde Indien einem Schnellkurs in Sachen westlicher Kultur unterworfen. Viele Inder waren von der neuen Situation angetan, viele aber auch nicht.

Wann immer eine Gesellschaft einem rapiden Wandel ausgesetzt ist, wünschen sich Teile dieser Gesellschaft die „guten“ alten Zeiten zurück: Man ist verunsichert und vermisst das Vertraute. Diese Nostalgie machte sich auf unterschiedliche Weise bemerkbar – auch bis in die Kinos hinein. Im Jahre 1994 feierte Bollywood seinen bis dahin größten Filmhit. Der Film **„Hum Aapke Hain Kaun?“** brach alle Rekorde. Unzählige Kinobesucher sahen ihn sich mehrmals an, manche sogar Dutzende von Malen. Der Film war ein kulturelles Phänomen. Dabei hatte er eigentlich nichts Besonderes zu bieten. *„Hum Aapke Hain Kaun?“* handelte von der Romanze eines Paares, dann von deren Hochzeitsvorbereitungen und schließlich von den opulenten, zutiefst traditionellen – man könnte auch sagen spießigen – Hochzeitsfeierlichkeiten. Eine nennenswerte Handlung gab es nicht. Ein Kritiker bezeichnete den Film als „ein überlanges Hochzeitsvideo“ und traf damit ziemlich genau ins Schwarze. Worin also lag der Erfolg des Filmes? *„Hum Aapke Hain Kaun?“* schlug so sehr ein, weil er genau zum richtigen Zeitpunkt auf den Markt gekommen war, in einer Zeit großer Umbrüche und Verunsicherungen. Der Film war eine **Manifestation erzkonservativer Werte,** eine Rückbesinnung auf eine unkompliziertere, vertrautere Zeit. Er war wie ein vergilbtes altes Foto im Familienalbum, das man mit einem nostalgischen Seufzer betrachtet, mit wohligen Erinnerungen – wohlwissend, dass die alten Zeiten ein für alle Mal vorbei sind.

Indien ist heute immer noch damit beschäftigt, sich mit den von Außen eindringenden neuen Werten auseinanderzusetzen und einen geeigneten Kompromiss mit den althergebrachten, eigenen zu finden. Es ist nicht verwunderlich, dass dieser Prozess nicht ganz reibungslos vor sich geht, auch nicht in Mumbai. Die Stadt rühmt sich oft, die modernste Indiens zu sein und das ist sie in vielerlei Hinsicht auch – andererseits ist sie aber auch der Nährboden extrem reaktionärer Kräfte.

Das beste Beispiel ist die *Shiv Sena.* Jedes Jahr am 14. Februar, zum St.-Valentins-Tag, schlagen die selbst ernannten **Hüter der indischen Kultur** zu. Mitglieder der *Shiv Sena* attackieren Geschäfte, die St.-Valentins-Grußkarten oder Blumen verkaufen, Hotelmanager werden bedroht, damit sie in ihren Versammlungsräumen keine St.-Valentins-Feiern veranstalten, junge Paare, die sich zu einem romantischen Rendezvous einfinden, werden gemaßregelt oder handgreiflich von der Verwerflichkeit westlicher Ideen überzeugt. In den Augen der hinduistischen Eiferer ist der St.-Valentins-Tag ein Ausdruck westlicher Dekadenz, der im moralisch überlegenen Indien zu unterbinden ist. Viele Hindus halten das hinduistische Indien für die moralischste Gesellschaft der Welt – und das, obwohl ein Blick in die Tageszeitungen, auf die deprimierenden Nachrichten von Korruption und Gewalt, dies eigentlich widerlegen müsste. Die alten Schriften des Hinduismus liefern eine schier endlose Zahl von penibeln Vorschriften und allein schon diese Quantität mag vorgaukeln, dass es somit auch um die

Moral gut bestellt sein muss. Viele Regeln aber, verstreut in zahlreichen heiligen Büchern und Manualen, schaffen noch keine moralisch perfekte Gesellschaft.

Macht man Inder auf Missstände in der Gesellschaft aufmerksam, schieben sie die Schuld allzu gern dem **destruktiven „westlichen Einfluss"** zu. Man will sich selbst keine Fehler eingestehen. *Sare Jahaañ Se Achcha Hai* tönt eine oft gehörte patriotische Hymne, „Indien ist das beste (Land) der Welt". Führt man diesen Gedanken bis zum logischen Ende, so kann jeder Einfluss von außen nur negativ sein. Zwar glauben bei Weitem nicht alle Inder an Indiens moralische Überlegenheit, doch die, die es tun, verschaffen sich oft über alle Maßen Gehör.

Auf der Gegenseite der Moralisten stehen moderne junge Leute, oft aus begüterten Schichten, die mit *MTV* und amerikanischen Spielfilmen aufgewachsen sind und für die westliche Einflüsse selbstverständlich sind. Ein Film aus Hollywood wird genauso gern gesehen wie einer aus Bollywood, da besteht keinerlei Konflikt. Pizza oder Cheeseburger werden mit demselben Appetit verspeist wie *Idli* (eine Art Reiskuchen) und *Masala Dosa* (Teigfladen). Doch auch in westlichen Fast-Food-Läden ist man vor den Kulturhütern nicht sicher: Gelegentlich attackieren Shiv-Sena-Mitglieder **Filialen von McDonald's.** Im Jahr 2003 warfen fünfzig Shiv-Sena-Aktivisten die Scheiben einer McDonald's-Vertretung ein und in einer anderen Filiale wurden bei einer Bombenexplosion 23 Gäste verletzt. Ein Jahr zuvor hatten McDonald's-Manager dem Shiv-Sena-Oberhaupt *Bal Thackeray* hochheilig versprechen müssen, in den indischen Niederlassungen der Firma kein Rindfleisch zu verwerten. Wäre es nicht zu dieser Einigung gekommen, hätte die *Shiv Sena* McDonald's den Krieg erklärt, was wahrscheinlich das Ende der Kette in Indien bedeutet hätte.

2007 zerstörten Shiv-Sena-Mitglieder mehrere **Internetcafés** in Vororten, da sie auf einer Website Hasstiraden gegen ihre Partei entdeckt hatten. Die Attacken führten zu einem starken Kundenrückgang in Internetcafés in Mumbai. 1998 hatte *Thackeray* seine Handlanger ausgeschickt, um Kinos zu zertrümmern, die den Film *Fire* zeigten, der von einer lesbischen Beziehung handelt. Aus Angst vor der Zerstörungswut der *Shiv Sena* stellten die Kinobesitzer die Vorstellungen ein. Es vergeht kaum ein Monat, in dem die *Shiv Sena* nicht irgendein neues Anzeichen westlicher Dekadenz entdeckt und dagegen agitiert – und die Methoden sind nicht zimperlich.

Bei all den diktatorischen und oft gesetzeswidrigen Aktivitäten der kulturellen Eiferer ist bemerkenswert, dass so große Teile der Bevölkerung stumm dabei zusehen. Eigentlich müsste es einen Aufschrei zahlreicher Bürger geben, die sich bevormundet fühlen. Doch die **Proteste** halten sich in Grenzen, sie kommen zumeist nur von einigen Intellektuellen, von Zeitungskommentatoren und von persönlich Betroffenen, z. B. Filmemachern. Die Mehrheit der Bevölkerung hat Angst vor der *Shiv Sena* – deren Anfangsbuchstaben sich zu einem ominösen SS zusammenraufen – und anscheinend teilen viele Bürger auch die Shiv-Sena-Ideologie. Die *Shiv Sena* bestimmte einige Jahre die Geschicke des Bundesstaates Maharashtra und hat auch heute noch viele Anhänger oder Sympathisanten. (Siehe dazu das Kap. „Politik".)

Es ist somit nicht leicht in Mumbai, jung, modern und weltoffen zu sein – und unter „Hormondruck" zu stehen. Geht es um die **Beziehung zwischen den Geschlechtern,** zeigt sich die indische Gesellschaft von ihrer konservativsten Seite. Selbst in Mumbai sind Liebesehen zumeist verpönt und die meisten Ehen werden von den Eltern arrangiert. Vorehelicher Geschlechtsverkehr ist immer noch ein Tabu, wenn sich auch eine zunehmende Zahl von jungen Leuten darüber hinwegsetzt.

Aufklärung, Sex und Zärtlichkeit

2007 verbot die Regierung des Bundesstaates Maharashtra – zusammen mit einigen weiteren Bundesstaaten – den sexuellen **Aufklärungsunterricht in Schulen.** Die Politiker befürchteten, dass dadurch „die Gemüter der Schüler korrumpiert" würden. Dabei wäre die Aufklärung bitter nötig, denn junge Inder wissen oft erschreckend wenig über Sexualität. In der Familie wird das Thema nicht angeschnitten, dazu ist die Schamschwelle zu hoch. Indische Eltern winden sich hochnotpeinlich, wenn in einem Film, den man sich im Familienkreis ansieht, ein Kuss vorkommt oder horizontale Aktivität auch nur vage angedeutet wird. Filme mit schlüpfrigen Szenen, riskieren, den einträglichen Familienmarkt zu verlieren, denn beim gemeinsamen Kinobesuch schämen sich die Eltern vor den Kindern und die Kinder vor den Eltern. Folglich bleibt man lieber fern. Indische Filmemacher sind sehr darauf bedacht, dass ihr Werk von den Zensoren als jugendfrei deklariert wird, andernfalls ist der Flop beinah vorprogrammiert.

Informationen zum Thema Sex holen sich viele junge Leute aus dem Internet oder durch die Pornofilme, die die DVD-Händler ganz unten in der Auslage versteckt haben. Dazu gibt es zahlreiche billige Bollywood-Filme, sogenannte C-Grade-Produktionen, Softpornos, deren einziger

Nur Freunde: College-Studenten in harmlosem Schulterschluss

Zweck darin besteht, die Neugier und voyeuristische Tendenzen zu befriedigen. Die Filme präsentieren zwar keine nennenswerte Handlung, zwischen den schleppenden Dialogen verstecken sich jedoch einige Sexszenen. Die Filmproduzenten unterlaufen Indiens strenge Zensoren, indem sie ihnen eine „saubere" Version des Filmes vorlegen, hat der Streifen die Zensoren passiert, werden die Sexszenen nachträglich eingebaut. Die Filme werden dann in billigen, oft etwas heruntergekommenen Lichtspielhäusern gezeigt, fernab der Familienkinos. Die Titel sind unzweideutig: „Noch nicht verheiratet und schon versaut" *(Shaadi Ke Paihle Tabaahi)* hieß einer der Filme, der 2007 während der Recherchen zu diesem Buch in Mumbai lief.

Die indische Gesellschaft mag keine öffentliche Zurschaustellung von körperlicher Intimität. Selbst Ehepaare in Mumbai tauschen **in der Öffentlichkeit keine Zärtlichkeiten** aus. Nur sehr wenige jüngere Leute getrauen sich, Händchen zu halten oder sich zu umarmen. Ein beliebter Platz zu einem Stelldichein ist der Marine Drive: Die lange Ufermauer am Rand des Arabischen Meers lädt zum Sitzen in der frischen Brise und zum Beobachten des Sonnenuntergans ein. Ein weiterer gern angesteuerter Treffpunkt ist Bandra Bandstand am Meeresufer in Bandra. Falls man sich beim Stelldichein zu nahe kommt oder gar küsst, droht unter Umständen die Verhaftung. Gemäß dem Paragrafen 294 des *IPC (Indian Penal Code* = Indisches Strafgesetzbuch), der sich mit obszönen öffentlichen Darbietun-

020kmu Foto: rk

gen befasst, können – bei strenger Auslegung – solche Handlungen gesetzlich geahndet werden. Es liegt im Ermessen der Polizei, ob sie einschreitet oder nicht. Unter der Shiv-Sena-Regierung der vergangenen Jahre erging die Order, strikt durchzugreifen. Gelegentlich verhaftet die Polizei tatsächlich junge Paare. Die größte Angst der Ertappten ist weniger die eventuell drohende Geldstrafe, sondern dass die Eltern benachrichtigt werden und von den amourösen Treffen erfahren.

Sexuell locker geht es hingegen in der **High Society und im Umfeld von Bollywood** zu. Mumbais Zeitungsleser verfolgen jeden Morgen genüsslich, wer angeblich mit wem ein Verhältnis haben soll und wer wieder mal ein Eifersuchtsdrama veranstaltet hat. Ebenso unorthodox verhält es sich oft in den *jhopris,* den Slumhütten, und Eifersuchtsszenen mit tödlichem Ausgang sind keine Seltenheit. Das Gros der Mittelklasse jedoch verhält sich den traditionellen Regeln entsprechend.

Will ein junges, unverheiratetes Paar seinen Wünschen und Bedürfnissen freien Lauf lassen, so steht ein weiteres Problem im Weg: **Mumbais chronische Raumnot.** Nur wenige junge Leute, die in besonders gut bezahlten Berufen arbeiten, können sich eine eigene Wohnung leisten. Ansonsten blieben eigentlich nur noch Mumbais wenige und winzige Parks oder ein einsamer Strandabschnitt. Die Parks sind nachts aber oft ein Tummelplatz von Homosexuellen oder Drogensüchtigen – und überhaupt sind einfach immer und überall zu viele Menschen da. Von Romantik keine Spur. Selbst nachts am Strand von Juhu oder Andheri West, wo man niemanden erwartet, lugt plötzlich ein Kopf hinter einer Palme hervor oder es raschelt im Gebüsch, weil dort jemand seine Notdurft verrichtet. Parks und Strände sind häufig das Betätigungsfeld von Gelegenheitsspannern oder anderen dubiosen Charakteren. Manche Parkbesucher sind an Begegnungen mit Männern interessiert. **Homosexualität,** obwohl gesetzlich verboten, ist weiter verbreitet, als die Gesellschaft es wahrhaben will. Auch Ausländer werden gelegentlich zu merkwürdigen Aktivitäten eingeladen. Mumbais Homosexuelle scheinen wenig Berührungsängste zu haben, aber umso mehr Interesse an einem Abenteuer mit einem Ausländer.

Sex ist generell eine heimliche, mit dem **Hauch von Sünde** behaftete Aktivität und diese Ansicht treibt manchmal seltsame Blüten. Junge Paare, die sich nahekommen wollen, haben es schwer. Auf Madh Island und am Marve Beach, nördlich von Mumbai, gibt es Hotels und Resorts, in denen man einige ungestörte Stunden verbringen könnte. Ebenso in vielen kleinen Absteigen im Nordosten außerhalb der Stadt, im Schatten der Western Ghats, irgendwo in Khandala, Lonavla, Matheran oder Titwala. Jeder Mumbaikar weiß, was dort geschieht. Der kleine Ort Khandala ist in dieser Beziehung sogar in einem Hindi-Film verewigt worden. In *Ghulam*

(„Knecht"; 1998) singt der Held, *Aamir Khan,* zu seiner Angebeten, *Rani Mukherjee,* in bestem Straßenhindi: „He, was meinst du ... kommst du mit nach Khandala?" „Ach", fragt sie darauf kokettierend-unschuldig, „was machen wir denn da?" Singt *Aamir,* ganz cool: „Ach, so ein bisschen rumwandern, tanzen und singen, Spaß haben ... na, und du weißt schon ...". *Rani* verstand worum es ging, ebenso wie ganz Mumbai auch, und das Lied, *„Aati Kya, Khandala",* wurde ein Riesenhit. Viele Männer sangen es auf der Straße Frauen hinterher, worüber letztere nicht sehr begeistert waren. Einige erstatteten sogar Anzeige bei der Polizei, die Polizei alsbald verkündete, dass sie Männer, die Frauen mit dem Lied belästigten, „inhaftieren" würde. Die Aufforderung, nach Khandala mitzukommen wurde als **verbales Eve-Teasing** geahndet. Als *Eve-Teasing* bezeichnet man in Indien generell jede Belästigung von Frauen, von der verbal ausfallenden Anmache bis zum Griff unter den Rock.

Der Ort Titwala hat einen viel besuchten Ganesh-Tempel und so kann man Aufenthalte in einem der umliegenden Stundenhotels gut als Pilgerfahrt tarnen. In ländlichen Gebieten riskieren unverheiratete Paare, die in flagranti ertappt werden, sogar **handgreifliche Reaktionen.** Diese können – in extrem konservativen Regionen – bis zum Mord oder Totschlag gehen. In Mumbai werden Paare, die sich zärtlich zeigen, gelegentlich von *tapori,* kleinen Straßenganoven, dumm angemacht. Dabei ist das Motiv jedoch eher Neid, nicht die Aufrechterhaltung der öffentlich-sittlichen Grundordnung. Warum soll man anderen gönnen, was einem selbst vorenthalten ist?

Prostitution und Pädophilie

Zwar kann man sich ab fünfzig Rupien in den schmuddeligen Sündenvierteln Erleichterung erkaufen, aber wer hat schon immer fünfzig Rupien übrig? Zudem sind die **Billigbordelle** in jeder Hinsicht ein ästhetischer Graus und die Gefahr einer Ansteckung mit HIV ist groß. In den höheren Preislagen warten die Callgirls aus Bandra oder Juhu auf oder die Bollywood-Tänzerinnen aus der zweiten und dritten Reihe. Letztere sind 10.000–20.000 Rupien wert (160 bis 320 Euro), allein aufgrund der Tatsache, dass sie im weiteren Umfeld von Bollywood zu Hause sind und eventuell schon einmal eine Kabellänge hinter *Shah Rukh Khan* getanzt haben. In diesen Kreisen trifft man eventuell auch Schauspielerinnen wieder, die bei Filmen wie „Noch nicht verheiratet ..." o. Ä. mitgewirkt haben. Die Darstellerinnen in derartigen Streifen verdienen sich oft Nebeneinkünfte als Prostituierte – oder sind's Prostituierte, die sich gelegentlich im Film verewigen? Die Metiers greifen teilweise ineinander über. Eine Rolle in den Sexstreifen bringt gerade mal 50.000 Rupien, damit kommt man in Mumbai nicht weit.

Trotz der starken Tabuisierung lauert Sex überall, wenn auch gut kaschiert unter der so sorgsam gehegten Oberfläche. Die **Zahl der Prostituierten** in Indien wird auf mindestens acht Millionen geschätzt. In Mumbai allein sollen es weit über 100.000 sein; 40.000 bis 45.000 von ihnen stammen aus Nepal und werden teilweise in sklavenähnlichen Zuständen gehalten. Eine nicht geringe Anzahl ist minderjährig. 80 % der Kinderprostituierten leben in den fünf größten Städten des Landes.

Ich habe des Öfteren ein **junges Mädchen im Alter von 12 oder 13 Jahren** gesehen, das nachts am Gateway of India auf Freiersuche ging. Ihr Hauptaugenmerk galt ausländischen Touristen. Sie war über ihr Alter hinaus erwachsen, der Überlebenskampf auf der Straße hatte ihren Verstand auf ein Höchstmaß geschärft. Ihre jungen Augen blitzten wie die eines kampferfahrenen Tigers, es war keine Spur von Verletzlichkeit darin zu entdecken. In einem Dutzend Sprachen, darunter Deutsch, Italienisch, Schwedisch und Russisch, konnte sie ihr Angebot formulieren. Gelegentlich sah ich sie mit Kolleginnen etwa ähnlichen Alters. Man kann mutmaßen, dass die Mädchen nicht von selbst auf die Idee gekommen waren, Sex zu verkaufen. Kinder, die von zu Hause ausreißen und in die große Stadt kommen – und davon gibt es sehr viele –, fallen allzu häufig „unlauteren Elementen" in die Hände.

Pädophilie wird in Indien ähnlich hart bestraft wie im Westen, es drohen Strafen von bis zu 12 Jahren Gefängnis. Das Problem ist dennoch weitreichender als es viele Inder wahrhaben wollen. Gemäß einer Studie der indischen Regierung aus dem Jahre 2007 werden 53 % der indischen Kinder in verschiedenem Maße sexuell misshandelt. In Maharashtra sind es 50,57 %. Die Missetäter sind oft enge Anverwandte und in den wenigsten Fällen will die Familie eine Anklage und damit die soziale Stigmatisierung riskieren. Die Dunkelziffer ist hoch.

Die Strafen für sexuelle Verbrechen sind streng, aber glücklicherweise ist die indische Gesellschaft heute weit entfernt von dem haarsträubenden Regelkatalog, mit dem zu früheren Zeiten sexuelle Fehltritte geahndet wurden. Lusttäter mussten mit extremen, oft sadistisch-einfallsreichen Strafen rechnen. So drohten beispielsweise die *Dharmasutras,* ein altes indisches Gesetzbuch (ca. 500–300 v. Chr., die genauen Daten sind nicht bekannt):

Einsam unter Männern: Büroangestellte auf dem Heimweg

021kmu Foto: rk

„Ein Mann, der mit der Frau eines (Klans-)Ältesten Geschlechtsverkehr getrieben hat, sollte auf einem Bett aus erhitztem Eisen liegen, eine glühend heiße Säule umklammern oder seinen Penis und seine Hoden ausreißen, sie in seinen offenen Handflächen halten und schnurgerade in Richtung Südwesten gehen, solange, bis er zusammenbricht. Nach seinem Tode wird er geläutert sein."

Leben in der sexuellen Grauzone: Mumbais Eunuchen

Gemäß der Hindu-Philosophie sind in jedem Menschen männliche und weibliche Prinzipien vorhanden; der Überhang von dem einen oder anderen entscheidet, ob eine Person Mann oder Frau ist. Es gibt aber Wesen, in denen **beide Prinzipien zu gleichen Teilen** vorhanden sind und die eine perfekte Balance repräsentieren: die „Hijras", die Eunuchen.

Die **„Hijras"** sind fester Bestandteil des Straßenbilds in Mumbai. Häufig sieht man Gruppen von Männern, die in Saris gekleidet sind und Passanten anbetteln. Ihre übertrieben weiblichen Bewegungen verdeutlichen, dass sie nicht als Frauen geboren wurden. Sie überkompensieren. Ihre Stimmen fisteln und säuseln, die Hände schwuchteln und fuchteln aufgeregt in der Luft herum und ihre weit ausholenden Hüftbewegungen würden keiner Frau im Traum einfallen. Nicht einen Moment lang könnte man sie tatsächlich für Frauen halten. Manche tragen sogar noch Bartstoppeln im Gesicht.

Die „Hijras“ sind die Manifestation einer langen, religiös begründeten Tradition. Zwei Hindu-Göttinnen, Yellamma und Bahuchara, gelten als die **Göttinnen der Eunuchen** und wenn sie „rufen“, so hat man ihnen zu folgen. Es gibt Fälle, in denen ein Mann von Bahuchara träumt und bald darauf lässt er sich kastrieren – im Glauben, Bahuchara habe ihn auserwählt und sein Heil, die Erlösung *(moksha)* läge im Eunuchentum. In den 1980er-Jahren besuchte ich einen „Hijra“ im Stadtteil Mograpada. Er lebte in einer einfachen Unterklassesiedlung, noch kein Slum, aber nahe dran. Einige Jahre zuvor hatte er von Bahuchara geträumt und am nächsten Morgen kastrierte er sich selbst mit einem Rasiermesser. Ältere Eunuchen, die zu Hilfe gerufen wurden, halfen ihm, die Wunde zu behandeln und zu überleben. Zuvor war er ein normaler Familienvater gewesen, hatte Frau und zwei Kinder. Er posierte für mich auf einem Sofa sitzend für Fotos. Er trug einen Sari und saß stockgerade und aufrecht wie eine vornehme Dame, die Beine keusch zusammengedrückt. In der Hand hielt er ein altes, gerahmtes Familienfoto. Auf dem Foto war er mit seiner Familie zu sehen. Darauf stand er in der hinteren Reihe, ganz seriös mit einem schwarzen Anzug bekleidet und bierernst, wie Inder auf Fotos oft zu posieren pflegen. Neben ihm stand seine Frau im hübschen Seidensari und vor den beiden waren die zwei Töchter aufgestellt. Es war ein absurder Anblick: Der „Hijra“ hielt sein vorheriges Normalbürgerleben in der Hand – damals Familienvater und Normalbürger, heute Eunuch und eine gesellschaftliche Randerscheinung. Die Transformation hätte nicht dramatischer sein können.

Die **Gründe,** sich den Eunuchen anzuschließen sind vielfältig. Manche Männer fühlen sich von einer der Eunuchengöttinnen gerufen, andere haben homosexuelle Neigungen, finden sich in der normalen Gesellschaft fehl am Platz und lassen sich zum Eunuchentum „überreden“, einer Art Gehirnwäsche unterziehen. Manche haben unvollkommen ausgebildete Sexualorgane oder sind Zwitter und könnten keine normale Ehe führen. Manchmal werden Jungen oder junge Männer von Eunuchengangs entführt und kastriert. Die Kastrierten werden im Eunuchenjargon „nirvaan“ genannt, „mit dem Göttlichen vereinigt“. Die Unkastrierten heißen „akhva“, etwa „Jemand, der sich verbrüdert“. Trifft man „Hijras“, vielleicht wenn sie einen anbetteln, so macht sich die folgende Frage immer gut: „nirvaan haiñ, yaa akhva?“ – Seid ihr „nirvaan“ oder „akhva“? Wahrscheinlich werden sie vor Schreck das Betteln vergessen.

Es ist allerdings nur **eine Minderheit von „Hijras“, die tatsächlich kastriert ist.** Gemäß dem „Humsafar Trust“, einer NGO, die sich der Probleme von Homosexuellen annimmt, sind es acht Prozent. Die große Mehrheit, 85 % sind schlichtweg Männer im Frauengewand, **Transvestiten.** Der Rest sind „natürliche“ Eunuchen mit von Natur aus verunstalteten Genitalien oder Zwitter. Im indischen Sprachgebrauch werden alle diese unter dem Oberbegriff „Hijras“ oder Eunuchen zusammengefasst. Dazu gibt es weitere Bezeichnungen wie „Khusra“ und „Chakka“. „Khusra“ bedeutet ebenfalls Eunuch und „Chakka“ etwa „Mitglied einer Sechsergruppe“, eine Anspielung darauf, dass die Eunuchen in der Öffentlichkeit meist in Gruppen auftreten. Niemand weiß genau, wie viele „Hijras“ es in Indien gibt. Manche Schätzungen sprechen von über 1 Million.

Die **Kastration** zum „nirvaan“, die von älteren Eunuchen vorgenommen wird, ist ein horrender Akt und scheint einem mittelalterlichen Quacksalberhandbuch entnommen. Die Methode ist denkbar primitiv und in etwa einem Drittel der Fälle soll sie zum Tod des „Operierten“ führen. Hat der Kandidat die Kastration überlebt, so muss ihm in ähnlich brutaler Weise der Anus „geöffnet“ werden. Nach dieser Prozedur ist der Eunuch bereit zur Prostitution mit homosexuellen oder bisexuellen Männern.

Manche „Hijras“ nehmen **weibliche Hormone,** um sich Brüste sprießen zu lassen und sich zumindest einen Anschein von Feminität zu verleihen. In den sogenannten „Sexkliniken“ in der Falkland Road kann man für ein paar Rupien alles Mögliche bekommen, nur keine fachkundige Behandlung. Kaum einer der „Ärzte“ hat jemals eine medizinische Hochschule von innen gesehen. Die langen, imposanten Titel, mit denen sie sich an ihrer Eingangstür schmücken, sind etwa so echt wie die Brüste der Eunuchen.

Obwohl das Eunuchentum einen religiösen Hintergrund hat, so sind die meisten „Hijras“ heute jedoch eher Teil einer sexuellen – oder auch **kriminellen Subkultur.** So wie es in vielen Subkulturen üblich ist, verfügen die Eunuchen über eine eigene Sprache; diese nennen sie „Ulti“ („umgekehrte Sprache“) oder „Gupti Bhasha“ („geheime Sprache“). Das Ulti ist im Grunde wie Hindi, verfügt aber über Worte, die im Hindi nicht vorkommen oder es werden reguläre Hindi-Vokabeln benutzt, die aber mit einer gänzlich neuen Bedeutung versehen werden.

Eunuchen leben in kleinen Gruppen in Häusern oder „chawls“ zusammen, wo sie von einem Guru, einem Oberhaupt, kontrolliert werden. Der Guru ist einerseits spirituelles Leitbild, prostituiert seine Schutzbefohlenen aber auch und kassiert den Großteil der Einnahmen für sich selbst ab. Eunuchen sind bei vielen Männern beliebt und folglich ist die Prostitution ein einträgliches Geschäft. Die Preise für die sexuelle Dienstleistung ist extrem niedrig – 40 oder 50 Rupien –, aber die Menge macht's.

In der indischen Gesellschaft **sind die „Hijras“ gefürchtet,** man sagt ihnen nach, dass sie Menschen verfluchen können. Nach hinduistischer Auf-

022kmu Foto: rk

fassung sind sie asexuelle Wesen und da sie ihre Lebensenergie nicht durch Sex verschwenden (so der theoretische Idealfall), haben sie ein immenses Reservoir an Energie und ihre Flüche rufen geballtes Unglück hervor. Diesen Glauben haben sich gelegentlich Kreditkartengesellschaften zunutze gemacht: „Hijras" wurden zu Schuldnern geschickt, um unter Flüchen und der Androhung, ihre Genitalien vorzuzeigen, das ausstehende Geld einzutreiben. Der Anblick von Eunuchengenitalien soll Unglück bringen. Es ist eine originelle Methode, einen alten Aberglauben mit modernem Business zu kombinieren. (Siehe auch das Kap. „Nicht jeder, der arm aussieht, ist es auch: Mumbais Bettler".)

Traditionell tanzen und **singen Eunuchen auf Hochzeiten** und bei Feiern nach Kindsgeburten – und sie segnen die Beteiligten. In Dörfern unterhalten sie ein effizientes Spionagenetz und es entgeht ihnen nicht, wo die nächste Hochzeit stattfindet oder wo ein Kind geboren wurde. Für ihre Dienste bekommen sie etwas Geld. Ist das neugeborene Kind ein Junge, so gilt es festzustellen, ob er möglicherweise ein Zwitter ist oder nur unvollständig ausgebildete Geschlechtsorgane hat. In diesem Fall versuchen sie, der Mutter das Kind abzuschwatzen, um es in ihren Klan aufzunehmen. Oft geben es die Mütter, wohlwissend dass das Kind keine normale Zukunft als Familienvater haben kann, an die Eunuchen ab.

Einige „Hijras" erweisen sich als sehr geschäftstüchtig und arbeiten selbstständig, unabhängig von einem Eunuchenklan. Sie lassen sich Visitenkarten drucken, ganz wie propere Geschäftsleute, und man kann sie für Segnungsdienste anheuern. Die Einnahmen sind teilweise so gut, dass sich gelegentlich Arbeitslose als „Hijras" verkleiden und deren Aktivitäten übernehmen. 2007 kam es aus diesem Grund in Jabalpur (Madhya Pradesh) zu gewalttätigen Auseinandersetzungen zwischen echten und falschen Eunuchen. Zwei „Hijras" wurden dabei ermordet.

Die **Prostitution von „Hijras"** ist ein einträgliches Geschäft und nicht wenige Gurus sind Rupienmillionäre. Auf geheimen Auktionen im Bhendi Bazar oder in anderen Stadtteilen werden junge Eunuchen meistbietend an Gurus versteigert. Es ist eine abstruse Unterwelt, eine verschlossene Subkultur, über die selbst die meisten Mumbaikars nicht viel wissen, wenn überhaupt. Den meisten ist das Thema peinlich. Die Polizei hält sich aus der Eunuchenszene heraus oder kassiert Schmiergelder von den Gurus ab.

Einige der besser aussehenden Eunuchen verdingen sich gelegentlich als **Statisten beim Film.** Meist mimen sie bei ein paar lustigen Einlagen mit, ein bisschen Tanz und viel tuntiges Gehabe. Ihnen kommt die Clownnummer zu. Ihr tatsächliches Leben ist nicht ganz so fröhlich. Viele von ihnen sind brutalisiert und bereit, andere zu brutalisieren.

Etwa die Hälfte aller „Hijras" in Mumbai soll **HIV-positiv** sein. Viele „Hijras" locken ihre Kunden damit, dass sie auf die Benutzung von Kondomen verzichten – anders als die meisten weiblichen Prostituierten heutzutage –, und das hat oft fatale Folgen. Nach einer 2007 veröffentlichten UN-Studie sind 0,36 % der indischen Bevölkerung HIV-positiv. Vorangegangene Studien hatten noch weit höhere Zahlen angegeben. Vielleicht wird der Virus dem Eunuchenkult irgendwann ein Ende bereiten. Ansonsten wird das System noch einige Zeit weiterbestehen. Die Hijra-Tradition will es, dass jeder „Hijra" vor seinem Tod **einen Nachfolger** findet, ansonsten endet er in ewiger Verdammnis. So sichert sich diese Subkultur das Überleben und die Gurus können weiter abkassieren.

Filmtipp

Der Film „Tamanna" („Begehren", 1997) beruht auf tatsächlichen Begebenheiten. Die Hauptperson ist ein „Hijra", der ein kleines Mädchen aufzieht, das von seinem Vater verstoßen worden war und umgebracht werden sollte. Regie: Mahesh Bhatt, u. a. mit Paresh Rawal und Pooja Bhatt.

Keep Smiling: Das Leben der meisten Hijras ist nicht so fröhlich wie es hier den Anschein hat

Süß klingeln die Kassen: Geschäft und Geschäftssinn

„Zwei Kaufleute handelten vor einem der Stände um zwei Hühner, hin und her ging der Handel, und schließlich gingen die zwei Männer weg. Der Verkäufer aber nahm, als ob der Handel schon abgeschlossen wäre, gelassen die Hühner aus ihrem engen Verschlag und steckte sie, fertig zum Mitnehmen, in einen Sack. Da kamen die zwei Männer auch schon wieder zurück, zahlten und zogen mit den Hühnern ab."

Maximilian von Rogister in „Indien ist anders", 1964

Vom Anbeginn seiner modernen Geschichte dreht sich in Mumbai alles ums Geschäft. Kein Wunder, dass die beliebtesten Hindu-Gottheiten in der Stadt *Ganesh* (oder *Ganpati*) und *Lakshmi* sind. *Mumbadevi,* die Göttin der Ureinwohner der Region um Mumbai, spielt nur eine begrenzte Rolle. Ihre Anhänger sind zumeist Maharashtrier. Der kugelbäuchige Elefantengott *Ganesh* ist der Gott der Geschäftsleute. Er wird vor dem Beginn neuer Unternehmungen angerufen und gilt allgemein als Glücksbringer. *Lakshmi* ist ebenfalls eine Glücksgöttin und repräsentiert den finanziellen Gewinn und ein glückliches Schicksal.

Hindus hegen keinerlei Bedenken, **Religion und Geschäft** miteinander zu verknüpfen. Es gibt Götter und Göttinnen für alle Situationen und Umstände, auch solche, die helfen, ein erfolgreiches Geschäft zu führen und reich zu werden. So mancher Geschäftsmann steht morgens ganz früh auf, um erst einmal eine ausgiebige *Ganesh-Puja* (ein spezielles Gebetsritual) zu zelebrieren. Ein Geschäftsmann, den ich kennengelernt hatte, ein Antiquitätenhändler in Mumbai, betete jeden Morgen zwei Stunden vor einem prächtigen Ganesh-Schrein in seinem Haus und nachdem er seinen Laden eröffnet hatte, zog er seine Kunden mit honigsüßen Worten hemmungslos über den Tisch. *Ganesh* half ihm dabei, einen guten Reibach zu machen.

Im Hinduismus werden **vier Lebensziele** *(purushartha)* propagiert: *dharma,* die Erfüllung des religiösen Gesetzes und der eigenen, vom Karma auferlegten Pflichten, kombiniert mit Tugendhaftigkeit; *artha,* der finanzielle Gewinn; *kama,* das Erstreben von weltlichen Freuden und Genuss; *moksha,* die Erlösung. Die ersten drei tragen zum Erlangen von *moksha* bei. Das Streben nach finanziellem Erfolg ist somit Teil eines höheren, übergeordneten Ziels. Gemäß der *Arthashastra* (ca. 150 n. Chr.), eine Art Handbuch zur erfolgreichen Staatsführung, wird die Erfüllung des persönlichen *dharma* mit „Himmel und ewiger Glückseligkeit" belohnt. Weichen die Individuen von ihrem vorgegebenen *dharma* ab, dann, so die *Arthashastra,* versinkt die Gesellschaft im Chaos.

An vielen Wohnungstüren in Mumbai sind Bildnisse von *Ganesh* oder *Lakshmi* angebracht, dazu vielleicht eine *swastika,* das bekannte Hakenkreuz und Glückszeichen, sowie der in der Devanagari-Schrift geschriebene Wunsch *Shubh Labh* – „Guten Gewinn". Man wünscht sich **materiellen Wohlstand** herbei, so wie man sich bei uns vielleicht gute Gesundheit und ewiges Glück wünschen würde. Es ist ein generelles Streben der Menschen reich oder wohlhabend zu sein – in Europa aber würde man es nicht für Jedermann sichtbar über die Tür schreiben wollen. Hätte ein Deutscher das Schild „Lieber Gott, mach mich reich!" an seiner Haustür, würde er damit wahrscheinlich zynische Bemerkungen ernten.

Auch indische Filmemacher wollen sich **göttlichen Segen** sichern und zu Beginn jedes Filmes ist ein paar Sekunden lang ein Götterbildnis oder eine Mini-Puja (hinduistisches Gebet) zu sehen. Das soll der Garant für den Erfolg sein. Gelegentlich schicken Filmproduzenten die Rollen eines neuen Films zum Ventakeshwara-Tempel in Tirupati (Andhra Pradesh), wo sie eine Zeit lang vor dem Götterbildnis abgelegt werden. Der Ventakeshwara-Tempel ist der reichste Tempel Indiens, dort lässt man sich sein Projekt von der innewohnenden Gottheit absegnen. In vielen Geschäften in Mumbai wird morgens zu Betriebsbeginn über einen Kassettenrekorder oder CD-Player das **Gayatri Mantra** gespielt, ein der Göttin *Gayatri* geweihter heiliger Vers. Meist läuft er in hypnotischer Endlosschleife, vielleicht eine halbe Stunde lang:

Om bhur bhuvah swahah,
tat savitur varenyam,
bhargo devasya dhimahi,
dhiyo yo nah prachodayat.

„Oh, dieser äußerst exzellente Ruhm der Savitri,
Lasst uns über den Glanz des Göttlichen meditieren,
möge er uns zum Verstehen (des Göttlichen) führen."

Gemäß dem Hinduismus war *Gayatri* die zweite Ehefrau *Brahmas,* des Weltenschöpfers, und das *Gayatri Mantra* gilt als **der heiligste Vers der Veden,** einer Hymnensammlung aus dem frühen Hinduismus. Ursprünglich war es eine Hymne an die Sonne, die damit gebeten wurde, ihre nährenden Strahlen an die Erde abzugeben. Später wurde es zu einer allgemeinen Anrufung göttlicher Macht oder Energie. Das *Gayatri Mantra* soll auch Glück in demjenigen Berufsbereich verleihen, der einem von seinem

Karma, seinem Schicksal, vorgegeben ist. Geschäftsleute benutzen es somit, um einen profitablen Geschäftstag einzuläuten. Manche Hindus laden es sich als Klingelton auf ihr Handy.

Das *Gayatri Mantra* ist ein ganz alltägliches Beispiel dafür, wie Materialismus nahtlos mit der Religion verbunden wird. Der altbekannte Kapitalistenspruch *Greed is Good* („Gier ist gut") könnte in Indien geprägt worden sein. Im Abendland versuchen Religion und Philosophie den Hang zum Materiellen zu zügeln – in Indien hingegen bedient man sich der Religion, um den materiellen Wohlstand zu steigern. Es ist somit nicht verwunderlich, dass indische Geschäftsleute, vor allem Hindus, heute weltweit mit an vorderster Front agieren. Die Geschäftswelt wird in Zukunft noch viele Leute wie *Lakshmi Mittal* oder die *Ambanis* zu sehen bekommen.

Erst zu seinem Lebensende braucht sich der Hindu gänzlich dem Spirituellen zuzuwenden. Im Hinduismus wird das Leben eines Mannes in **vier ashrama oder Lebensstadien** unterteilt: Das erste Stadium ist *bramacharya,* das Stadium, in dem der junge Mann studiert und fürs Leben lernt. Das zweite Stadium ist *grihasthya,* der Abschnitt des Ehe- und Familienlebens, in dem der Mann so gut wie möglich für seine Familie sorgt und beruflichen Erfolg anstrebt. Darauf folgt *vanaprasthya,* in dem er sich allmählich aus dem beruflichen Leben löst und seine weltlichen Aufgaben an Jüngere abtritt, ihnen aber mit Ratschlägen zur Seite steht. Am Ende steht *sanyaas,* das Stadium, in dem er vom Weltlichen losgelöst lebt wie ein Asket und sich auf den Tod und die folgende Wiedergeburt vorbereitet. Ein hinduistischer Geschäftsmann, sofern er dem traditionellen Hinduismus folgt, kann so die Gedanken an ein „höheres" Ziel auf das Ende seines Lebens verschieben. Ob jemand, der sein gesamtes Leben der Jagd nach steigenden Gewinnkurven gewidmet hat, am Ende tatsächlich *„sanyaas* nehmen" kann, sich vom Weltlichen trennen, ist fraglich – zumindest besteht die theoretische Möglichkeit oder Hoffnung.

Der französische Textilhändler *Christian R. Fabre* (geb. 1942), der 1971 nach Indien kam, demonstriert, dass auch eine reibungslose **Verbindung des Geschäftlichen mit der Askese** möglich ist: Etwa die Hälfte der Zeit verbringt *Fabre* in seinem Hauptquartier in Chennai und leitet sein Unternehmen, das jährlich 3,5 Millionen Textilien produziert. Die andere Hälfte lebt er unter dem Namen *Swami Pravanananda Brahmendra Avadhuta* als nackter Asket in einer Einsiedelei in den Kolli Hills in Tamil Nadu. Er zahlt

Mischangebot: Die Spezialität sind Betelpackungen (vorne), im Angebot ist aber noch einiges mehr zum Kauen, Lutschen oder Rauchen

023kmu Foto: rk

sich ein bescheidenes Gehalt von 10.000 Rupien im Monat, der Rest des Gewinns wird unter den Beschäftigten aufgeteilt.

Selbst kleine Geschäftsinhaber, die Kleinkrämer an der Ecke oder die Straßenhändler, brillieren oft durch messerscharfen **Geschäftssinn.** Kleinkrämer bieten oft auf geringstem Raum ein größtmögliches Angebot – auf drei oder vier Quadratmetern Fläche werden Shampoo, billiges Parfüm, Rasierklingen, Schokolade, Kekse, Kugelschreiber, Mineralwasser, Zigaretten, SIM-Karten und noch ein paar Dutzend weitere Artikel feilgeboten. Kein Quadratzentimeter bleibt ungenutzt. Dabei werden Zigaretten oder *Bidis,* die indischen Minizigaretten, meist sogar als Einzelstücke verkauft – der Gewinn dabei ist winzig, aber vielleicht kauft der Kunde, der sich zwei *Bidis* gönnt, ja auch noch ein Feuerzeug oder eine Schachtel Streichhölzer dazu. Oder eine Packung Kekse. Kein Gewinn ist zu klein. Und braucht der Kunde nicht diese neue ayurvedische Zahnpasta, die gerade reingekommen ist? Man kann ja mal nachfragen. Viele indische Geschäftsinhaber sind **Meister der Überredungskunst** und bringen Sachen an den Mann, die der eigentlich gar nicht gewollt hat. Auch wenn man an den dargebotenen Artikeln gar kein Interesse hat, so muss man dem merkantilen Fleiß der Verkäufer nur Respekt zollen – die Händler demonstrieren im Kleinen, warum indische Geschäftsleute und Industriekapitäne im Großen so erfolgreich sind. Ausländische Kunden geben dem *hard sell* zumeist leichter nach als Inder, die sehr kritische und vorsichtige Käufer sind.

Das Überreden, das Übertreiben der Qualität der Ware, auch das gelegentliche Schwindeln, sind Teil des Berufs und werden nicht als unethisch angesehen – sofern es nicht in den kriminellen Bereich abgleitet. Das *dharma* eines Geschäftsmannes ist es, etwas zu verkaufen und Profit zu machen, und das geschieht oft auf aggressive und manchmal etwas dubiose Art und Weise. Viele indische Business-Tycoons haben in bescheidensten Verhältnissen angefangen – und nicht immer verdienten sie ihre ersten Millionen mit gänzlich sauberen Methoden.

An Straßenständen **darf um den Preis gehandelt werden,** es sei denn, es werden offensichtliche Festpreisartikel verkauft, wie z. B. Zeitungen und Magazine. Verständlicherweise nennen die Verkäufer für andere Waren zunächst einen überhöhten Preis, der oft auf weniger als die Hälfte heruntergehandelt werden kann. Eine Faustregel gibt es dabei allerdings nicht, manche Händler nennen von Anfang an einen halbwegs realistischen Preis.

Besonders wichtig ist für viele Verkäufer **das erste Geschäft des Tages.** Sie glauben, diese erste Transaktion entscheide über den Umsatz im weiteren Tagesverlauf und so ist man darauf bedacht, möglichst schnell nach Eröffnung des Ladens einen guten Verkauf zu tätigen. Viele Geschäftsleute drängen die Kunden mit einem *„Please, buy, it's my morning business!"* zu einem Kauf. Das soll heißen, dies ist heute mein erstes Geschäft und wenn du kaufen willst, biete ich dir auch einen besonders guten Preis. Natürlich will der Händler den Artikel nicht allzu billig veräußern, denn eine geringe Einnahme würde auf einen wenig erfolgreichen Geschäftstag hindeuten.

Einen Artikel gleich morgens umtauschen zu wollen – falls ein **Umtausch** überhaupt möglich ist –, gilt für den Geschäftsinhaber als schlechtes Omen, denn anstatt, dass morgens gleich Geld hineinkommt, würde er möglicherweise etwas verlieren. Wer in einem kleinen Laden etwas umtauschen möchte, sollte dies nie gleich nach der Geschäftsöffnung versuchen. Moderne größere Läden, Department Stores etc., arbeiten nach neuzeitlicherem Prinzip, dort kann man jederzeit umtauschen. Die Verkäufer sind ohnehin nur Angestellte und nicht direkt von Gewinn oder Verlust betroffen. Nicht alle kleinen Läden lassen sich überhaupt auf Umtauschaktionen ein, bei Stammkunden ist man in der Regel jedoch sehr kulant.

Das Business boomt in Mumbai und die Geschäfte sind oft voll von eiligen Käufern. In kleinen Läden überschlagen sich die Kunden manchmal, jeder will zuerst bedient werden, auch wenn er oder sie als letzter hereingekommen ist. Von der Regel „Wer zuerst kommt, mahlt zuerst" hält ein indischer Käufer nicht viel. Oft wird man von irgendeinem gerade neu angekommenen Kunden zur Seite gedrängt, er redet dazwischen und wartet nicht ab, bis man abgefertigt worden ist. **Geduld** ist nicht die Stärke eines Mumbaikars. Dummerweise sind die Verkäufer sehr leicht abzulenken und wer am lautesten ruft oder sich am rabiatesten nach vorne drängt, wird oft auch zuerst bedient. Häufig unterbrechen die Verkäufer sogar eine halb vollendete Verkaufsaktion und fangen an, einen anderen Kunden zu bedienen, dann kommt ein neuer Käufer herein und schon nimmt man sich diesem für ein paar Momente an, um anschließend wieder beim ersten weiter zu machen ... Es kann kunterbunt durcheinander gehen und die Nerven strapazieren. Je firmer und lauter man auftritt, desto besser wird man meist bedient.

Insgesamt gehört die merkantile Klasse Mumbais sicher zu den geschäftstüchtigsten der Welt. Die Redewendung „Das Geld liegt auf der Straße, man muss es nur aufheben" ist in Mumbai nicht nur eine Binsenweisheit, sie wird täglich von zahllosen einfallsreichen Einwohnern vorgelebt.

Ein gutes Beispiel dafür, eines von vielen, erlebe ich jeden Tag, wenn ich mir nahe Flora Fountain meine Schuhe putzen lasse. Die **Schuhputzer,** allesamt Zuwanderer aus Tamil Nadu, gehören an sich zu den Kleinverdienern in der Stadt. Ein *shoeshine* oder *boot polish,* der die Schuhe in bestem Hochglanz erstrahlen lässt, kostet nur 5 Rupien. Dass die Schuhe nach zwei Stunden auf Mumbais Straßen wieder mit einer Schicht Staub bedeckt sind, ist eine andere Geschichte – aber davon profitieren ja dann wieder die Schuhputzer.

Pro Tag putzt ein *polish-wala* vielleicht 15 oder 20 Paar Schuhe. Von den Einnahmen muss er eine Miete für die *peti* zahlen, das sind die Holzboxen, auf denen er seine Utensilien abstellt und die Schuhe poliert werden. Eine *peti* kostet im Handel etwa eintausend Rupien und die wenigsten Schuhputzer können sich eine eigene leisten. Also tritt ein Vermieter in die Bresche, der mehrere solcher Boxen kauft und für eine Tagesgebühr ausleiht. Der Vermieter der *peti* steht in der Hierarchie über den Schuhputzern, er ist ein kleiner „Boss". Sein Status ist auch dadurch erhöht, dass er sich nicht selbst die Hände schmutzig machen muss.

Die Schuhputzer sind aber noch nicht das Ende des Geschäftskreislaufs. Sie sind zwar arm und müssen auf der Straße schlafen, aber dennoch haben auch sie *etwas* Geld, das sie ausgeben können. Sie sind potenzielle Kunden und das bleibt nicht unbeachtet. Immer wenn ich meine Schuhe putzen lasse, unterbrechen einige der Schuhputzer ihre Arbeit – denn jetzt kommt der **Idli-Mann.** Der Idli-Mann ist Tamile wie die Schuhputzer selbst und er hat eine Marktlücke entdeckt. Die tamilischen Schuhputzer essen gern heimatliche Speisen, notgedrungen zu Niedrigstpreisen, und so beliefert der *idli-wala* sie täglich mit *idlis* (eine Art Reiskuchen) und *dosas* (Teigfladen). Diese schleppt er fein säuberlich in Henkelmännern verpackt an. Dann breitet er ein paar Bananenblätter als Unterlage aus und klatscht die *idlis* und *dosas* darauf. Dazu gibt es aus einer Kelle noch etwas schmackhaftes Chutney und *sambhar,* eine würzige Brühe, – und fertig ist die sättigende Mahlzeit.

Für ein paar Rupien können die Schuhputzer sich so mit heimatlichem Essen den Magen füllen. Für die gleiche Summe würden sie in den angrenzenden kleinen Restaurants nicht einmal ein Glas Tee bekommen. Auch der Idli-Mann ist zufrieden, denn er verdient genug Geld zum Überleben und manchmal kann er sogar seiner Familie in Tamil Nadu etwas zukommen lassen. Nachdem er die Schuhputzer bedient hat, nimmt er seine Henkelmänner und macht sich auf zu den nächsten Kunden, irgendwelche anderen Leute, die auf der Straße ihren Lebensunterhalt verdienen und preiswert verköstigt werden wollen.

Niemand in Mumbai ist so mittellos, dass nicht ein anderer noch an ihm verdienen könnte. Es bilden sich zahllose Symbiosen, **geschäftliche Arrangements,** die ganz unten bei den Ärmsten auf der Straße beginnen und irgendwo ganz oben in der Glitzerwelt von Bollywood und auf den High-Society-Partys enden. Die Wohlhabenden in den teuren Häusern und modernen Apartmentblocks rekrutieren ihre Hausangestellten oft aus den Slumsiedlungen, die sich an die Peripherie der reichen Wohngebiete klammern wie zerfranste Kletten. Man hält sich zwar in komplett verschiedenen Welten auf, lebt aber auch von- und miteinander und wäre ohne den anderen verloren. So manche **Hausangestellte** schrubbt tagsüber das teure Apartment eines *crorepati* (das ist jemand, der mindestens 10 Millionen Rupien besitzt), führt dessen wohlgenährte Hunde aus und kauft für ihn auf dem Markt ein. Abends dann kehrt sie zurück in ihre Slumhütte im Schatten des vornehmen Gebäudes und kocht von ihrem Lohn ein bescheidenes Essen für ihre Familie. Wenn die Stadtverwaltung wieder einmal auf die Idee kommt, Slumhütten abzureißen und deren Bewohner zu verjagen, verlieren viele begüterte Bürger in der Umgebung ihre Hausangestellten.

024kmu Foto: rk

Wer Energie und den Willen hat kann es zu etwas bringen in Mumbai, zumindest ergeht es ihm besser als im heimatlichen Dorf. Der Idli-Mann verkauft das *idli* oder die *dosa* für nur eine Rupie pro Stück. Das ist unbegreiflich wenig, dennoch scheint noch genug Gewinn für ihn dabei abzufallen. **Fleiß, Ideenreichtum und Geschäftssinn** sind Mumbais Lebensadern.

Nicht alle Geschäftsideen aber sind koscher, versteht sich. Ein Kunde in Mumbai, egal in welcher Geschäftsbranche, hat allzeit wachsam zu sein: **Gaunereien gehören zum Alltag.** Die Flasche französischen Weins, die man in einem der *liquor shops,* Schnapsläden, ersteht, hat oft einen anderen Inhalt, als das Etikett verspricht, und die Batterien, die man beim Eckhändler kauft, haben möglicherweise schon mal ein Radio betrieben und liegen platt und leer im Elektro-Koma; dem Chilipulver werden gelegentlich zerriebene Ziegelsteine untergemischt, das erhöht das Gewicht, und das Safran ist gar kein Safran, sondern es sind Papierschnitzel, angereichert mit künstlichem Aromastoff und Farbe. Die Gewichte, die der Markthändler in die Waagschale wirft, sind auch nicht immer das, was sie sein sollten. In Mumbai lernt man, jeden Artikel erst einmal gründlich zu prüfen und Fragen zu stellen, viele Fragen. Mumbais Kunden sind hartnäckige Frager und Betaster. Finger, Nase, Augen und ein gesunder Menschenverstand ersetzen „Stiftung Warentest".

Niemandem macht es Spaß übers Ohr gehauen zu werden, aber so manch kleine Gaunerei ist regelrecht witzig und verdient einen Preis für Originalität. In Kamatipura, der berüchtigten Rotlichtgegend, munkelt man, dass die Wäschereien der Umgebung die Saris, die die Prostituierten zum Waschen abgeben, zwischendurch verleihen – natürlich ohne Wissen der Besitzerinnen. Damit verdienen die Wäschereien ein kleines Zubrot und so manch weniger solvente Frau kann öfter mal in einem „neuen" Sari ausgehen. Wenn die Frau den Sari dann nicht rechtzeitig zurückbringt und die Besitzerin schon in der Wäscherei steht, um ihn abzuholen, heißt es: „Tut mir leid, Madam, der Sari ist noch in der Wäsche. Kommt morgen – *pakka!*"

Seit ich die Geschichte gehört habe, bin ich immer etwas beunruhigt, wenn mir mein *dhobi* („Wäscher") sagt, dass ich meine Wäsche „erst in drei Tagen" zurückbekommen kann. Man weiß nie, wer darin flanieren geht.

Teegehänge: „Chikka" wird das Gestell genannt, in dem der Laufbursche den Tee anliefert

Auch Tote bringen Geld: die Goldwäscher vom Marine Drive

Woraus kann man nicht alles Geld machen: Viele Bewohner Mumbais zeigen großen Einfallsreichtum, wenn es um das tägliche Brotverdienen geht.

Jeden Tag finden sich an einer Stelle am Marine Drive, da wo die Straßenüberführung von der Princess Street in den Marine Drive mündet, ein paar ***Goldwäscher*** *ein. Mit kleinen Spaten graben sie Schlamm aus dem Meeresufer aus und filtern es sorgfältig durch Siebe. Das, was in den Maschen der Siebe hängen bleibt, begutachten sie ganz sorgsam, drehen es zwischen ihren Fingern hin und her, immer wieder, ganz aufmerksam. Und siehe da: Oft bleiben winzige Krumen geschmolzenen Goldes oder kleine Edelsteine in den Maschen zurück.*

Das Gold und die Edelsteine stammen - makabererweise - von Leichen. Ein paar Hundert Meter weiter ostwärts von dieser Stelle befindet sich ein ***„Electric Crematorium"****, eine elektrische Einäscherungsanlage. Diese ist eine durchaus nutzvolle Einrichtung: Sie erspart den Hinterbliebenen den Kauf von teurem Brennholz und sie ist umweltfreundlicher als ein herkömmliches Krematorium. Die Anverwandten bringen nach der Verbrennung die Totenasche zum Marine Drive, um sie nach Hindu-Brauch ins Meer zu schütten. Im Idealfall sollte die Asche von Verstorbenen im Ganges landen, für alle, die zu weit von dort weg wohnen, und das sind über neunzig Prozent aller Hindus, genügt aber auch ein beliebiger anderer Fluss oder das Meer.*

Politik: zielverwirrt zwischen Shiv Sena und „Second Shanghai"

„Wenn dieses Buch auf den Markt kommt, verbrennt es, wo immer ihr es findet. Dies ist mein Befehl."

Der Shiv-Sena-Anführer *Bal Thackeray*, 2007, über das Buch *Shivaji – Hindu King in Islamic India* von *James W. Laine*

Sieht man sich in vielen Stadtteilen oder Lokalitäten in Mumbai um, so scheint es, als gäbe es **keine staatliche Autorität,** keine ordnende, verbessernde Hand, die sich für irgendetwas verantwortlich fühlt. Gelegentlich könnte man meinen, ganze Stadtteile seien von der Regierung oder Stadtverwaltung aufgegeben worden. Die Pflichten, die die Stadtverwal-

Das von den Goldwäschern am Marine Drive gefundene Gold stammt aus ***Zahnkronen*** *oder dem Ohrschmuck von Frauen. Solche kleinen Schmuckstücke werden vor der Einäscherung üblicherweise nicht entfernt. Das Gold wird an Juweliere verkauft, die es recyceln - vielleicht wieder zu Ohrschmuck oder Zahngold, ein karmischer Kreislauf, so wie alles im Leben. Die Edelsteine stammen meist von den „nath", den schmückenden kleinen Steinen, die sich verheiratete indische Frauen in den Nasenflügel haften lassen (meist den linken).*

Die Goldwäscher ***verdienen an einem guten Tag 300–500 Rupien,*** *weit mehr als die wohlgekleideten Angestellten, die zwei Kilometer weiter südlich in den klimatisierten, modernen Büros von Nariman Point arbeiten. Und sie sind nicht die einzigen Goldwäscher in der Stadt. An der Kalbadevi Road hocken einige weitere Glücksritter und durchsieben das Abflusswasser, das im Gulli entlang der Straße rinnt. Es ist eine eklige, schwarzbraune Brühe, in die kein Normalbürger einen Finger oder Zeh stecken würde. Im Bereich der Kalbadevi Road liegen viele Juweliergeschäfte und deren Abfälle, darunter geringe Gold- und Silbermengen, werden einfach auf die Straße geworfen und landen oft im Abflusswasser. Die Drecksarbeit macht sich bezahlt, auch hier verdienen die Goldsucher einige Hundert Rupien pro Tag.*

Mumbai macht erfinderisch und es lohnt sich.

tung eigentlich erfüllen müsste, es aber nicht tut, werden oft von privaten Firmen übernommen. So gibt es Parks oder grüne Mittelstreifen in den Straßen, die von privaten Sponsoren instand gehalten werden. Dort sind dann kleine Plaketten angebracht mit Aufschriften wie *„Maintained by Godrej"* oder *„Maintained by Tata"*. So manch kleines Stück Grün existiert nur, weil sich eine Firma seiner angenommen hat und es als bescheidene Werbefläche nutzt.

Wo, so muss man sich angesichts dessen unweigerlich fragen, bleiben die gewaltigen **Steuergelder,** die Mumbai erwirtschaftet? Mumbai nimmt jährlich über 700 Mrd. Rupien ein (ca. 12 Mrd. Euro) und eigentlich müsste die Stadt die lebenswerteste Indiens sein. – Sie ist fernab davon. Kleine Fortschritte werden durch neue Armutssiedlungen, eine unablässig wachsende Bevölkerung und den mit ihr anfallenden Schmutz sofort wieder negativ aufgewogen.

Kein Wunder, dass sich viele Mumbaikars eine „starke Hand" herbeisehnen. Oft hört man, dass ein *Hitler* her müsse oder zumindest ein *Lee Kuan Yew.* **Hitler** wird von vielen Indern bewundert. Die Disziplin und Zielgerichtetheit, die Deutschland unter seiner Führung an den Tag legte, sind das, was sie im eigenen Lande vermissen. „Nebeneffekten" wie der Ausrottung von Millionen von Juden wird kein sonderliches Augenmerk geschenkt: An blutige Pogrome ist man in Indien gewöhnt und eine Zahl von sechs Millionen toten Juden bedeutet hier nicht allzu viel. Viele Inder sagen, dass die Bevölkerung in Indien ruhig auf ähnliche Weise etwas ausgedünnt werden könnte – solange man selbst nicht betroffen ist.

Inder sind zwiegespaltene Menschen: Auf der einen Seite sind sie außerordentlich individualistisch, freiheitsliebend, schwer regierbar und antiautoritär. Sie sind Meister darin, die Grenzen, die ihnen durch die weltlichen Autoritäten gesetzt werden, zu unterlaufen, zu überspringen und zu brechen. Als Endresultat aber versetzen diese Charaktereigenschaften das Land in vielerlei Hinsicht in ein Chaos – und dann sehnen die Inder sich nach jemandem, der mit eisernem Besen kehrt. Im Grunde sind sie ihre eigenen ärgsten Feinde. Man ist das Problem – aber auch die potenzielle Lösung.

Eine „starke Hand" erschien 1966. In diesem Jahr gründete *Bal Keshav Thackeray,* ein Karikaturist, der für einige Tageszeitungen arbeitete, die **Shiv Sena** (*„Shivas* Armee"). Diese war nach *Shivaji Bhosle* benannt, einem **legendären Maratha-Krieger,** der im 17. Jh. die moslemischen Mogulen-Herrscher bekämpft und Teile des Landes von ihnen zurückerobert hatte. Er war ein begnadeter Feldherr und schmiedete die Marathas zu einer effizienten Streitmacht zusammen. Als *Chhatrapati Shivaji,* „Großer König *Shivaji",* ging er in die Folklore ein. Dass *Shivaji* in den Landstrichen, die er kontrollierte, oft nur Anarchie hinterließ, stand auf einem anderen Blatt – aber vielleicht war es ein Omen dafür, in welche Richtung sich die *Shiv Sena* entwickeln würde. *Shivaji* erlegte den von ihm kontrollierten Gebieten die *chauth* auf, wörtlich „ein Viertel", eine Steuer oder Schutzgebühr, und er begab sich auf ausgedehnte Plünderungsexpeditionen. Unter dem Schlachtruf *Har, Har Mahadev!* („Ruhm sei *Shiva!"*) attackierten seine Truppen vor allem schutzlose, unbefestigte Orte. Wann immer *Shivajis* Soldaten am Horizont auftauchten, rafften die Bauern der Umgebung ihr Hab und Gut zusammen und flohen in die Berge oder Wälder.

Nach *Shivajis* Tod ließ der Einfluss der Marathas nach. Das Reich zerfiel und am Ende blieb kein großes Ruhmesblatt übrig. Der Historiker *Sir Jadunath Sarkar* (1870–1958), eine Autorität über Indien zur Zeit der Mogulen, äußerte sich kritisch über die Errungenschaften der Marathas: „Die Periode der Maratha-Vormacht hat Indien nicht um ein grandioses Gebäude bereichert, nicht um ein bezauberndes Gemälde, nicht um ein geschickt gesponnenes Manuskript". Die Marathas waren grobschlächtige Krieger, Haudegen, so rau wie die Landschaft Maharashtras. Ganz in dieser Tradition sollte sich später auch die *Shiv Sena* präsentieren.

Bal Thackeray (geb. 1927) war es schon lange ein Dorn in Auge gewesen, dass Mumbais Bevölkerung zu jener Zeit beinah zur Hälfte aus **Zuwanderern aus anderen Bundesstaaten** bestand. Doch nicht nur das: Viele von ihnen waren auch noch beruflich erfolgreicher als die lokalen Maharashtrier. Während sich viele Maharashtrier als niedere Arbeitskräfte verdingten oder gar arbeitslos waren, betrieben die Zuwanderer Restaurants, eröffneten Wäschereien oder Zeitungsstände. *Thackerays* Zorn richtete sich, je nach Laune und Jahr, gegen unterschiedliche Gruppen von Zuwanderern. Einmal waren es die Kannadigas aus Mangalore, die viele gut gehende sogenannte Udipi-Restaurants eröffnet hatten, ein anderes Mal ging es gegen die Bhaiyyas, die Leute aus Uttar Pradesh und Bihar, die sich als kleine Händler verdingten – an Betelständen oder in Milchgeschäften – und die beinah das gesamte Taxiwesen übernommen hatten.

Thackeray kämpfte nach eigenen Worten für den *Marathi manus,* den kleinen Maharashtrier, der von den Zuwanderern finanziell, und beinah auch zahlenmäßig, überflügelt worden war. „Nicht-Maharashtrier raus aus Maharashtra!", hieß bald der Schlachtruf. In den 1970er-Jahren erlebte ich selbst, wie Mitglieder der *Shiv Sena,* die *Shiv Sainiks* („*Shivas* Soldaten"), Udipi-Restaurants in Stücke schlugen. Udipi-Restaurants sind kleine vegetarische Restaurants, die die typische Küche aus Udipi bei Mangalore kredenzen, ihre Besitzer sind meist Geschäftsleute aus der Shetty-Kaste. Die Restaurants bieten preiswertes Essen für den kleinen Mann – aber für *Thackeray* kamen ihre Besitzer aus der falschen Ecke Indiens.

Die *Shiv Sena* setzte sich bald für einen **Zuwanderungsstopp von Nicht-Maharashtriern** in Mumbai ein – ein Plan, der in einem freien, demokratischen Land jedoch nie eine Chance hatte. Zuwanderungsstopps wurden des Öfteren diskutiert, scheiterten jedoch jedes Mal. Wie konnte man es Indern verbieten, sich in einer der Städte ihres Landes niederzulassen?

Mit dem Aufstieg der *BJP* und ihrer *hindutva,* ihrer nationalistisch-hinduistischen orientierten Politik, änderte die *Shiv Sena* in den 1990er-Jahren ihre Blickrichtung. Die Feinde waren nun nicht mehr die Zuwanderer, die zum größten Teil ja hinduistische „Brüder" waren, sondern die **Moslems** in der Stadt. Der Zorn richtete sich auch gegen die zahlreichen **Einwanderer aus Bangladesch,** fast ausschließlich Moslems. *Bal Thackeray* hatte sich zuvor mehrfach als glühender Verehrer von *Adolf Hitler* zu erkennen gegeben. In einem Interview mit einem amerikanischen Magazin

025kmu Foto: rk

fragte er rhetorisch: „Warum sollen wir mit den Moslems nicht machen können, was Hitler mit den Juden gemacht hat?“

Spätestens zu diesem Zeitpunkt wurde jedem wachen Beobachter klar, das *Thackeray* ein Faschist und Demagoge der übelsten Sorte war, dennoch blieben ihm weite Teile der Bevölkerung Maharashtras treu ergeben. Er war ihr „Führer“ und in ihren Augen ein großer Denker und Visionär. Sein **kämpferisches Fußvolk, die Shiv Sainiks,** setzte sich zu großen Teilen aus dem Lumpenproletariat Maharashtras und der kriminellen Unterwelt zusammen. Von nun an konnten sie ihre zweifelhaften Aktivitäten unter dem Deckmantel einer lokalpatriotischen „Politik“ verfolgen.

In allen Stadtteilen Mumbais wurden Büros der *Shiv Sena* eingerichtet, die *shakhas* („Zweigstellen“). Deren Leiter, die *Shakha Pramukhs,* schickten ihre Leute aus, um von den Geschäftsleuten in ihrem Bezirk *chanda* einzutreiben. *Chanda* bedeutet eigentlich eine Art freiwilliger Beitrag (z. B. zu einem Hindu-Fest), doch war es hier lediglich eine umschreibende Bezeichnung für das hässliche Wort **Schutzgeld.** Die Parallele zu *Shivajis chauth* mag Zufall sein – oder aber Wiederholung der Geschichte. Zu zahlen hatten vor allem die Geschäftsleute, die nicht aus Maharashtra stammten. Die Gelder wurden nach oben abgeführt und es besteht kein Zweifel, wer am meisten davon profitierte. Gelegentlich ließ sich **Bal Thackeray** auf einem silbernen Thron sitzend fotografieren. Dazu trug er – ein asketisch-schmaler, schwächlich und in keiner Weise imponierend aussehender Mann – sein gewohntes orangenes Sadhu-Gewand. In den 1990er-Jahren hatte *Thackeray* damit begonnen, sich wie ein Hindu-Heiliger zu kleiden, allerdings einer, der gern Havanna-Zigarren rauchte und oft mit einem *Whisky on the Rocks* anzutreffen war. Mit seiner überdimensional wirkenden Brille in seinem hageren Gesicht war der ehemalige Karikaturist für Karikaturen wie geschaffen.

Von 1995–2004 stellte die *NDA, National Democratic Alliance* Indiens Regierung, eine Koalition unter anderem aus *BJP* und *Shiv Sena.* In Maharashtra hatte lange Zeit die *Shiv Sena* das Ruder in der Hand. Shiv-Sena-Mobs attackierten häufig Unternehmen, die Nicht-Maharashtrier einstellten und verbreiteten generell **ein Klima der Angst.** Wer gegen ihre Philosophie handelte, wer die von ihr gezogenen Grenzen von Moral oder Unmoral überschritt oder wer sich negativ über die Partei und ihren Führer äußerte, riskierte brachiale Gegenreaktionen. Selbst kritische Äußerungen über den alten Kämpfer *Shivaji,* beinah als gottgleich angesehen, wurden mit Gewalt oder Gewaltandrohung geahndet. Die *Shiv Sena* übte mehr Macht aus, als es durch die staatliche Konstitution vorgesehen war, sie nahm sich das Recht, nach ihrem Belieben „Fehltritte" zu ahnden. Sie wurde zu einer Art **Staat im Staate.**

Bollywood-Schauspieler und Filmproduzenten, die von *Thackeray* in seine opulente Residenz im Stadtteil Bandra East geladen wurden, buckelten vor dem Herrn und Meister, sie übten sich in Lobhudeleien und taten alles, nur um ihn nicht gegen sich aufzubringen. Ein Wort von *Thackeray* genügte und seine *Shiv Sainiks* hätten bei der erstbesten Gelegenheit das nächste Filmprojekt der Betreffenden ruiniert, indem sie die Kinos auseinandergenommen hätten. Mit der Macht seiner Stoßtruppen im Rücken übte *Thackeray* Druck auf Filmemacher und andere Künstler aus, falls deren Projekte ihm unsittlich oder hindufeindlich erschienen. Nachdem 1999 der indische Schauspieler *Dilip Kumar* von Pakistan den *Nishan-e-Imtiaz* verliehen bekommen hatte, Pakistans höchsten zivilen Orden, forderte *Thackeray* den Akteur auf, die Auszeichnung zurückzugeben und stieß subtile Drohungen gegen ihn aus. *Dilip Kumar* heißt mit richtigem Namen *Yussuf Khan* und ist Moslem, für *Thackeray* war er somit schon ein Staatsfeind.

Feindbild der Shiv Sena: moslemisches Ehepaar. Der Mann ist aufgrund seiner Kappe und seines Bartes leicht als Moslem zu erkennen.

Bei dem allgemeinen Klima der Unterdrückung und Bevormundung war es nicht verwunderlich, dass in Maharashtra **Investitionen bald drastisch zurückgingen.** Selbst ausländische Rockbands, die durch das Land tourten, mieden Indiens angeblich fortschrittlichste Stadt, weil sie nie sicher sein konnten, ob sie von *Bal Thackeray* nicht als obszöner Auswuchs westlicher Kultur angesehen und damit zur Zielscheibe der *Shiv Sainiks* werden würden. (Außerdem wurden sie durch Mumbais besonders hohe *Entertainment Tax*, Vergnügungssteuer, abgeschreckt.)

Insgesamt hat die *Shiv Sena* Mumbai um keinen positiven Aspekt bereichert und der *Marathi manus* muss mit der Enttäuschung leben, dass er heute nicht besser dasteht als zuvor. Der **Zuspruch der Shiv Sena hat stark abgenommen** und hohes Alter sowie angeschlagene Gesundheit haben *Bal Thackeray* viel von seinem Biss verlieren lassen. Dennoch sitzt bei der Bevölkerung immer noch die Angst im Nacken und niemand möchte sich öffentlich negativ über die *Shiv Sena* äußern. Bei **Diskussionen** ist sehr sorgsam mit dem Thema *Thackeray* und *Shiv Sena* umzugehen. Nicht-Maharashtrier hegen verständlicherweise keine gute Meinung von der Partei, werden sich aber hüten, dies in der Öffentlichkeit lauthals kundzutun. Bei dem Thema wird immer ein nervöser Blick über die Schulter geworfen werden, denn vielleicht hört ein Anhänger von *Bal Thackeray* mit und unter Umständen gibt es böses Blut.

Meinungsunterschiede in Sachen Politik oder Religion können in Indien schnell zu einer handgreiflichen Auseinandersetzung führen. Die Loyalitäten sitzen tief. Angriffe auf die eigene Leitfigur werden als Angriffe auf sich selbst gewertet.

Im Jahre 2005 **zersplitterte die Shiv Sena.** *Bal Thackeray* hatte seinen Sohn *Uddhav* und seinen Neffen *Raj* als seine Nachfolger designiert. *Raj* beschuldigte jedoch *Uddhav* und Konsorten, die Partei zu zerstören, und trat aus der Partei aus. Er gründete eine Konkurrenzpartei, die die „wahren" Ideale der Shiv-Sena-Bewegung aufrechterhalten sollte, die **Shiv Navnirman Sena** („*Shivas* Armee des Neuaufbaus"). In ländlichen Gebieten konnte sie der *Shiv Sena* zahlreiche Anhänger abspenstig machen. Auch *Raj Thackeray* trompetete seine Bewunderung für den schnauzbärtigen Diktator hervor: „Ich bin ein großer Bewunderer von *Hitler* ... Ich stimme nicht mit allen seinen Methoden überein, aber er war ein wunderbarer Redner und Organisator und ich glaube, er und ich haben einige Sachen

Schräger Tiger: Schild an einer Shiv-Sena-Zweigstelle

gemein ... Was Indien braucht ist ein Diktator, der wohlwollend regiert, aber mit eiserner Hand." Mit dieser Meinung steht er nicht allein da ...

026kmu Foto: rk

Heute ist die politische Macht der *Shiv Sena* in Mumbai geschwächt, aber der Zorn *Bal Thackerays* und seiner Handlanger ist **immer noch gefürchtet.** Das Symbol der *Shiv Sena* ist ein zähnefletschender Tiger – wehe dem, der dem Biest zu nahe tritt.

In den 1990er-Jahren schauten Mumbaikars mit zunehmendem Neid auf andere asiatische Millionenstädte, die ihre urbanen Probleme offensichtlich weit besser gemeistert hatten als man selbst. Zunächst bewunderte man **Singapur.** Lokale Politiker hatten die Stadt besucht und verkündeten alsbald, Mumbai in ein *„Second Singapore"* umwandeln zu wollen. Singapur war Mumbai insofern ähnlich, als dass es fast genauso klein ist wie Mumbai – aber damit endete auch jegliche Ähnlichkeit. Singapur war reich, wohlgeordnet, sauber und nicht korrupt. Und es wurde von strenger Hand regiert. Auf welche Weise genau man Mumbai in ein zweites Singapur verwandeln wollte, wurde nie definitiv geklärt.

Anfang des 21. Jh. wurde dann **Shanghai** zum Leitbild. Delegationen, die Shanghai besuchten, waren erstaunt, welch große Fortschritte die Stadt in kürzester Zeit gemacht hatte und wie China ganz allgemein dabei war, Indien wirtschaftlich um Längen zu überholen. Zehn Jahre zuvor noch hatten Indien und China gleichauf gelegen. „Wir bauen ein *‚Second Shanghai'"*, lautete von nun an die Parole.

Kaum ein Mumbaikar glaubt jedoch, dass so etwas jemals geschehen wird. Man hat schon zu viele Versprechungen gehört und man kennt den Schlendrian indischer Bürokraten. Mumbaikars wissen, wie die meisten Inder, dass auf **großspurige Ankündigungen** oft nichts Konkretes folgt. Zwar wurde Mumbai in den letzten Jahren an einigen Stellen „verschönt", aber von einem Singapur oder Shanghai ist man so weit entfernt wie ein Moped vom Mercedes. Es gehört zur indischen Rhetorik, zu übertreiben, groß anzukündigen und lauthals zu versprechen – und dann passiert oft gar nichts. Es scheint, als sei die gesamte Energie schon durch die Versprechen verpufft und für Taten ist dann nichts mehr übrig. Hindus glauben an die **Kraft der Mantras.** Mantras sind heilige Silben oder Verse, deren permanentes Rezitieren positive Wandlungen in der betreffenden Person hervorrufen sollen. Viele Politiker scheinen zu glauben, dass allein das häufige Wiederholen von Versprechungen den Erfolg herbeizaubert. Allzu häufig fehlt es an der Tatkraft, die kleinen Dinge anzugehen, die am Ende das große Bild ausmachen.

Dies verdeutlicht vielleicht eine kleine persönliche Anekdote, die mir für immer in unangenehmer Erinnerung bleiben wird. Vor einigen Jahren saß ich in einem Restaurant im Stadtteil Fort und verzehrte mein Frühstück. In der Zeitung las ich dabei, dass die Regierung des Bundesstaates Maharashtra fest entschlossen sei, Mumbai zum „Finanzzentrum Asiens" zu machen. Das hört sich ja vielversprechend an, dachte ich mir und nahm noch einen Bissen von meinem *Idli,* mal sehen, wie sie Singapur, Hongkong und Tokio ausstechen wollen. Das könnte interessant werden.

Nach Beendigung des Frühstücks verließ ich das Restaurant und trat hinaus auf die Straße nahe Flora Fountain, wenige Hundert Meter entfernt vom *Bombay Stock Exchange,* der Börse. Da klebte plötzlich irgendetwas an meinem Schuh. Was immer es war, es stank erbärmlich. Ich sah herunter und da war es – ein Stück Kot. Es stank ganz fürchterlich. Es war kein Kuhfladen, nein, die riechen nicht, Kuhfladen sind sozusagen ein fäkaler Glücksfall. Es war auch kein Hundedreck. Das ginge ja auch noch. Nein, es war ein Haufen Menschenkot. Menschliche Exkremente mitten im Geschäfts- und Börsenviertel. Und nun klebten sie fest an meinem Schuh.

Während ich verzweifelt überlegte, wie ich das ungewollte Anhängsel loswerden könnte, kam Wut in mir auf. Bevor sie Mumbai zum Finanzzentrum Asiens machen wollen, fluchte ich innerlich, können sie da nicht erst einmal für saubere Straßen sorgen? Den Straßenschläfern ein paar ordentliche Toiletten bauen? Mit kleinen Schritten beginnen? Kann man fürs Bürgersteigverdrecken nicht die Prügelstrafe einführen, so wie es sie in Singapur für bestimmte Verbrechen gibt? Das Stück **Menschenkot an meinem Schuh** gab Anlass zu bitterbösen Rachegedanken, aber auch zur Reflexion. Die Fäkalie auf dem Bürgersteig war symptomatisch für Indien: Man träumt große Träume, vernachlässigt es aber, die kleinen, alltäglichen Probleme anzugehen. Der Schmutz ist nur eine Misere von vielen, aber eine der sichtbarsten. 2008 erklärte das Businessmagazin *Forbes* Mumbai zur siebtschmutzigsten Stadt der Welt und zur schmutzigsten Indiens.

Ich hatte nun selbst ein dringendes Problem zu lösen. In einem Müllhaufen an der nächsten Straßenecke fand ich ein brauchbares Stück Papier und versuchte damit, die Bescherung abzutragen. Zumindest gut, dass jemand das Papier dorthin geschmissen hatte! Während ich das Papier mit spitzen Fingern ansetzte, dachte ich unweigerlich an die vielen fleißigen Straßenreiniger, die just in diesem Moment in Singapur und Shanghai bei der Arbeit waren.

Dass Mumbai die Wandlung zu einer sauberen Stadt gelingen kann, wird von **Kolkata** (ehem. Kalkutta) vorexerziert. In den 1970er-Jahren hatte ich Kolkata als einen Albtraum aus Schmutz und Elend erlebt. Die Bürgersteige waren von Unrat bedeckt und voll von ausgemergelten Menschenkörpern, von denen man nicht genau sagen konnte, ob sie noch lebten oder schon tot waren. Heute präsentiert sich die Innenstadt von Kolkata wohlgeordnet und sauber, die Slums und Obdachlosen sind von den Straßen verschwunden. Die Wandlung ist beeindruckend. Irgendwann wird Ähnliches auch in Mumbai erreicht sein – „Wo ein Wille ist, ist auch ein Weg", das besagt auch eine indische Redewendung.

Korruption: Zahlen macht das Leben leichter

„Jeder Sack Zement, der in indischen Straßen landet, hat mit Schmiergeld zu tun."

The Times (UK), 2007

Gemäß der Berliner Anti-Korruptions-Organisation *Transparency International,* die jährlich globale Korruptionsanalysen erstellt, gehört Indien Jahr für Jahr **zu den korruptesten Ländern der Welt.** 2005 lag Indien auf der weltweiten „Ehrlichkeitsskala" auf einem schwachen 88. Platz, zusammen mit Ländern wie Tansania, Mali und Armenien.

Die Inder selbst dürften über diese Klassifizierung kaum überrascht sein, denn jeder könnte eine lange Liste von Beispielen anführen, in denen er oder sie etwas „unter dem Tisch" hatte zahlen müssen oder dazu aufgefordert wurde. Schmiergelder müssen entrichtet werden, um die Kinder in die Schule aufnehmen zu lassen, um im Krankenhaus eine der knappen Blutkonserven zu bekommen, um auf der Straße einen kleinen Verkaufsstand betreiben zu können oder um endlich eine Telefonleitung gelegt zu bekommen. Die Liste ließe sich noch endlos fortführen. Es wird geschätzt, dass in Indien jährlich ca. 4 Mrd. Euro an Schmiergeldern gezahlt werden. Umgerechnet sind das etwa 200 Rupien pro Kopf.

Die Staatsbeamten, mit denen der durchschnittliche Inder am meisten zu tun hat, sind die **Polizisten,** deren Behörde auch als das korrupteste Staatsorgan angesehen wird. Gemäß *Transparency International,* das 2005 die bisher umfassendste Studie über Korruption in Indien anlegte, gaben 87 % der Befragten an, dass sie die Polizei als „käuflich" betrachten. An zweiter Stelle in der Korruptionsskala stand die **Justiz.** Auch in den weniger sichtbaren Abteilungen des Staatsapparates sieht es nicht anders aus. Der Bittsteller auf einem x-beliebigen Amt wäre in der Tat überrascht, würde er nicht zu einer Zahlung gedrängt werden. Falls nicht gezahlt wird, werden die Akten einfach liegen gelassen und nichts bewegt sich. Alle wollen verdienen. Selbst der *chaprasi,* der kleine Laufbursche und Junge-für-Alles im Büro, fordert erst einmal ein paar Rupien, ehe er den Antragsteller überhaupt zu seinem Herrn und Meister durchlässt. Zahlt man nicht, so heißt es, der Beamte sei gerade *„out of station",* aus Amtsgründen außerhalb unterwegs, oder Ähnliches. In Wirklichkeit sitzt er in seinem Büro und schlürft genüsslich die zehnte Tasse Tee.

Gewiss, nicht alle Staatsdiener sind korrupt. Es gibt sogar solche, die auf unlautere Machenschaften in eigenen Reihen öffentlich aufmerksam machen, aber sie sind eher die Ausnahme und sie leben gefährlich. 2003 wurde der Straßenbauingenieur *Satyendra Dubey* in Bihar erschossen. Er hatte zuvor Korruption im staatlichen Golden-Quadrilateral-Highway-Programm angezeigt. Die *Golden-Quadrilateral-Highways* sind moderne Schnellstraßen, die die fünf größten Städte an den vier Ecken des Landes miteinander verbinden. *Dubey* hatte sich in einem Brief sogar an Premierminister *Atal Bihari Vajpeyee* gewandt. Es nützte nichts. Sein Bürgersinn wurde mit einer Kugel belohnt und der Mörder und seine Hintermänner sind bis heute nicht gefasst. Zwei Jahre darauf wurde *Shanmughan Manjunath,* der Manager einer staatlichen Ölfirma, in Uttar Pradesh getötet. Er hatte **ein Komplott aufgedeckt,** in dem verpanschtes Benzin an Tankstellen verkauft wurde.

Ehrliche Menschen oder Idealisten, die so handeln, wie es sich *Mahatma Gandhi* gewünscht hätte, haben ein schweres Leben – solange sie noch eines haben. Der Beamte *M. N. Vijayakumar* in Karnataka war mehrfach versetzt worden, da er in seiner Umgebung **keine Korruption duldete** und Kollegen, die sich auf illegitime Weise bereicherten, dafür maßregelte. *Vijayakumar* spielte mit dem Feuer. Die Versetzungen waren als eine Vorwarnung zu verstehen. Bald konnte auch er einer Kugel zum Opfer fallen. Das wusste auch seine Frau *Jayashree,* die aus diesem Grunde einen Weblog einrichtete, www.fightcorruption.wikidot.com. Dieser sollte generell auf die Korruption in den Amtsstuben aufmerksam machen, aber auch die Schwierigkeiten ihres Mannes dokumentieren. Vor allem hoffte

Zu beschäftigt für „bakshish":
Verkehrspolizist bei der Arbeit auf einer belebten Kreuzung

027kmu Foto: rk

sie, dass der Blog das Leben ihres Mannes schützen würde. Die Publizität, die der Weblog schaffte, das große Publikum, das er erreichte, sollte ihn vor dem Schicksal bewahren, das die beiden Obengenannten ereilt hatte. *Jayashree* sagte, sie wolle „eine Festung aus Menschen" um ihren Mann herumbauen.

Der **Weblog fand weiten Zuspruch** und es meldeten sich im Ausland lebende Inder, die angaben, das Land verlassen zu haben, weil sie die alldurchdringende Korruption nicht länger hätten ertragen können. Der Grund, warum es so viele Inder im westlichen Ausland zu Etwas bringen, ist die Tatsache, dass sie oft hochintelligent und ebenso gebildet sind und im Ausland nicht auf die Hindernisse treffen, die ihnen in der Heimat aus der Korruption und dem erforderlichen Netzwerk von „guten Beziehungen" erwachsen. Wer in Indien nichts abdrückt oder wer keine „lange Reichweite" *(lambi pahuñch)* hat, d. h. **gute Beziehungen,** kommt nicht voran. Es ist kein Geheimnis, dass staatliche Posten, auf denen der Beamte reichliche Schmiergelder erwarten kann, von höheren Beamten an Aspiranten regelrecht verkauft werden. Der Kaufpreis ist eine Investition, die sich später durch die illegalen Einnahmen vielfach amortisiert.

Jayashrees Weblog war bis dahin einmalig für Indien und zeigte vielleicht einen Weg auf, wie die Bevölkerung, der in Indien so häufig besungene *common man,* sich gegen die Korruption wehren könnte. Allerdings scheinen die meisten Einwohner beim Thema Korruption mittlerweile dermaßen demoralisiert, dass sie einen **Kampf dagegen für aussichtslos halten.** Viele Menschen, mit denen man spricht, glauben, dass sich Indien in dieser Beziehung „nie ändern" werde. Die Korruption hat sich schon in Leib und Seele eingefressen, bekommt man zu hören. Und: Wer kann garantieren, dass Leute wie *Jayashree* nicht selbst ins mörderische Fadenkreuz der korrupten Raubritter geraten würden?

Es gibt Anzeichen, dass die **Käuflichkeit von Staatsbeamten** in den letzten Jahren sogar noch gestiegen ist. Indische Beamte sind von jeher krass unterbezahlt und heute müssen sie mit ansehen, wie ihre ehemaligen Schulfreunde oder Bekannten, die in der privaten Wirtschaft tätig sind, jährlich saftige Gehaltserhöhungen bekommen. Im Wettlauf zum Wohlstand, dem heute weite Teile der indischen Bevölkerung anheimgefallen sind, wollen die Beamten nicht ins Hintertreffen geraten. Ein *hawaldar,* ein Polizist untersten Ranges, verdient in Mumbai 6000–8000 Rupien im Monat und dafür muss er womöglich sein Leben riskieren. Als Bettler würde es ihm unter Umständen besser gehen. (Siehe das Kap. „Nicht jeder, der arm aussieht, ist es auch: Mumbais Bettler".)

Je nach Region bestehen unterschiedliche Grade von Korruption. Der **Bundesstaat Bihar,** berüchtigt für seine beinah anarchistischen Zustände, führt die Liste in den meisten Jahren an. Bihar gilt als eine Art „schwarzes Loch" in Indien, in dem Gesetzestreue, Bürgersinn und Humanität auf dem Boden des Ganges liegen. Kein Wunder, dass es auch ökonomisch eines von Indiens Schlusslichtern ist.

Auf den nachfolgenden Plätzen der Korruptheitsliste lagen (in absteigender Reihenfolge) Jammu & Kashmir, Madhya Pradesh, Karnataka, Rajasthan, Assam, Jharkhand, Haryana, Tamil Nadu und Delhi. Kerala gilt als der am wenigsten korrupte Bundesstaat. **Maharashtra** lag im Jahre 2005 auf Platz 16 und damit an fünftletzter Stelle. Dennoch sind einige Zahlen erstaunlich. So zahlen schätzungsweise jährlich 1,27 Millionen Haushalte in Mumbai Schmiergelder an die Elektrizitätswerke, 1,12 Millionen Haushalte zahlen an Krankenhäuser, 910.000 Haushalte müssen eine Obulus an die Polizei entrichten, 903.000 Haushalte zahlen an die Stadtverwaltung, 755.000 Haushalte berappen an Schulen oder andere Ausbildungsstätten, ebenso viele an die unteren Justizbehörden.

Korruption in Mumbai ist zweifellos weitreichend und sie lässt kaum einen Bürger ungeschoren. Im Vergleich zu den meisten anderen Landesteilen geht es jedoch *relativ* zivil zu. Mumbai steht beispielsweise weit besser da als die viel gepriesene Hightech-Metropole Bengaluru (seit 2007 der offizielle Name von Bangalore). Der Distrikt Bengaluru wurde als der korrupteste Distrikt im viertkorruptesten Bundesstaat entlarvt (*Transparency International,* 2005).

Zur **Bekämpfung der Korruption** hat die Regierung von Maharashtra das *Maharashtra State Anti-Corruption Bureau* eingerichtet, bei der Bürger bakshish-fordernde Staatsbeamte anzeigen können (http: //acbmaharashtra.org/). Gegebenenfalls werden den Beamten bei vorhergehender Beschwerde Fallen gestellt, um sie beim Kassieren der Schmiergelder in flagranti zu erwischen. Allerdings machen sich nicht viele Bürger die Mühe, diesen Weg zu gehen, denn das Ertappen eines korrupten Beamten garantiert noch nicht seine Bestrafung. Zudem dauert der juristische Prozess oft viele Jahre. Die meisten Mumbaikars werden lieber kleinlaut zahlen – es ist leichter, ein paar Rupien zu berappen und diese als eine Art außerplanmäßige „Steuer" anzusehen, als gegen das fest eingefahrene System anzukämpfen.

Ausgezeichnete Arbeit in Sachen Korruptionsaufdeckung leistet **das Magazin Tehelka,** wenn sicher auch mit einem Auge auf die Verkaufszahlen. Mehrfach haben Tehelka-Journalisten hohen Beamten Fallen gestellt und sie bei der Annahme von Schmiergeldern mit versteckter Kamera gefilmt. In einem Fall erhielt ein getarnter Journalist für 100.000 Rupien eine Pilotenlizenz, obwohl er nicht ein einziges Mal auf einem Pilotensitz gesessen hatte. Zu anderer Gelegenheit gaben sich drei Tehelka-Redakteure als internationale Waffenhändler aus. Sie filmten hohe Beamte und Militärfunktionäre dabei, wie sie Schmiergelder annahmen. Schlussfolgerung: Die indische Armee kauft nicht die geeignetesten Waffen, sondern kauft da, wo gewisse Leute in Schlüsselpositionen die beste Provision kassieren können. Der damalige Verteidigungsminister *George Fernandes* war außer sich vor Zorn und bezeichnete die Aktion von *Tehelka* als „Komplott", ihn zu diskreditieren. *Fernandes* wurde 2001 zum Rücktritt gezwungen.

Für **ausländische Reisende** ist es unwahrscheinlich, dass sie jemals etwas von der Problematik mitbekommen. Bestenfalls wird vielleicht einmal das Taxi, in dem man sitzt, von einem Polizisten angehalten und zwischen Fahrer und Ordungshüter muss eine kleine finanzielle Regelung abgewickelt werden. Nach Tausenden von Taxifahrten in Mumbai (ja, Tausenden!) kann ich mich vielleicht an zwei oder drei derlei Fälle erinnern. Vor den Augen eines Westmenschen möchten sich indische Beamte nicht die Blöße geben, man weiß ohnehin um Indiens etwas zweifelhaften Ruf in der Welt und will diesen nicht weiter fördern. Man ist korrupt, ja, aber nicht stolz darauf.

Auf Ämtern, wenn irgendwelche Dokumente bearbeitet werden müssen, ist die Chance schon höher, Korruption „live" zu erleben. In der **Intimität einer Amtsstube,** hinter verschlossenen Türen und die Stimmen überdeckt vom Lärm eines laut rotierenden Deckenventilators, fragt es sich schon leichter nach einer kleinen Gabe. Kein Beamter wird sagen, er

Indiens Geldscheine: gestapelt, geklammert und manchmal auf der Toilette versteckt

Wer in Indien Geld wechselt, wird oft mit einem ungewohnten Problem konfrontiert: Die Rupienscheine, die man erhält, sind ***zu Hunderterstapeln fest zusammengebündelt*** *(also z. B. 100 x 100 oder 100 x 500 Rupien). Dabei sind die Scheine zunächst mit mehreren Klammern zusammengenietet, um das Bündel kommen dann ein paar eng umschlungene Gummibänder und auf die Gummibänder wird auch noch eine Banderole mit dem Siegel der Bank geklebt. Um ein solch gut verpacktes Geldbündel auseinanderzubekommen, braucht es einige Kraft und Geschicklichkeit.*

Die Hunderterbündel sollen den Angestellten das Zählen größerer Summen ersparen. Statt z. B. 100 einzelne Einhundertrupienscheine abzählen zu müssen, greifen sie einfach eins der Geldbriketts. Geldzählautomaten gehören noch nicht zur Standardausrüstung der Banken.

Das Zählen größerer Summen wäre gar nicht so tragisch, gäbe es Scheine in höheren Beträgen. Die höchsten Geldscheine aber sind 1000-Rupienscheine (ca. 16 Euro). Für eine Businessmetropole wie Mumbai ist das eine lachhafte Summe.

Dass die indische Staatsbank ***keine größeren Scheine*** *ausgibt, hat seinen guten Grund. Geschäftliche Transaktionen werden oft vor der Steuer verborgen und in bar abgewickelt. Viele Geschäftsleute horten gewaltige Summen von „kala dhan" (Schwarzgeld) in ihren Wohnungen. Gäbe es Scheine in höheren Denominationen wäre das Geld leichter zu verstecken. Bei vielen Transaktionen wird ein Teil des Betrages in „weiß" bezahlt,* ***ein Teil in „schwarz".*** *Das gilt auch bei Verkäufen von Wohnungen oder Apartments. 2007 versuchte ein indischer Richter vergebens, eine Wohnung zu kaufen – er hatte in seinen Annoncen zu verstehen gegeben, dass er nur „weiß" bezahlen würde, nichts unter der Hand. Obwohl er eine besonders großzügige Summe für eine Wohnung bot, fand sich kein Verkäufer. Niemand wollte eine Wohnung verkaufen, wenn man dann das gesamte Geld versteuern müsste.*

Indiens ***Steuerfahnder*** *führen oft Razzien bei Großverdienern durch, unter anderem bei Bollywood-Stars. Dabei findet sich oft Bargeld in den seltsamsten Verstecken. So manche Götterfigur oder Toilette wurde als* *geheimer Geldtresor enttarnt. Die meisten Bollywood-Deals werden zu erheblichen Teilen in Schwarzgeld abgewickelt.*

Es wird angenommen, dass ***5–20 % des indischen Bruttosozialproduktes als Schwarzgeld*** *zirkuliert und somit der Steuer verloren geht. Viele der Gelder werden durch ein System namens „hawala" oder „hundi" ins Ausland transferiert. Dazu zahlt man das Geld bei einem „hawaaladar" in Mumbai ein und die Summe wird dann gegen Nennung einer Codenummer von einem Verbindungsmann im Ausland ausbezahlt. Das System basiert rein auf Vertrauen und ist trotz aller Illegalität sehr zuverlässig. Es gilt das Ganovenehrenwort. Gelegentlich kaufen Leute mit undeklariertem Einkommen Lotteriegewinnern ihre Gewinnscheine ab und waschen so ihr Geld.*

Doch zurück zu den Geldbündeln selbst: Die beste Methode, die ***vernieteten Geldbündel*** *zu knacken: Banderole abreißen, dann die daruntergelegenen Gummibänder aufschneiden. Dann mit je einer Hand etwa die Hälfte des Stapels greifen und vorsichtig die beiden Hälften in Gegenrichtung hin- und herdrehen. Irgendwann knacken die Klammern dann auf, hoffentlich ohne zu große Löcher in den Scheinen zu hinterlassen. Kein Wunder, dass viele indische Banknoten ziemlich malträtiert aussehen.*

In Indien sind zahlreiche ***gefälschte Geldscheine*** *in Umlauf, vor allem 500-Rupien-Scheine. Nach Angaben der Polizei werden die Scheine vom pakistanischen Geheimdienst „ISI" in den Zahlungsverkehr gebracht. Der Geheimdienst wird aber nicht die einzige Fälscherwerkstatt sein. Viele Geschäftsleute halten Scheine, mit denen der Kunde bezahlt, erst einmal prüfend ins Licht, bevor sie sie in die Kasse legen. Probleme, wenn man unbedarfterweise mit einem falschen Geldschein zahlt, gibt es in der Regel nicht. Wenn der Geschäftsinhaber einen Schein als falsch entlarvt hat und ihn nicht annimmt, sollte man kein großes Aufhebens davon machen – mit einem anderen Schein bezahlen und den alten zu Konfetti zerkleinern! Kein Geschäftsmann wird die Polizei über die „Blüte" informieren.*

029kmu Foto: rk

wolle ein Schmiergeld *(rishvat, hafta, mamul, tea money)*. Man wird die Forderung in beschönigende, wohlklingende Worte kleiden. „Ein kleine Hilfe“, „ein kleines Geschenk“ oder **„etwas Familienunterstützung“** klingt doch viel freundlicher und unverfänglicher. Die Umschreibungen vermitteln Geber und Nehmer das Gefühl, nicht Beteiligte an einer illegalen Handlung zu sein, sondern großzügiger Sponsor auf der einen Seite und demütiger, hilfsbedürftiger – und hilfsbereiter – Empfänger auf der anderen. Sind beide Parteien indische Landsleute, so geht es unter Umständen direkter zu: *„Kitna denge?“* – „Wie viel ist Ihnen die Sache wert?“, heißt es dann vielleicht. Auch bei Schmiergeldern darf gehandelt werden.

Geben oder nicht? Die Antwort darauf ist in der Praxis nicht so leicht zu geben, wie es in der Theorie scheint. Jeder sollte die Frage je nach moralischer Einstellung und Einschätzung der Situation für sich selbst beantworten. Zumindest gibt es keinen Grund, sich einem kleinen Beamten, der sein kaum zum Überleben reichendes Gehalt mit ein paar Rupien aufbessert, moralisch überlegen zu fühlen: In seiner Lage würden wir wahrscheinlich dasselbe tun. Ein Mitteleuropäer ist von Natur aus nicht ehrlicher als ein Inder – nur, sein Umfeld erlaubt ihm den Luxus, ehrlich sein zu können, ohne dabei am Hungertuch nagen zu müssen. Es gibt Korruption aus Not, aber es gibt auch Korruption aus reiner Habgier. Leider kann man nicht immer unterscheiden, womit man es jeweils zu tun hat.

Im Jahre 2005 trat der **Right to Information Act** *(RTI)* in Kraft, ein Gesetz, das Bürgern erlaubt, in amtliche Dokumente Einblick zu nehmen (ausgenommen ist der Bundesstaat Jammu und Kashmir). Die so geschaffene Transparenz könnte helfen, die Korruption einzudämmen. Premierminister *Manmohan Singh* bezeichnete das Gesetz als die „Morgendämmerung einer neuen Ära ... eine Ära, die den Fluch der Korruption ausrotten wird".

Nur ist Zahlen meist doch die einfachste Lösung. Der Tag, der auf die Morgendämmerung folgen soll, wird vielleicht noch einige Zeit auf sich warten lassen.

Immer große Klappe: Mumbais freche Umgangssprache

„He, quatsch' mir hier keinen Filmdialog!"

Typischer Mumbai-Spruch, um das Gegenüber zum Schweigen zu veranlassen.

Bei einem Aufenthalt in Mumbai wird eines ganz schnell klar: Die Mumbaikars sind nicht auf den Mund gefallen. Gespräche untereinander sind lebendig, laut, energisch und oft hartnäckig, nicht selten drehen sie sich langatmig im Kreis – oder in wortverdrehender Ellipse. Man redet einfach fürs Leben gern. Vielleicht liegt's am vielen Tein, das den ganzen Tag lang begierig aufgenommen wird?

Inder sind generell **wortgewaltige Rhetoriker** und der Mumbaikar steht mit an vorderster Front. Die typische Mumbai-Sprache ist frech und humorvoll und hat zahllose Slangausdrücke hervorgebracht, den typischen **Bambaiya-Slang.** Dieser wird durch Bollywood auch in andere Landesteile getragen. Der Bambaiya-Slang hat einen ganz besonderen Status unter Indiens Sprachen und Dialekten – schließlich sprechen und „großmaulen" so die Stars in vielen Filmen –, vielleicht könnte man ihn mit der Berliner Schnauze vergleichen. Man ist gewandt, schlagfertig und liebt das Wortspiel. So manch heiteres Gespräch ist wie ein Pingpongspiel, in dem man

Wasserträger mit Ziegenbalg: Da der Anschluss einer Wohnung an eine Wasser- oder Gasleitung ist oft mit einer „kleinen Spende" verbunden, ist, weichen viele Einwohner auf den sporadischen Wasserkauf aus

etwas in seine Richtung geschleudert bekommt und es in Blitzgeschwindigkeit beantworten muss. Das kann eine interessante Herausforderung sein. Wenn man es schafft, schlagfertig zu antworten, gewinnt man an Respekt und der Spaß ist groß. Indien ist eine „redselige Kultur", wie der indische Nobelpreisträger *Amartya Sen* (geb. 1933) treffend feststellte. Wortkarge, introvertierte Inder sind rar.

Viele Mumbaikars schaffen es, einen quasi an die Wand zu reden und unter einem Wortschwall zu begraben, in Diskussionen zieht man leicht den Kürzeren. Mumbaikars und Inder ganz allgemein, zetteln nur allzu gern **politische Diskussionen** an. Dabei wollen sie oft aber weniger hören, was das Gegenüber zu sagen hat, sondern ihre eigenen Erkenntnisse in die Welt posaunen. Dagegen anzureden bringt meist gar nichts. Besser man hört zu – oder *gibt vor* zuzuhören – und schlenkert den Kopf in typisch indischer Geste der Zustimmung, beinah wie unser „Nein". Ein zwischendurch eingeflochtenes *„haañ, bilkul sahi hai"* („Ja, da haben Sie ganz und gar Recht") macht sich auch immer sehr gut. Der bengalische Schriftsteller und Sozialreformer *Ram Mohan Roy* (1772–1833) brachte die indische Diskussions- und Argumentierlust wunderbar auf den Punkt: „Denk' mal nur wie schrecklich der Tag deines Todes sein wird. Andere werden weiterhin reden, du aber wirst nicht in der Lage sein, dagegen anzustreiten."

Diskussionen, die von Wildfremden angezettelt werden, produzieren oft nur Stress. Viele Sprecher wollen ihren Unmut über die USA, Pakistan, China oder sonstige (meist ausländische) Bösewichte kundtun und dagegenhalten zu wollen, ist ein müßiges Unterfangen. Untereinander verhalten sich die Inder nicht anders. Der Philosoph *Swami Vivekananda* (1863–1902) klagte, dass „drei Inder sich keine fünf Minuten über irgendetwas einig" sein können.

Man muss **die Kunst lernen, entspannt zuzuhören** und sich nicht auflehnen, auch wenn völlig absurde Theorien vorgebracht werden („Amerika und China wollen Indien versklaven"). Selbstverständlich sind nicht alle Diskussionen so einseitig, aber doch viele. Bei guten Freunden oder Bekannten ist das natürlich anders, hier besteht eine gute Chance, dass man auch angehört wird und der Meinungsaustausch ausgewogener ist. Inder sind in der Regel hochintelligente Menschen und wenn sie zudem gebildet und weltgewandt sind, sind sie die besten Gesprächspartner, die man sich wünschen kann. Nur kann die Disputierlust gelegentlich zermürben.

Selbst bei Interviews im indischen Fernsehen fällt oft auf, dass der Interviewer die von ihm gestellte Frage gleich selbst mitbeantwortet – man redet lieber, als die Antwort zu hören, genau wie im Alltag auch. Auf der Bühne Mumbais oder Indiens ist jeder ein Rhetorikstar. Dabei sind krasse

Übertreibungen („Wir sind mindestens fünf Millionen Marwaris in Mumbai") ebenso gang und gäbe wie aus Halbwissen entstandene Unwahrheiten („*Hitler* war ein Hindu"). Die *atishyokti,* das **großspurige Reden und Übertreiben** ist fundamentaler Bestandteil indischer Kommunikation. Die wundersamen alten Mythen, in denen der Affengott *Hanuman* nach Sri Lanka fliegt und dabei noch einen Berg auf seinen Schultern trägt oder in denen vedische Krieger durch geheime Mantras Atomexplosionen auslösten, leben heute im modernen Gewande weiter. Vieles wird mythenhaft übersteigert.

Nichts ist einfach nur „gut", nein, es ist „einfach *zu* gut, Mann!" *(too good, yaar!* - eine typische Floskel) oder „ganz fantastisch". Indische Tageszeitungen lieben Lobhudeleien und Personen, über die berichtet wird, werden allzu oft mit schmeichelnden Attributen überhäuft. Wird über einen Schriftsteller informiert, so ist er nie nur ein *author* - nein, er ist immer ein *acclaimed author* (gefeierter Autor), auch wenn noch nie jemand etwas von ihm gelesen hat. Irgendein klassischer Sänger aus der Provinz ist immer ein *well-known singer,* nie nur einfach ein Sänger. Jeder in Mumbai aufkreuzende ausländische Künstler wird als *world-famous artist* angekündigt, auch wenn er in vier Fünfteln der Welt eine völlig unbekannte Größe ist. Man liebt vollmundige, **himmelhohe Ausschmückungen,** alles wird etwas größer und dramatischer gemacht, als es eigentlich ist. Wenn man im Zentrum dieser Aufmerksamkeit steht, kann das natürlich auf das Ego sehr wohltuend wirken - einfach *too good, yaar!*

Inder können aber auch große Skeptiker sein, man traut nicht jedem fremden Gesprächspartner gleich über den Weg. Manche scheinen überall nebulöse Komplotte entdecken zu wollen. Vertreter von **Konspirationstheorien** gibt es in jedem Teehaus und an jeder Straßenecke, in Indien vielleicht mehr als anderswo. Inder lieben es, hinter die Dinge zu sehen. Das ist an sich eine lobenswerte Eigenschaft, nur entdecken sie dabei oft „Tatbestände", die lediglich in der Fantasie existieren. Man sieht auch da Schatten, wo keine sind. Beispiel: Ein Inder, der mich auf der Straße angesprochen hatte, fragte mich, „Was ist denn Ihr Beruf?" „Ich schreibe Bücher", antwortete ich wahrheitsgemäß. Mein Gesprächspartner sagte erst einmal gar nichts, schaute mich skeptisch, von oben bis unten musternd an und fragte dann nach einer Weile, mit wissendem Augenaufschlag: „Hmm, Sie schreiben Bücher - und was tun Sie *wirklich?*". In seinen Augen war ich Schmuggler, Terrorist, Spion oder entflohener Raubmörder, der sich als Buchschreiber tarnt und umherreist. Ertappt! Einen Inder kann man nicht so leicht täuschen!

Nicht selten gleitet der Wortaustausch ins Unflätige ab. Im Streit oder in brenzligen Verkehrssituationen, schreit der Mumbaikar sein Unbehagen

Moderne Kommunikation: Volkssturm auf Nokia und Konsorten

Es ist nicht allzu lange her, da war das Telefonieren in Mumbai noch ein kleines Abenteuer. Die Verbindungen knackten und knirschten und in der Regenzeit ging das Telefonnetz gelegentlich gänzlich baden. Wer in den 1980er-Jahren ein Auslandsgespräch führen wollte, musste zum „Central Telegraph Office (CTO)" gehen und dort ein Antragsformular ausfüllen. Dann durfte man auf seine Verbindung warten ... und warten ... und meist noch etwas mehr warten. Oft dauerte es zwei Stunden, bis eine ***Verbindung nach Deutschland*** *zustande kam. Manchmal kam sie auch nie zustande und man durfte unverrichteter Dinge von dannen ziehen. Ich selbst habe so manche Stunde auf den harten, wurmdurchbohrten Wartebänken des „CTO" abgesessen, in unterhaltsamer Gesellschaft zahlreicher anderer Telefonierkandidaten.*

In den neunziger Jahren verbesserten sich die Verbindungen und zahllose ***Telefonläden*** *schossen aus dem Boden, die sogenannten „STD Shops" (STD = Self Trunk Dialling). Diese drangen bis in das letzte Dschungeldorf vor und auch heute gibt es sie noch sehr zahlreich. Neben dem Telefondienst offerieren sie auch einen Faxservice und nicht selten auch einen* ***Internetzugang.***

Heute vermehren sich die Internetläden immer mehr, die Verbindungen sind jedoch meist nicht so schnell, wie man es im aufstrebenden IT-Land Indien erwarten sollte. Wer einen eigenen Laptop dabei hat, kann ausprobieren, ob in der Nähe eine offene WLAN-Verbindung besteht, die man nutzen kann. In Mumbai ist das sehr häufig der Fall. In Indien ist es noch nicht verboten, in einem offenen, von jemand anderem bezahlten WLAN-Kanal zu surfen. In Singapur z. B. ist das bereits der Fall und 2007 wurde der erste Gratissurfer verurteilt.

Was die Kommunikation jedoch mehr verändert hat als alles andere, ist ***das Mobiltelefon.*** *Ende 2007 gab es ca. 240 Millionen Handys in Indien und die Zahl schnellt in steiler Kurve nach oben. Jeden Monat kommen sechs Millionen Geräte hinzu. Seit 2004 gibt es in Indien mehr Handys als herkömmliche Telefone. In Mumbai besitzen heute zahlreiche Taxifahrer, Straßenhändler und andere Vertreter der unteren Einkommensränge ein „mobile". Wie überall auf der Welt sind sie auch in Indien nicht mehr aus dem Alltagsleben wegzudenken. Inder sind sehr pragmatische Menschen und das Handy bietet ihnen viele offensichtliche Vorteile. Früher schrieb man noch Briefe an die Anverwandten auf dem Lande – bzw. man ließ sie schreiben, wenn man dazu nicht selbst in der Lage war – und die Briefe* *trafen dann mit etwas Glück nach einer Woche oder zehn Tagen ein. Am anderen Ende musste sich der Empfänger den Brief gegebenenfalls von einem Lesekundigen vorlesen lassen. Heute ruft man einfach an. Die Gebühren sind extrem niedrig.*

Viele Zuwanderer in Mumbai können sich nur einmal im Jahr die Fahrt ins heimische Dorf leisten, da ist das Handy ein willkommenes Hilfsmittel, um mit Frau und Kindern **in Kontakt zu bleiben.** *Der Telegrammdienst ist bisher nur deshalb noch nicht eingestellt worden, weil viele abgelegene Landstriche noch nicht vom Mobiltelefonnetz abgedeckt sind. Zahlreiche Kinder und Schüler in Mumbai besitzen ein Handy und im SMS-Schreiben oder Klingeltonherunterladen stehen sie ihren Pendants im Westen nicht nach. Viele Inder haben die patriotisch-kernige Hymne „Sare Jahaañ Se Achcha Hai" als Klingelton. Andere lassen ihr Handy mit frommen hinduistischen Mantras läuten. 2006 verdammten islamische Geistliche den Einsatz von* **Koranversen als Rufton.** *Ein hoher islamischer Würdenträger wetterte, dass Moslem, die einen solchen Klingelton benutzen, von der Gesellschaft „geächtet" werden sollten.*

In Mumbai stehen zahlreiche Netze zur Auswahl: Airtel, Hutch, BPL, Tata Indicom, Reliance, BSNL u. a. In ganz Indien gibt es etwa zwei Dutzend Anbieter. Dass Indien **das Land der Callcenter** *ist, merkt man schon direkt nach dem Kauf der Karte. Oft rufen Angestellte an, die mit honigsüßer Stimme irgendwelche Dienstleistungen anbieten: „Hallo, mein Name ist Sunita und ich möchte ihnen heute einmal von unserem ganz besonderen Angebot im neuen Sportklub erzählen ...".*

Auf Dauer können die Werber irritieren. Man kann sich vielleicht mit der Tatsache trösten, dass manche Callcenter Blinde oder anderweitig körperlich Behinderte einstellen, denen es in Indien im Allgemeinen nicht sehr gut geht. Häufig bombardieren die Telefondienste die Kunden mit Textnachrichten: „Guten Morgen, hier ist Ihr Hutch-Telefondienst. Wenn Sie täglich den Spruch des Tages aus der Bibel zugesandt bekommen wollen, dann drücken Sie bitte die Nummer ...".

Die Telefondienste bedienen sich derselben **Marktschreierei,** *die auch der gemeine Straßenhändler betreibt, nur auf technisiertere Art. Indische Geschäftsleute warten nicht still auf Kunden, sie rufen lauthals in die Menge und lobpreisen ihre Waren. Manchmal ziehen sie einen auch am Ärmel. 2007 wurde das „National Do Not Call Registry (NDNC)" geschaffen, eine Liste, in dem sich jeder Telefonbesitzer registrieren lassen kann, der von der Werbung verschont bleiben will. Jede ungewollte Werbenachricht kann danach mit einer Geldstrafe von 500 Rupien geahndet werden.*

ungefiltert heraus. Wenn ein Auto dem Taxifahrer den Weg abschneidet, kann es gut sein, dass der Taxifahrer einen **Wortschwall an Flüchen** herausschleudert. „Mutterficker", „Schwesterficker" oder „arschfickende Schwuchtel" sind häufig gebrauchte Kraftausdrücke. Oft hört man eine ganze Aneinanderreihung von Kraftausdrücken, einen lang anhaltenden Vulkanausbruch von Beleidigungen: „Arschfickende-Schwuchtel-Schwesternficker-elender-Hund-dahergelaufener-Mutterficker" *(gandu-bahinchod-kutte-kamine-madarchod-kahiñ-ka")* oder Ähnliches. Die Kombinationen lassen sich beliebig zusammenstellen. Kreativität ist alles. Einer der originelleren Flüche lautet „Verdammter Schweiß aus der Fotze eines Geckos!" *(„Chipkali ke chut ka pasina!")* Fragt man Mumbaikars nach dem Grund für die krassen Verbalausfälle, so bekommt man oft zur Antwort, dass das Leben in Mumbai extrem stressreich ist und man sich einfach Luft machen muss.

Glücklicherweise werden die Flüche in den meisten Fällen auf Hindi oder Marathi vorgebracht und der ausländische Gast bekommt von der Tragweite der Verbalattacken nichts mit. Kraftausdrücke kommen vielen Mumbaikars sehr leicht von der Zunge, vielleicht könnte man diese mit cockneysprechenden Engländern vergleichen, die nach jedem dritten oder vierten Wort ein *„fucking"* einfügen. Es ist eine **raue Unterschichtsprache,** in der Worte wie „Mutterficker" so geläufig sind, dass sie schon gar nicht mehr groß registriert werden. Es versteht sich, dass unzählige Bewohner Mumbais derlei Worte *niemals* in den Mund nehmen, aber außerordentlich viele tun es – Männer weit mehr als Frauen. Bei den Frauen sind die Markthändlerinnen und Prostituierten der Unterklasse am ehesten zu einer Fluchattacke bereit. Klassenzugehörigkeit ist aber nicht immer ein Indiz für den Sprachgebrauch: Es gibt unzählige Collegestudenten aus vermögendem Haus, die ungehemmt mit dem „Mutterficker" um sich werfen, aber auch Personen aus einfachstem Milieu, die dies nie tun würden.

Gelegentlich sieht man Leute, die gerade aufeinander losgehen wollen, sich aber zuvor mit allen erdenklichen Schmähungen überhäufen. Das kann ein paar Minuten andauern und wirkt oft filmreif, direkt wie aus einem Bollywood-Gangsterfilm. Imitiert hier die Realität das Kino – oder ist es umgekehrt? Wer war zuerst da, das Huhn oder das Ei?

Die Streitenden scheinen sich wie Filmhelden zu fühlen, die erst mal richtig Verbaldampf ablassen, um dann den Gegner mit ein paar gezielten Schlägen kampfunfähig zu machen, ganz wie *Amitabh Bachchan* circa 1978. Oft kündigt man vorher großspurig an, was man zu tun gedenkt: „Ich werde dein Blut aufsaugen!", „Ich werde dich in viele kleine Stücke schlagen!" oder „Ich werde deine Kinder zu Waisen machen!" sind gängige Schlachtplanankündigen. Der Fantasie sind keine Grenzen gesetzt.

Nur: Geschieht ein Streit in Mumbai, so sind in Sekundenschnelle ein paar Dutzend Schaulustige zur Stelle. Diese greifen meist auch ein, wenn's ganz brenzlig wird und **halten die Streithähne auseinander** – es sei denn, eine Pistole oder ein Messer kommt zum Vorschein – dann ist allerseits Flucht angesagt. Solange keine Waffen im Spiel sind, kann es zu kuriosen Situationen kommen. Ich habe einen solchen Streit in Mumbai gesehen, bei dem die beiden Teilnehmer jeweils von ein paar Leuten festgehalten wurden, damit sie nicht aufeinander losgingen. Beide schrien ihr Gegenüber an: „Ich bringe dich um, du Wichser!", „Deine Mutter ist doch eine alte Hure!", etc. Bei obszönen Mutterbeleidigungen hört in Indien der Spaß auf. *„He, gali mat dena, chor do!"*, sagte dann einer der Umstehenden beschwichtigend, hört auf mit den Beleidigungen und lasst es jetzt gut sein. Das wirkte aber eher als weitere Aufforderung. Die Streithähne begannen nun einen Zank mit den Leuten, die sie festhielten. Sie zappelten wie Zitteraale und versuchten, sich aus dem Haltegriff zu befreien. Dabei schienen sie sich aber nicht allzu sehr anzustrengen. Der Versuch wirkte eher halbherzig, wie eine leere Geste, die erfüllt werden muss, ein Akt aus dem Drehbuch. Kintopp. Etwa gleichzeitig schrien die beiden „Lasst mich los, den Kerl bringe ich um!"

Beide wussten sehr wohl, dass man sie unter keinen Umständen loslassen würde und alles war mehr großmäuliges Posieren und Brachialshow als tatsächliche Kampfabsicht. Hätte man den beiden wirklich freien Lauf gelassen, so wäre wahrscheinlich nicht viel passiert. Die Situation wäre wohl nach ein paar Schubsern und einigen weiteren Schimpfworten verpufft. Die Verbalgewalt ist oft ein **Ersatz für die physische Gewalt** – und so gesehen ist das ganze Herumgefluche beinah sympathisch. Was natürlich nicht bedeutet, dass auf Beleidigungen nicht tatsächlich Gewalt folgen kann, meist ist es jedoch nicht der Fall. Wenn in Mumbai nach jedem schmählichen Wortaustausch ein Kampf ausbrechen würde, läge die Stadt im permanenten Bürgerkrieg.

Die beiden Streitenden zogen nach einigen Minuten in entgegengesetzte Richtungen davon, aufmerksam beobachtet von den Passanten, die jederzeit wieder eingegriffen hätten. Dabei drehten sich die Kontrahenten aber noch mehrmals um und drohten: „Das nächste Mal mache ich dich kalt, du elender Schweinesohn!", „Eh, du impotente Schwuchtel, was willst du mir denn schon tun, komm nur her ...!"

033kmu Foto: rk

ZU GAST IN MUMBAI

Hello, my friend: als Ausländer in Mumbai

„Kein Gast sollte im Haus (des Gastgebers) sein dürfen, ohne dass ihm - im Rahmen der Möglichkeiten - die Ehre eines Sitzes, von Essen, einem Sofa, Wasser oder Wurzel(-gemüse) und Obst erwiesen wird."

Aus *Manu Smriti,* ca. 1. Jh. n. Chr.

Freundlicher Schnauzbart:
Ein einladendes Lächeln findet sich überall

Kontaktaufnahme – mal eher grob, mal sehr nett

Indien ist noch kein Reiseziel des Massentourismus und beim Anblick eines oder einer Weißen werden viele Inder sehr neugierig. Oft nimmt man die Gelegenheit wahr, die Fremden anzusprechen. Das kosmopolitische Mumbai ist keine Ausnahme, auch wenn hier sehr viele Menschen leben, die schon einmal im Ausland waren, regelmäßige Geschäftsreisen dorthin unternehmen o. Ä. **Ein weißer Ausländer fällt immer auf,** ist immer im Mittelpunkt des Interesses. Je nach dem Stadtteil, in dem man sich bewegt, gibt es unterschiedliche Grade an Aufmerksamkeit, die einem geschenkt werden. In einem Viertel, in dem viele Touristen wohnen, vor allem in Colaba, ist man nur ein *angrez* oder *gora* unter vielen und man wird nicht sonderlich beachtet werden, außer von den Straßenhändlern am Colaba Causeway und einigen Bettlern. In wohlhabenden Stadtteilen wie Malabar Hill oder Breach Candy, in denen zahlreiche Expats (Ausländer, meist beruflich versetzt) wohnen und ebenso viele weltgewandte und gut betuchte Mumbaikars, wird man ebenfalls kein allzu großes Aufsehen erregen.

Anders ist es in Slumgegenden oder Stadtteilen, die hauptsächlich von der Unterschicht oder der unteren Mittelschicht bewohnt werden. Hier kann es sehr häufig vorkommen, dass **man angesprochen wird.** Oft rufen einem die Umstehenden ein freundliches *„Hello!"* zu und amüsieren sich

034kmu Foto: rk

dann köstlich über das fremde Wesen, das sich in ihr Revier verirrt hat. In den meisten Fällen ist das Ansprechen gut gemeint. Die Tatsache, dass solche Zurufe sehr oft vorkommen und sie möglicherweise die Nerven des Angesprochenen strapazieren, kann der einzelne Rufer nicht nachvollziehen.

Viele Einwohner der Stadt können aber auch eine etwas hämische Seite an den Tag legen. Dann ist ihnen nach ein wenig *sharaarat* zumute, nach **Sticheln oder Hänseln.** Das geschieht untereinander genauso. Manchmal machen die Umstehenden in irgendeiner Lokalsprache Witze über den Ausländer und lachen sich dann ins Fäustchen, wohlwissend, dass die meisten Ausländer die Sprache nicht verstehen. Besonders in Slumgebieten kann es in dieser Beziehung verbal sehr rau zugehen. Hier eine kleine Auswahl an unfeinen Bemerkungen, gesprochen auf Hindi oder Marathi, die ich hinter meinem Rücken gehört habe:

„He, was macht der Rotarsch denn hier?". Rotarsch, auf Hindi *laal gaand,* ist eine Beleidigung für einen Weißen. Gehört habe ich es im Bhendi Bazar, einem gemischten Viertel mit vielen Raubeinen, aber auch vielen biederen Geschäftsleuten.

„American kutta!". Amerikanischer Hund! Das wurde mir von ein paar Moslems hinterher gerufen, die auf der Ladefläche eines Lastwagens hockten und zu einer Demonstration gegen *George W. Bush* auf dem Azad Maidan fuhren.

„He, Schwanzhaar, wo gehst du denn hin?" Schwanzhaar, *land ka baal,* sollte eine Anspielung an meine etwas gewellten Haare sein. Vernommen nahe Opera House, eine eigentlich ganz ordentliche Gegend.

„He, guckt mal den Wichser da, warum macht der so viele Fotos?" Mein Fotografieren kam dem Sprecher merkwürdig vor und so titulierte er mich mit dem Wort *chutiya,* das verschiedene negative Bedeutungen haben kann (*chutiya* = wörtl. „aus der Vagina"). Gehört im Rotlichtbezirk Falkland Road.

Diese Beispiele sollen genügen. Bei Ausflügen in Unterschichtsvierteln muss man mit Verbalattacken rechnen, die aber meist nicht gar nicht so schlimm gemeint sind, wie sie in europäischen Ohren klingen. Wie zuvor beschrieben, so liebt der Mumbaikar das großspurige Reden, und das trifft auch gegenüber Ausländern zu. In Slumvierteln wird noch mehr „ge-

Finstere Mienen: Meist ist die Anmache
gar nicht so böse gemeint wie sie vielleicht klingt

großmault" als anderswo, die Redner wollen den Zuhörern oder ihren Freunden imponieren. Wer Hindi oder Marathi spricht und **eine schlagfertige Antwort retour schicken** kann, hat einen immensen Vorteil. Damit hat man schnell die Lacher auf seiner Seite. Die Antwort sollte allerdings nicht ausfallend sein, das könnte zu einer unangenehmen Eskalation führen. Schlagfertig und gewitzt, aber freundlich sollte sie sein. Wortspiele kommen auch immer sehr gut an. Wenn man dann eventuell mit der betreffenden Person ins Gespräch kommt, wird man oft feststellen, dass sie umgänglicher ist, als es anfangs den Anschein hatte. Viele Mumbaikars können einfach nicht umhin, immer wieder mal ein paar große Töne zu spucken. In den Hindi-Filmen, die den ganzen Tag lang über die Fernsehbildschirme flimmern, geht es ja genauso zu.

Interessanterweise sind es fast ausschließlich männliche Personen, die einen ansprechen, sei's in freundlicher oder in leicht spöttischer Weise. Überall in Mumbai sieht man **Gruppen von Männern oder Jugendlichen** herumstehen, die offenbar keiner geregelten Arbeit nachgehen oder zumindest sehr viel Freizeit zu haben scheinen. „Mann" steht an der Straßenecke und hält Maulaffen feil. Ein dahergelaufener Ausländer bietet da eine willkommene Unterhaltungseinlage.

Im Gegensatz dazu sieht man **nie größere Gruppen von plaudernden Frauen** auf der Straße – offensichtlich haben sie Besseres zu tun. Frauen, die man im Straßenbild sieht, gehen ihren Alltagspflichten nach, kaufen auf dem Markt ein, halten da vielleicht einen kurzen Schwatz mit einer Bekannten und dann gehts zurück nach Hause, um zu kochen und die Kinder zu versorgen. Würden Frauen lässig an Straßenecken herumlungern, so wie es viele Männer tun, würden sie gleich auffallen und man würde nichts Gutes von ihnen annehmen.

Ab und zu hört man grobe Bemerkungen von **Marktfrauen,** vor allem, wenn man nach längerem Handeln nicht auf ihre Preise eingeht. Ganz vorne in der Schandmaulakrobatik stehen die Frauen aus der Fischerkaste der Kolis. Man erkennt sie oft an ihrem typischen Sari: Dessen unteres Ende wird zwischen die Beine geklemmt, was dann beinah aussieht wie der *dhoti* der Männer (traditionelles Wickelgewand) und die unteren Beinhälften frei lässt. Das Mundwerk der Koli-Frauen ist legendär. Sie können einen Gegner mit einem Schwall von Beleidigungen und Flüchen belegen, so als schütteten sie ein verbales Jauchefass über ihm aus. Sie gewinnen jede verbale Auseinandersetzung. Auf Märkten geht es traditionell etwas raubeinig zu. Das Hindi-Wort *bazaaru* bedeutet wörtlich „vom Bazar", meint aber „grobschlächtig" und „ungehobelt".

Die meisten Mumbaikars sind **Ausländern gegenüber jedoch sehr freundlich** und wollen sich von der besten Seite zeigen. Nicht selten behandeln sie den Gast besser als ihre eigenen Mitbürger. Betritt ein Ausländer ein Geschäft, so passiert es oft, dass er allen anderen Kunden vorgezogen und als Erster bedient wird. Darauf sollte man aus Rücksicht auf die anderen Kunden besser verzichten.

Kommt es zu einem Streit zwischen einem Mumbaikar und einem Reisenden, werden die Umstehenden im Normalfall Partei für den Fremden ergreifen oder zumindest hilfreich intervenieren. Ganz wichtig ist dabei aber, nicht die Nerven zu verlieren und herumzuschreien und vielleicht handgreiflich zu werden – in diesem Fall werden sich die Umstehenden schnell gegen einen wenden. Es gilt Ruhe zu bewahren. Der westliche Ausländer wird in der Regel als „besser", ehrlicher und aufrichtiger als die eigenen Mitmenschen angesehen und das wirkt sich sehr zum Vorteil aus. Zerstört man diesen **Ausländerbonus** aber, indem man sich ganz offensichtlich danebenbenimmt und nicht dem positiven Vorurteil entspricht, so kann sich alles ganz schnell ins Gegenteil verkehren. Das Sprichwort „Wie es in den Wald schallt, so schallt es auch heraus" gilt auch – oder ganz besonders – in Mumbai.

Die allgemeine **Freundlichkeit der Mumbaikars,** ihre Gastfreundschaft, ist das, was einen Großteil der Erlebnisse in der Stadt ausmacht. Wer sich auch nur zwei oder drei Wochen dort aufhält, wird sich ein kleines soziales Netz aufbauen können: Der Zeitungshändler, der einen nach zwei Käufen schon kennt, wird einem gleich mit ein paar netten Worten die richtigen Zeitungen aus der Auslage heraussuchen; in dem Restaurant, in dem man zweimal gefrühstückt hat, erinnert sich der Kellner, dass man den Tee ohne Zucker trinkt und er erkundigt sich, wie's denn so allgemein steht; die Taxifahrer, die vor dem Hotel warten, begrüßen einen jedes Mal, wenn man das Gebäude betritt oder verlässt, mit lautem Hallo. Ich habe Kellner erlebt, die mich einige Jahre nicht gesehen hatten, sich aber noch haargenau erinnerten, was ich am liebsten esse *(„Paalak Panir, Sir?").* Das ist übrigens ein Gericht aus Spinat und einer Art indischen Käse. Aus der oberflächlichen Interaktion zwischen Bedienung und Gast hatte sich in kleinem Maße eine Art persönliche Beziehung gebildet. Dies wird dadurch erleichtert, dass viele Kellner jahre- oder gar jahrzehntelang in demselben Restaurant arbeiten. Wer eine gute Arbeit gefunden hat, versucht sie zu behalten.

Es sind diese vielen kurzen, freundlichen Interaktionen des täglichen Lebens, das kleine soziale Netz des Alltags, das den Aufenthalt in Mumbai sehr erinnerungswürdig machen kann. Man muss **nur etwas offen sein** – eventuelle Ansätze von deutscher Sturheit oder Befangenheit sind hinderlich und fehl am Platze. Mumbai oder Indien allgemein, ist kein Platz, um sich abzukapseln.

035kmu Foto: rk

Neben den oberflächlichen Kontakten ist es relativ leicht, **dauerhafte Freundschaften** zu schließen. Inder können die treuesten Freunde sein, die man sich wünschen kann. Ob die Beziehung zwischen Mumbaikar und Ausländer „ehrlich" und uneigennützig ist, wird sich schnell zeigen. **Etliche Mumbaikars sind opportunistisch** und *matlabi,* „hintergedanklerisch": Man ist auf seinen Vorteil aus, kultiviert eine Beziehung nur, wenn sie irgendeinen Gewinn verspricht – und eine Freundschaft mit einem Ausländer kann besonders nützlich sein. In der Regel durchschaut man solche Leute ziemlich schnell. Wenn Geschenke oder Mitbringsel verlangt werden („Bring' mir doch nächstes Mal einen iPod mit!") oder wenn man anderweitige hartnäckige Forderungen stellt („Nimm' mich doch ins Ausland mit und besorg' mir eine Arbeit!") sollten Alarmglocken läuten.

Freundschaft als hohes Ideal

In der indischen Denkweise ist die *dosti,* die Freundschaft, **einer der wichtigsten Lebensbereiche.** Vielleicht liegt es an der relativen Fremdheit zwischen Mann und Frau, beruhend auf der traditionellen Geschlechtertrennung, dass sich indische Freunde oder Freundinnen so besonders nahe sein können. Man findet hier die Enge und Vertrautheit, die man vielleicht in der Ehe, die von den Eltern arrangiert wurde, vergebens sucht.

In der jungen Generation kommt es immer mehr zu **„Liebesheiraten"**, d. h., die Partner finden sich gegenseitig, ohne Rücksicht auf Kaste oder sozialen Stand – doch oft müssen sie ihre Verbindung gegen den Widerstand der Eltern durchboxen. Im traditionellen Denken sind **arrangierte Ehen** beständiger als Liebesheiraten, da sie weniger von Emotionen beeinflusst werden. Viele in einer arrangierten Ehe lebenden Inder behaupten, dass sie den Ehepartner anfangs nicht sonderlich mochten, ihn dann aber im Laufe der Jahre zu lieben lernten – ob eingebildet oder nicht, wer vermag das beim Thema Liebe schon zu sagen. Da die meisten Inder in der Regel nicht viel Erfahrung mit dem anderen Geschlecht haben, können sie auch schlecht Vergleiche mit anderen potenziellen Ehepartnern ziehen. So fügt man sich in sein Schicksal und denkt nicht daran, was ansonsten hätte sein können.

Männliche Freunde, die einander bei der Hand halten, sind nicht automatisch als homosexuell anzusehen. Es ist lediglich eine Geste der Vertrautheit, der engen, vielleicht schon lange währenden Freundschaft. Ein Freund, den man von Kindheit an kennt, ist ein *langotiya dost,* etwa ein „Windelfreund", benannt nach dem *langoti,* einem traditionellen Wickelgewand. Auf dem Lande oder in Kleinstädten sieht man das männliche Händchenhalten häufiger als in Mumbai. In Mumbai kommt es zumeist nur bei Männern aus unteren Gesellschaftsschichten vor. Ich habe einmal zwei *hawaldars,* zwei Polizisten unteren Ranges gesehen, die händehaltend auf einer Bank in Mumbai saßen. Das war Anfang der 1980er-Jahre, als die Polizisten in Mumbai noch kurze Hosen trugen. Da saßen also die beiden Gesetzeshüter, in kurzen, blauen Hosen, mit langen, hochgezogenen Socken. Beide hielten einen *lathi,* einen Holzstock, in der einen Hand und in der anderen die Hand des Freundes. Dabei wirkten sie wie zwei schüchterne Buben im Kindergarten, die sich als Polizisten verkleidet hatten und darauf warteten, dass ihre Mütter sie endlich abholten – ein köstliches Bild.

Ein perfektes **Beispiel für eine markige Männerfreundschaft,** eine, die sogar eine Mann-Frau-Beziehung in den Schatten stellt, findet sich im Hindi-Film *Sangam* (1964) mit *Raj Kapoor.* Es ist ein Klassiker der Bollywood-Geschichte. Der Streifen handelt von zwei engen Freunden, deren Freundschaft durch die Heirat des einen auseinanderdriftet. Als *Sundar,* der Bräutigam mit seiner frisch gebackenen Ehefrau *Radha* auf Hochzeitsreise ist, sinniert er melancholisch und seufzt zu seiner Frau: „Ach, ich wünschte, *Gopal* (sein Freund, d. A.) wäre auch hier!"

Freundschaftsgabe: Der Händler will dem Fotografen ein paar Litschis schenken

Dies ist zwar eine in typischer Bollywood-Manir übertriebene Version der Freundschaft – und beinhaltet ein beinah homoerotisches Element –, aber ein wahrer Kern ist daran. Eine indische Freundschaft kann sehr tief gehen und reichlich Anlass zu Sentimentalität und Dramatik bieten.

Erst am Ende des Films *Sangam* erfährt *Sundar,* dass *Gopal* und seine Frau zuvor eine (platonische) Liebesaffäre hatten und *Gopal* ihr Liebesbriefe geschrieben hatte. *Sundar* fühlt sich als Freund verraten, seine Welt bricht zusammen. *Gopal,* zutiefst schuldbewusst, den geliebten Freund enttäuscht zu haben, begeht Selbstmord. *Sangam* ist im Hindi der Zusammenfluss von zwei oder mehreren Flüssen, in diesem Falle war es einer zu viel und es endete tragisch.

Beispiele von deftigen Männerfreundschaften finden sich im indischen Film zuhauf. In einem Lied im Film *Sholay* („Flammen"; 1975), einem der größten Bollywood-Hits aller Zeiten, besingen die beiden Hauptthelden ihre Freundschaft mit vollmundigen Worten:

„Yah dosti ham nahiñ toreñge,
toreñge dam, magar tera saath na choreñge."

„Diese Freundschaft werden wir niemals brechen,
ich mag sterben, aber ich werde dich niemals im Stich lassen."

Das Lied ist ein Evergreen des Hindi-Kinos, es gibt kaum einen Hindi-Sprecher, der es nicht kennt. Es klingt zwar eher wie ein heißer Schwur an eine Geliebte, aber es besingt nur das Idealbild einer dicken indischen Männerfreundschaft. Unter Frauen findet man solch wortgewaltige Freundschaftsbeteuerungen nicht. In der klassischen indischen Literatur sind Beziehungen zwischen Göttern und Menschen immer Mann-zu-Mann-Beziehungen. Frauen sind entweder Mütter oder Ehefrauen oder aber Heilige, die ihren Gott als spirituellen Gemahl betrachten. Enge **Freundschaften zwischen Frauen** kommen in der Literatur zwar vor, ihnen wird jedoch im Gesamtbild der menschlichen Beziehungen keine große Bedeutung zugemessen. Beziehungen mit Tragweite spielen sich immer zwischen Männern ab.

Indien ist **traditionell eine patriarchalische Gesellschaft** und Frauen sind darin ein notwendiges Beiwerk der Natur, das vor allem den Zwecken der Männerwelt dient. Ihr traditioneller Hauptzweck ist, männlichen Nachwuchs zu gebären. So manche Frau, die nur Mädchen auf die Welt bringt, wird von Ehemann und Schwiegereltern dafür gescholten, misshandelt oder verstoßen. Oder noch schlimmer. Ich habe einen Mann kennengelernt, der seine Frau in einem als „Küchenunfall" getarnten Mord umgebracht hatte, weil sie nur Töchter zur Welt brachte. Er wurde wegen Totschlags verurteilt und kam nach fünf Jahren Gefängnis frei. Der Mann heiratete erneut und man kann seiner Frau nur wünschen, dass sie alsbald Mutter eines Sohnes wurde.

In Städten wie Mumbai wendet sich die Waagschale immer mehr zugunsten der Frauen auf ein **emanzipatorisches Gleichgewicht** hin. Aber es ist ein sehr langsamer Prozess. Jahrtausendealte Denkstrukturen lassen sich nicht über Nacht austreiben. In den letzten Jahren haben indische Werbemacher ganz bewusst versucht, die männliche Vorherrschaft aufzubrechen und in einigen Kampagnen waren nur Mütter und Töchter zu sehen, die sich zu engen Freundinnen verbündet hatten. Dies ist eine bemerkenswerte Entwicklung. Die Werbeleute agierten natürlich nicht ganz uneigennützig, denn sie hatten die Kaufkraft einer zunehmenden Anzahl gut verdienender Frauen im Auge.

Generell scheint die indische Werbung oft als **Vorreiter des sozialen Wandels** zu agieren bzw. diesen vorauszuahnen. In der TV-Kampagne einer Lebensversicherung versucht eine junge Ehefrau, ihren Mann dazu zu überreden, eine Lebensversicherung abzuschließen. Der Mann ist dagegen und fragt: „Und was machst du mit dem Geld, wenn ich nicht mehr da bin?". Die Frau antwortet, halb im Scherz, halb ernst: „Neu heiraten, eine Weltreise unternehmen ..." Der Gedanke, dass eine Witwe erneut heiratet und ihr Leben genießt, ist in der indischen Gesellschaft noch ein striktes Tabu. Am Ende der Diskussion unterschreibt der Ehemann die Lebensversicherung. Das ausschlaggebende Argument ist, dass das Geld zur Ausbildung der Tochter genutzt werden könnte. Interessanterweise zogen die Werbeleute eine Tochter heran, keinen Sohn. Dieser Trend wird sich in Zukunft sicher weiter ausbreiten.

Als männlicher Reisender kann man oft die große **Freundschaftsbereitschaft indischer Männer** kennenlernen. In einer kleinen Stadt in Gujarat traf ich zufällig einen älteren Herren, er war über 70 Jahre alt und ein ehemaliger Englischlehrer, *Mr. Shah*. Wir hatten ein sehr nettes, etwa halbstündiges Gespräch. Als ich mich dann verabschiedete, nahm *Mr. Shah* meine beiden Hände in die seinen, drückte sie ganz fest, er sah mir in die Augen und sagte eindringlich: „Jetzt wo wir uns so gut kennen, werden wir Freunde bleiben auf immer und ewig!"

Auf immer und ewig. Er wiederholte die Worte. Wir kannten uns gerade mal dreißig Minuten, aber ich bin sicher, er meinte es ehrlich. Die Geste hatte nichts Falsches oder Übertriebenes. Es war reine Herzlichkeit. Die Stadt hieß Bhuj und bald darauf wurde sie durch ein Erdbeben zerstört (2001). Abertausende von Menschen kamen um. Ich habe nie herausbekommen, ob mein neuer, alter Freund das Beben überlebt hat.

Sicherheit

Obwohl Mumbai ein Zentrum der organisierten Kriminalität ist, ist es für den Besucher **ein relativ sicherer Ort.** Das mag wie ein Widerspruch klingen, ist es aber nicht: Die Mitglieder der Gangsterbanden haben keinerlei Interesse, jemanden auf der Straße auszurauben oder eine öffentliche Auseinandersetzung vom Zaun zu brechen. Ihre Art von Verbrechen spielt sich auf einer anderen Ebene ab und sie wollen nicht wegen einer Lappalie auffallen. Der Reisende wird im Normalfall nicht mit ihnen konfrontiert werden – zumindest nicht bewusst.

In den von Touristen besuchten und in den besseren Stadtteilen ist **selbst nachts nichts zu befürchten.** In den meisten Vierteln sind nachts noch sehr viele Menschen unterwegs, man ist selten für sich allein. Die ärmeren, heruntergekommenen Stadtviertel, Slums oder die wenigen vorhandenen Parks sollten nachts – nach 21 oder 22 Uhr – vorsichtshalber gemieden werden. Viertel wie z. B. Dongri, Nagpada oder Agripada sind voll von Kriminellen – aber es gibt auch keinen Grund für Reisende, sich nachts dort aufzuhalten. Tagsüber kann es dort rau zugehen, aber nicht unbedingt gefährlich. In Rotlichtvierteln wie Kamatipura halten sich zu jeder Tageszeit zahlreiche merkwürdige Gestalten auf, aber wenn man sich etwas umsichtig verhält, dürfte einem hier selbst nachts nichts passieren.

Die **Slums sind generell nicht so wild, wie sie aussehen.** Statistiken beweisen, dass ein Slum in Mumbai sicherer ist als z. B. eine durchschnittliche amerikanische Großstadt. Die Verbreitung von Schusswaffen ist im Gegensatz zu den USA relativ gering. Dennoch gibt es viele unberechenbare Individuen in solchen Gegenden – Betrunkene, Halbverrückte oder Drogensüchtige – und nachts hat man dort nichts verloren. Der Riesenslum Dharavi ist ein Umschlagplatz für illegale Waffen, aber jemand der mit Waffen handelt, wird sich hüten, diese leichtfertig zu benutzen.

Die größte Gefahr, die in Mumbai besteht, ist vielleicht die, einem der vielen **Taschendiebe** zum Opfer zu fallen. Taschendiebe sind vor allem auf den Bahnhöfen, in den vollgestopften Vorortzügen und Bussen sowie auf Märkten unterwegs. Warteschlangen vor Kinos sind ebenfalls ein lukrativer Arbeitsplatz. Ich kenne einen Taschendieb, der am Alfred Cinema und am New Roshan Cinema in der Falkland Road seinem Gewerbe nachgeht.

Halb so wild: Viele Stadtviertel sehen gefährlicher aus als sie sind

036kmu Foto: rk

Zwischen den Vorstellungen bildet er Kinder zu Taschendieben aus. Angeblich gibt es regelrechte Schulen, in denen Kinder zum Stehlen angelernt werden. Manchmal, wenn ich den Taschendieb sehe, sagt er *„Sahib,* Vorsicht, hier sind noch ein paar andere Diebe!" Er selbst würde nie in meine Tasche greifen.

Man braucht nicht viel Bargeld mit sich zu tragen, denn es gibt genügend Bankautomaten, an denen man sich jederzeit neu eindecken kann. Die meisten **Geldautomaten** sind durchgehend geöffnet. Sie befinden sich zumeist in einem kleinen, hell erleuchteten Innenraum der jeweiligen Bank, wo auch ein Wachmann zugegen ist. Weitere Automaten gibt es an manchen Tankstellen.

Besonders in ärmeren Vierteln und Slums taumeln zu allen Tageszeiten Betrunkene umher. Es ist erstaunlich, wie viele Leute schon vormittags um 11 Uhr mit glasigen Augen und einer deutlichen Alkoholfahne herumstolpern. Alkoholismus ist in der Unterschicht, aber nicht nur dort, ein landesweites Problem. Gemäß einem Zeitungsbericht aus dem Jahre 2007 gibt es in Indien **8 Mio. Alkoholiker.** Diese Zahl scheint aber eher zu niedrig gegriffen. In der Unterklasse trinkt man zumeist *deshi,* einen magen- und rachenverätzenden, in schäbigen Kneipen *(adda)* ausgeschenkten Schnaps. Das Zeug ist billig, 10 Rupien pro *peg* (63 Rupien = 1 Euro), die Wirkung aber ähnelt der einer Panzerfaust. Man weiß nie genau, was alles drin ist. Es sterben regelmäßig Menschen an verpanschten, mit Batteriesäure oder ähnlichen Zusätzen versetztem *deshi,* auch *country liquor* (etwa „Landgemachter") genannt. Wer sich etwas Besseres leisten möchte, trinkt *Sixer* oder *Hero,* in Indien hergestellte Whiskysorten.

Mit Betrunkenen sollte man sich natürlich nicht anlegen, auch wenn man sich eventuell durch irgendeine dumme Bemerkung provoziert fühlt. Physische Attacken sind normalerweise nicht zu erwarten. Falls es doch dazu kommen sollte, sind sicher sofort ein paar Leute zur Stelle, die die Situation beruhigen und dem Ausländer aus der Patsche helfen.

Gelegentlich sieht man **Drogensüchtige** auf der Straße, die zusammengekauert unter einer schmutzigen Decke *brown sugar* rauchen, eine grobe, billige Form von Heroin. Das Heroin wird auf eine Aluminiumfolie gelegt, diese wird an ihrer Unterseite erhitzt und dann wird der Qualm inhaliert. Meist sind die Heroinraucher in Lumpen gekleidet und ihre Gesichter sind von einer dichten, schwarzen Schicht aus Schweiß und Schmutz bedeckt, sodass ein Bad kaum noch nützen würde, eher eine kräftige Abspachtelung. In der Regel sind sie zu sehr mit sich selbst beschäftigt, um etwas anderes wahrzunehmen, und wenn man einen Bogen um sie macht, wird man auch nicht behelligt.

Was die **Sicherheit von Frauen** angeht, so rühmt sich Mumbai, weitaus ungefährlicher zu sein als Delhi. Die Hauptstadt Delhi hat sich in den letzten Jahren einen sehr schlechten Ruf zugezogen, die Zahl der Übergriffe auf Frauen und Vergewaltigungen sind dramatisch gestiegen. In Mumbai sieht man auch nachts Frauen allein auf der Straße und sie fühlen sich in der Regel sicher – auch wenn viele Frauen sagen, dass die Lage nicht mehr so gut ist wie vor zehn oder zwanzig Jahren. Im Jahre 2005 vergewaltigte ein betrunkener Polizist eine Siebzehnjährige am helllichten Tage in einem *police chowki,* einem kleinen Polizeiunterstand am Marine Drive. Die Tat löste einen Schock in Mumbai aus, seither werden Vergehen gegen Frauen aufmerksamer beobachtet und die Sicherheitslage wird generell kritischer beurteilt. Die Frauen sind vorsichtiger geworden und schauen abends des Öfteren mal über die Schulter. Der Polizist, *Sunil Atmaram More,* wurde zu 12 Jahren verschärfter Haft verurteilt. Viele Mumbaikars hätten die Todesstrafe für angemessener gehalten. Einige Monate nach diesem Verbrechen vergewaltigte ein Polizist nahe dem Flughafen eine fünfzehnjährige Lumpensammlerin. Das **Image der Polizei** von Mumbai – einst als die beste Polizeitruppe des Landes gerühmt – ist seither auf einem Tiefpunkt angelangt. Das gilt zumindest für die unteren Ränge. Leider ziehen die Missetaten einiger weniger den Ruf eines ganzen Berufsstandes nach unten. Westliche Touristen werden von den Polizisten zumeist sehr zuvorkommend und mit größter Nachsicht behandelt.

Mumbais Polizei – auch online immer präsent

Mumbais Polizisten sind nicht nur im Straßenbild stark vertreten, die Ordnungshüter sind auch online im Internet zu erreichen: ***www.mumbaipolice.org.*** *„Mumbai Police - Aapki Seva Mein" lautet die Überschrift ihrer Homepage im Englisch-Hindi-Gemisch: „Mumbais Polizei - ganz zu Ihren Diensten".*

Auf der Homepage können kleinere Vergehen gemeldet werden, dazu finden sich auch die Adressen und Telefonnummern der Polizeireviere der Stadt. Sehr interessant sind die täglich ins Netz gestellten Verbrechensberichte und Pressemitteilungen, die bisher allerdings nur auf Marathi erhältlich sind. Ansonsten ist die Website auf Englisch.

Die Vorortzüge haben **spezielle Frauenabteile** *(Ladies' Compartments)* und zu den Hauptverkehrszeiten gibt es gar ganze Züge nur für Frauen, die *Ladies' Special* oder auf Hindi/Marathi *Mahila Vishesh.* Mumbais *Hijras,* die Eunuchen und Transvestiten, nehmen sich oft das Recht, die Frauenabteile zu benutzen, auch wenn nicht ganz klar ist, ob sie anatomisch gesehen dort am richtigen Platz sind. Viele Frauen fühlen sich durch die Anwesenheit der *Hijras* unwohl oder eingeschüchtert. Deren Benehmen kann etwas derbe sein und manchmal betteln sie in den Zügen um Geld. Gelegentlich wurden *Hijras* von der Polizei aus Frauenabteilen verwiesen. Die Männer möchten sie allerdings in ihren Abteilen auch nicht haben.

Westliche Frauen sollten sich bewusst sein, dass sie für indische Männer von besonderem Interesse sind. Es gilt dieselbe Umsicht zu wahren, die „frau" auch in einer fremden Stadt in Europa walten lassen würde. Ansonsten sollte eine Frau den **Blickkontakt** mit Männern auf der Straße meiden und schon gar nicht einen Mann auf der Straße anlächeln. So etwas tun nur Prostituierte auf Kundensuche. In Restaurants, Hotels oder in Geschäften sollte eine Frau nur so viel mit männlichem Personal interagieren, wie es die Situation erfordert. Ausgedehnte persönliche Gespräche mit Angestellten oder fröhliches Herumgescherze und lautes Lachen sind zu meiden, da diese als Interesse seitens der Frau gewertet werden können. Lockeres Herumflaxen und ungehemmtes Lachen gehören ebenfalls zum Habitus der Prostituierten.

Die sozialen Interaktionen von westlichen Frauen sind so in gewissem Rahmen eingeengt. Ein Trost ist vielleicht, dass westliche Männer auch nicht so unbeschwert auf die Inderinnen zugehen können, wie sie vielleicht möchten (s. o.). Der Umgang der Geschlechter ist in Indien längst **nicht so freizügig wie im Westen.**

Nicht nur Sonnenschein: Die Jahreszeiten und ihr Freud' und Leid

„Das Klima, das die Hauptursache für die Degenerierung der Menschengattung in diesen Ländern ist, übt einen nicht schwächeren Einfluss auf die Tier- und Pflanzenwelt aus ... Wahrhaftig scheinen sich die vier Elemente verschworen zu haben, alles zu schwächen, was in diesem Teil der Erdenkugel wächst oder gedeiht."

Abbé J.A. Dubois in Mœrs, *Institutions et Cérémonies des Peuples de l'Inde*, 1897.

Wie in allen anderen Teilen Indiens gibt es in Mumbai **drei Jahreszeiten:** Die „kühle" Jahreszeit (ca. Mitte Oktober bis Februar), die heiße Jahreszeit (März bis Mai) und der Monsun oder die Regenzeit (ca. Mitte Juni bis Ende September/Anfang Oktober). In anderen Landesteilen können diese Jahreszeiten zu etwas abweichenden Terminen liegen. So fällt der Monsun in der Region um Tamil Nadu beispielsweise auf Mitte November bis Anfang Januar.

Auch in Mumbai scheint sich der weltweite Klimawandel auszuwirken und **ungewöhnliche Wettersituationen** sind möglich. So regnet es gelegentlich noch leicht im November oder Dezember, was eigentlich „nicht sein dürfte".

Die „kühle" Jahreszeit

Ab Oktober wird es in Mumbai beständig ein wenig kühler, bis es im Dezember sogar manchmal richtiggehend „kalt" werden kann – am lokalen Standard gemessen. Da gibt es oft Tageshöchsttemperaturen von nur 27 oder 28 Grad und nachts kann das Thermometer bis auf 15 Grad oder darunter fallen. Die zahlreichen Obdachlosen, die auf den Straßen schlafen, liegen dann unter schmutzigen Decken oder Jutesäcken und halten sich so warm. Oder man liegt ganz nah aneinander wie ein Rudel hilfloser Welpen. Todesfälle durch Unterkühlung, so wie sie im noch kühleren Nordindien vorkommen, sind in Mumbai jedoch nicht üblich. Tagsüber genießen die Mumbaikars die **relativ niedrigen Temperaturen** der kühlen Jahreszeit. Wie immer versammelt man sich abends am Marine Drive oder Chowpatty Beach, aber kurz vor Sonnenuntergang wird es empfindlich kühl. Der vom Meer her wehende Wind lässt es kälter erscheinen, als es ist. Man genießt die frische Brise aber, auch wenn es einen tatsächlich ein wenig fröstelt, denn endlich einmal ist es nicht rund um die Uhr heiß und stickig. Inder übertreiben es mit der Kälte manchmal genauso wie Europäer, die es mit der Hitze zu toll treiben und sich von der Sonne verbrennen lassen.

In der kühlen Jahreszeit ist die **Luftfeuchtigkeit** relativ gering und die Haut kann spröde werden. Dieses wirkt sich am meisten an den Lippen und den Fersen aus. Man behilft sich mit Feuchtigkeitscremes, eine der bekanntesten Marken heißt *Krack Cream*. Der Autor besitzt leider keine Firmenanteile. Der Name ist eine Variante des englischen Wortes *crack* und spielt auf die aufplatzende Haut an. Im weiter vom Meer entfernt gelegenen Hinterland von Mumbai herrscht eine noch geringere Luftfeuchtigkeit und die Haut „crackt" mehr auf als in Mumbai.

Leider ist die kühle Jahreszeit viel zu kurz. Im Dezember gibt es vielleicht 10–15 Tage, die abends und nachts wirklich einen leichten Kälteschauder hervorrufen und eine Jacke oder einen Pullover aus der Mottenkiste hervorkommen lassen.

Am 13./14. Januar wird *Makara Sankranti* gefeiert, das **Wintersonnenwendfest,** das den Übergang der Sonne vom Wendekreis des Krebses in den Wendekreis des Steinbocks *(makara)* markiert. Von dieser Zeit an wird es allmählich wieder wärmer. In vielen Teilen Indiens wird das Fest mit ausgiebigen Baderitualen begangen. Es ist das einzige Hindu-Fest, das nach dem Sonnenkalender ausgerichtet ist und somit immer auf denselben Tag fällt.

Die heiße Jahreszeit

Das Fest *Holi* (März) ist ein **Frühlingsfest,** es markiert den Beginn der heißen Jahreszeit und tatsächlich wird es oft gleich darauf merklich wärmer.

Die **heiße Jahreszeit,** mit Temperaturen bis zu 35/36 Grad, geht mit der **Mangosaison** einher, der viele Bewohner Mumbais Jahr für Jahr freudig entgegensehen. Hitze: nein, danke, aber Mangos: ja, jederzeit! Mangos sind die beliebtesten Früchte in Indien, man könnte sie beinah Indiens Nationalfrucht nennen. In Indien werden angeblich über eintausend verschiedene Sorten angebaut und mehr als die Hälfte der weltweiten Mangoproduktion wird in Indien erzeugt (25 Mio. Tonnen/Jahr). Die Mango ist somit die ökonomisch wichtigste Frucht des Landes. Bis 2006 war der Import indischer Mangos in den USA und Japan verboten, weil sie angeblich Fruchtfliegen und andere Schädlinge verbreiteten. 2007 wurde das Verbot aufgehoben und dadurch, dass nun große Mengen in diese Länder exportiert wurden, stiegen in Indien die Mangopreise.

Die Mangos werden roh gegessen, mit Milch als Milkshake getrunken, man macht Mangoeis daraus oder *aam-ras,* eine Art Mangopüree, dem

037kmu Foto: rk

Zucker und Gewürze beigefügt werden. Die in Mumbai beliebteste Mango ist die Alphonso-Mango, auf Marathi *hapus,* die in den Bundesstaaten Maharashtra und Gujarat geerntet wird. Die besten sollen aus der Konkan-Region um Ratnagiri stammen. Die *Alphonso* genießt Kultstatus unter Mumbais Mangoenthusiasten, man isst sie so viel und oft wie möglich. Sorten wie *Langra* („Krüppel") oder *Totapuri* („Aus der Papageienstadt") sind zwar billiger, können aber vom Geschmack nicht mit der Alphonso mithalten.

Im Crawford Market, einem Großhandelsmarkt, werden tonnenweise Mangos gelagert und in strohgepolsterten Kartons und Kisten an die Kunden veräußert. Sie werden noch im grünen Zustand geerntet, um sie vor den Vögeln zu bewahren und die nachfolgende Aufbewahrung im Stroh fördert den Reifungsprozess.

Die dominierende Farbe auf den Märkten ist im April und Mai das leuchtende Goldgelb der Mangos. Es stapeln sich hier Kisten über Kisten mit den Köstlichkeiten und so mancher Chefkoch eines Fünfsternehotels testet hier die Früchte für seine spezielle Mangomenükarte. Den Haupttest haben die Mangos an der Nase zu bestehen. Der Duft hat blumig und aromatisch zu sein. Der Crawford Market ist offiziell in Mahatma Jyotirao Phule Market umbenannt, doch wie bei den anderen Namensänderungen ist dieser vom Volksmund noch nicht akzeptiert.

Die Stadtverwaltung von Mumbai sieht der Mangosaison nicht so erfreut entgegen wie der gemeine Bürger. Aufgrund des hohen Mangokonsums steigen die Müllmengen in den Monaten April und Mai um bis zu 20 % an. Der Zuwachs ist der dicken Schale der Mango und ihrem großen Kern zuzuschreiben, die zusammen ca. 40–50 % des Gesamtgewichts der Frucht ausmachen.

Weniger schmackhaft, aber in der Hitze sehr wohltuend, sind **Wassermelonen und Gurken,** die in der heißen Zeit vermehrt verzehrt werden. Beide werden von Straßenhändlern angeboten. Die Melonen werden in mundgerechten kleinen Happen verkauft und die Gurken werden klein geschnitten und mit ein wenig *masala* (Gewürzmischung) gegessen. Ein beliebtes Getränk in den heißen Monaten ist Buttermilch *(chaach)*, die den Körper ebenfalls ein wenig abkühlt.

Da im Mai Schulferien sind, nutzen viele besser situierte Familien die Gelegenheit für einen **Urlaub in kühleren, höher gelegenen Landesteilen.** Sehr beliebt sind *hill stations*, Bergorte, wie z. B. Mahabaleshwar und Panchgani in Maharashtra, die zu dieser Zeit meist lange im Voraus ausgebucht sind. In der luftigen Höhenlage sind die Temperaturen bis zu 10 Grad niedriger als in Mumbai und man labt sich ausgiebig an den in der Region angebauten Erdbeeren.

Das Essen kann gerade in der heißen Jahreszeit unangenehme Folgeerscheinungen haben. Zu dieser Zeit vermehren sich die Bakterien besonders gut und es treten **vermehrt Darmerkrankungen** auf. Unmittelbar vor dem Monsun oder zu Beginn des Monsuns kommt es oft zu Grippeerkrankungen und auch zu Bindehautentzündungen, die sich sehr leicht von Person zu Person übertragen. Die Luftfeuchtigkeit steigt vor dem Monsun enorm an und Mumbai wird zu einer Open-Air-Sauna. Die Temperaturen liegen vielleicht „nur" um 35 Grad, die **hohe Luftfeuchtigkeit** aber lässt es sehr viel heißer erscheinen. Im Mai und der ersten Juni-Hälfte kann einem das Klima die Energie rauben und wohl dem, der die meiste Zeit in einem klimatisierten Raum verbringen kann. In diesen Wochen kann man den Schriftsteller *Niradh C. Chaudhuri* (1897–1999) gut verstehen, der behauptete, dass die Arier, die in Indien eindrangen und deren Nachfahren die meisten Inder heute sind, auf Dauer durch das Klima abstumpften. Diese Feststellung machte ihn bei seinen Landsleuten nicht sehr beliebt, aber zumindest zog *Chaudhuri* die Konsequenz aus seiner Meinung: Er wanderte ins kühle England aus.

Monsun – die Regenzeit

Der auf die heiße Jahreszeit folgende **Monsun** wird als eine regelrechte Erlösung empfunden. Die Monsunwolken wandern von Südwestindien in Richtung Norden; in Kerala beginnt der Regen Ende Mai/Anfang Juni und um den 10. Juni herum erreicht er in der Regel Mumbai. Es zieht eine Wolkendecke auf, die die Temperaturen sinken lässt: Die Hitzeperiode ist vorbei. Auch von den Bauern wird diese Zeit sehnlichst erwartet, denn das

Mangos und Melonen: In der heißen Jahreszeit gehören sie zu den beliebtesten Obstsorten

Land ist ausgetrocknet. Die Region in den Hügeln um Mumbai, z. B. bei Igatpuri, Nasik oder Ahmednagar, ist gegen Ende der Trockenperiode kahl und trocken und wirkt wie eine Mondlandschaft. Die Bauern dort – und anderswo im Land – benötigen das Wasser dringend und in den Zeitungen wird ausführlich berichtet, wie es um die **Regenfälle in den unterschiedlichen Regionen** bestellt ist. Ein knapp ausfallender Monsun mit nachfolgender Dürre kann verheerende Wirkung auf die Landwirtschaft und damit auch auf die gesamte Volkswirtschaft haben. Kommt es zu weitreichenden Überschwemmungen, so ist die kommende Ernte ebenfalls gefährdet.

Vor Beginn des Monsuns geben die indischen Meteorologen ihre Prognosen über die zu erwartenden Regenmengen ab, die sich auch auf den Aktienmarkt auswirken. In den Dörfern geht es esoterischer zu, die Bauern vollführen alte Rituale, deren Ausgang Aufschluss über die Beschaffenheit des diesjährigen Monsuns geben soll. In Mumbai werden in illegalen Wettbüros Wetten über Regenmengen abgeschlossen. Die Summen, die bei diesen „Regenwetten“ *(barsaat ka satta)* umgesetzt werden, sollen bei etwa 40 Mrd. Rupien (ca. 630 Mio. Euro) pro Monsun liegen. Das „Regenwetten“ ist keine neuzeitliche Erfindung. Schon in den 1870er-Jahren versammelten sich dazu zahlreiche Marwaris an einem Treffpunkt im Stadtteil Khetwadi. Es wurde gewettet, welche Regenmenge in einer *pahar,* einer Zeitspanne von 3 Stunden, fallen würde. Der Wettergott konnte Menschen ad hoc reich oder bettelarm machen. In Kolkata war diese Art von Wetten noch verbreiteter. 1887 wurde es von der britischen Verwaltung verboten.

Mumbai verzeichnet seine **höchsten Niederschläge im Juli und August,** manchmal kann es tagelang ohne Unterlass regnen. Es gibt aber auch beinah regenfreie Tage. Kommt es zu besonders starken Regenfällen, bricht oft der Straßenverkehr zusammen und gelegentlich müssen die Vorortzüge ihren Betrieb einstellen. Zahlreiche Arbeitnehmer können ihren Arbeitsplatz nicht erreichen und die Wirtschaft nimmt beträchtlichen Schaden. Jedes Jahr brechen zahlreiche alte Häuser in Mumbai unter der Wasserlast zusammen, wobei es auch immer wieder Todesopfer gibt. Kein Mumbaikar würde auf die Idee kommen, ein altes Haus abzureißen: Die Kosten für einen Neubau sind zu hoch und selbst für die baufälligste Bruchbude finden sich noch Mieter. Der Monsun sorgt somit dafür, dass einige der schwächsten Gebäude eliminiert werden, leider aber auf Kosten von Menschenleben. Allein beim **Einsturz eines siebenstöckigen Hauses** im Vorort Borivli im Juli 2007 kamen 29 Menschen um. Im Juni 2006 machte ich im Schatten eines Hauses in der Kalbadevi Road Fotos, die altertümliche Außenfront des gegenüberliegenden Swadeshi Bazar stellte ein attraktives Motiv dar. Am nächsten Tag stürzten Teile des Hauses ein und an der Stelle, an der ich zuvor gestanden hatte, lag ein riesiger Trümmerhaufen. 1997 fielen an einem einzigen Tag im Juni drei Häuser in sich zusammen.

Die Stadtverwaltung führt Listen mit einsturzgefährdeten Gebäuden, einige besonders bedrohte werden vor dem Monsun abgerissen. Verständlicherweise wehren sich Besitzer und Mieter gegen diese Maßnahme – in der Hoffnung, dass schon nichts passieren wird – und oft müssen sie gewaltsam evakuiert werden. Derzeit gelten 19.000 Gebäude als einsturzgefährdet, manche davon sind 100 Jahre alt.

Wer nun zwangsläufig ein neues Haus bauen muss, bekommt eventuell gleich einen **Anruf von der Mafia:** „Herzlichen Glückwunsch zum neuen Haus", heißt es dann, „aber wir möchten auch etwas zum Feiern haben. Wir wollen xxx Hunderttausend/Millionen Rupien!" Ich kenne einen Geschäftsmann in Mumbai, dessen Haus im Monsun teilweise eingestürzt war. Als die Renovierung im Gange war, meldeten sich Gangster, forderten Geld und sprachen Drohungen aus. Der Geschäftsmann weigerte sich zu zahlen, stattdessen heuerte er eine andere Bande aus der Nachbarschaft an, die ihm die Leute vom Hals schaffen sollte. Das kostete ihn bedeutend weniger als die Summe, die die ersten Gauner gefordert hatten. Gang Nr. 2 gelang es Gang Nr. 1 loszuwerden – auf welche Weise, das wollte der Geschäftsmann mir auch nach mehrmaligem Nachfragen nicht erzählen. Man kann es sich leicht ausmalen. Oder vielleicht waren Gang Nr. 1 und Gang Nr. 2 in Wirklichkeit ein und dieselbe Bande und alles war nur ein gut durchdachtes Drehbuch? In Mumbai ist alles möglich. Die *saajish,* die Komplotte und Vorhaben von Gangstern, wie auch die von Politikern, sind oft filmreif, mit einer Haupthandlung und zahlreichen fein verästelten Nebenplots. Die kriminelle Energie kann in Indien geniale Formen annehmen.

Die verheerendsten Fluten in seiner Geschichte erlebte Mumbai am 26. Juli 2005. Gegen Mittag begannen starke Niederschläge, aus denen innerhalb von zwei Stunden eine Sintflut wurde. Stellenweise fielen innerhalb von 24 Stunden bis zu 947 mm Regen, das meiste davon innerhalb von drei oder vier Stunden – die **höchste jemals registrierte Niederschlagsmenge** in der Welt. Mumbai lief an diesem Tag Cherrapunji in Meghalaya den Rang ab, das ist der Ort, der ansonsten Jahr für Jahr den Niederschlagsweltrekord hält. Elektrizitäts- und Trinkwasserversorgung brachen zusammen. In Mumbai kamen 370 Menschen in den Wassermengen um, einschließlich der umliegenden betroffenen Gebiete waren 1058 Tote zu beklagen. Tagelang trieben Leichen und die Kadaver von Tausenden von verendeten Tieren in den Fluten. Es drohte Seuchengefahr.

400 Personen starben an Krankheiten, die als Folge der Überschwemmung aufgetreten waren. Der materielle Schaden allein in Mumbai belief sich auf 40 Mrd. Rupien (ca. 630 Mio. Euro). Die Flutkatastrophe von 2005 hat einen nachhaltigen Schock im kollektiven Bewusstsein der Bürger hinterlassen. An jedem 26. Juli blickt man besorgt gen Himmel und erinnert sich.

Die Wassermassen kehrten aber auch viel Positives hervor. Die Bewohner bewiesen einen beindruckenden Bürgersinn, man half sich gegenseitig, so gut es die Situation erlaubte. Autofahrer, die in ihren Wagen in den Fluten gefangen waren, wurden von hilfreichen Bürgern mit Essen und Trinken versorgt und Menschen, die nicht nach Hause gelangen konnten, wurden von Wildfremden aufgenommen. Der **Gemeinschaftsgeist** Mumbais, der viel gepriesene *Mumbai Spirit,* zeigte sich von seiner besten Seite. Die Mumbaikars konnten stolz auf sich sein. Nur vereinzelt kam es zu Plünderungen – ganz im Gegensatz zu den Massenplünderungen, die New Orleans nach dem Hurrikan *Katrina* erlebte.

Wie konnte es zu dem Desaster überhaupt kommen? Schuld waren natürlich die außergewöhnlichen Regenmengen, aber auch **Umweltsünden** hatten ihren Teil beigetragen: Im nördlichen Teil der Stadt fließt der Fluss Mithi, der sich aus den Binnenseen im Hinterland von Mumbai speist. Bis in die 1980er- oder 1990er-Jahre fungierte der Mithi als natürlicher Abfluss überschüssiger Regenmassen, die er dann im Stadtteil Mahim ins Arabische Meer entließ. Seit einiger Zeit war jedoch aus dem Fluss eine verstopfte Kloake geworden, voll mit Industrieabfällen und Bauschrott von den zahlreichen Baustellen in der Nähe. Die Mangrovenwälder an seinen Ufern waren stark dezimiert. Zudem wurde er an einer Stelle umgeleitet, um im Bereich Bandra-Kurla Platz für einen riesigen Wohn- und Bürokomplex zu schaffen. Umweltschützer hatten ausdrücklich vor der Umleitung gewarnt. Die Folgen zeigten sich an jenem verhängnisvollen Tag.

Aber nicht nur die großen Abflussadern waren verstopft, auch kleine *nallas,* Abflusskanäle oder Rinnsale waren voller Unrat und ließen nicht genug Wasser abfließen. Es stellte sich heraus, dass es hauptsächlich weggeworfene **Plastiktüten** waren, die die Blockierungen verursachten. In Mumbai fallen täglich 7000 Tonnen Müll an, 40 % davon ist Plastik. Die unscheinbaren dünnen Tüten, die jeder Straßenhändler beim Kauf von zwei Bananen oder einer Raubkopie (CD) ausgibt, machen einen großen Teil dieses Müllaufkommens aus.

Wassergeprüft: Im Juli 2005 wurden diese Straßen in Zentral-Mumbai von Regenfluten überspült

038kmu Foto: rk

Kurz nach den Überschwemmungen verbot die Regierung von Maharashtra die Herstellung, den Vertrieb und die Benutzung von Plastiktüten. 100.000 Angestellten in über eintausend Plastikfabriken drohte die Arbeitslosigkeit. Ein komplettes Verbot war somit nicht aufrechtzuerhalten. Bald darauf wurden solche Plastiktüten wieder erlaubt, die mindestens 20x30 cm groß und 20 Mikrons dick sind (1 Mikron = der millionste Teil eines Millimeters). Diese größeren Plastiktüten sind relativ teuer und die Händler rücken nicht so gern damit heraus, woraus ein Rückgang des Plastikmülls resultiert. Außerdem sind größere Tüten lukrativer für die Müllsammler, durch sie landen die Beutel dann im Recyclingsystem. Derzeit sind die kleinen und dünnen Plastiktüten jedoch schon wieder in Umlauf: Die Händler, die ihre Waren darin verpacken, wissen oft nichts von dem Verbot – oder es kümmert sie nicht.

Nicht alle Auswirkungen des Monsuns sind jedoch so dramatisch wie Überschwemmungen. Mumbais Märkte führen in der Regenzeit nur relativ wenige Obstsorten, da nicht geerntet wird. Oft gibt es nur die gut haltbaren *Mosambis (sweet lime), Sitafals (custard apple), Chikkus (sapotas,* eine feigenähnliche Frucht), die allgegenwärtigen Bananen und teure Importfrüchte.

Auf der positiven Seite bauen sich an vielen Stellen Straßenhändler auf, die leckere, **geröstete Maiskolben** verkaufen. Der Mais wird über einem Holzkohlefeuer geröstet und dann mit einem *masala* und Zitronensaft be-

039kmu Foto: rk

strichen. Das Ergebnis ist köstlich. Mumbaikars lieben den Imbiss auch, weil der Mais in dieser relativ kühlen Jahreszeit angeblich den Körper erwärmt. Es ist ein typischer Monsunimbiss und oft sieht man die Händler unter großen Regenschirmen ihrem Rösthandwerk nachgehen.

Gleich nach dem Ganesh-Chaturthi-Fest (siehe Exk. „Stressabbau im Namen Gottes: Mumbais große religiösen Feste“) flaut der Monsun ab und es gibt nur noch vereinzelte Schauer. Nach über drei Monaten Regen haben die meisten Mumbaikars nun auch genug. Auf dem Land steht die Erntezeit vor der Tür und im Mumbai hofft man auf einen baldigen, kühlen Winter.

Das **Ende der Regenzeit** bringt auch eine kleine technische Umstellung für viele Auto- und Taxifahrer. Wenn kein Regen mehr zu erwarten ist, montieren sie die Scheibenwischer ab. **Scheibenwischer** sind ein beliebtes Diebesgut. Auf dem Schwarzmarkt bringen sie ein- oder zweihundert Rupien, genug Versuchung für so manchen kleinen *chappal-chor* („Sandalendieb“).

Als ich einmal an einem Novemberabend mit dem Taxi zum Flughafen fuhr, setzte plötzlich ein heftiger, für die Jahreszeit ungewöhnlicher Regen ein. „Verdammt, jetzt sind wir erledigt!“, meinte der Taxifahrer ganz aufgeregt und kratzte sich hilflos am Kopf. „Wieso?“, fragte ich, „so schlimm kann der Verkehr durch den Regen doch auch nicht werden.“ „Nein“, antwortete der Taxifahrer, „ich habe die Scheibenwischer schon abmontiert und jetzt liegen sie zu Hause!“

Den Rest der Fahrt verbrachte er mit der linken Hand das Steuer haltend (Linksverkehr!) und mit einem Lappen in der rechten durchs offene Fenster wild wedelnd den prasselnden Regen von der Vorderscheibe wischend – ein urkomisches Bild. Das Fahren war verständlicherweise erschwert und hätte ich nicht unbedingt meinen Flug bekommen müssen, hätte ich die Situation als noch amüsanter empfunden als ohnehin schon.

Anfang Juni werden die Scheibenwischer wieder anmontiert und dann haben die Sandalendiebe wieder ein Kleinod mehr im Visier ...

Lokale Empfindlichkeiten: kleiner Mumbai-Benimm-Kodex

„Kein Zutritt für menstruierende Frauen!“
Übliches Verbotsschild an Jain-Tempeln.

Mumbai ist von der Mentalität ihrer Bewohner her eine *relativ* moderne Stadt, vermutlich die modernste in Indien, vor Delhi und Bangalore. Es gibt nur Weniges, das man im Umgang mit den Bewohnern krass falsch machen kann und in den allermeisten Fällen wird ein Fauxpas großmütig verziehen werden. Die Inder sind generell kaum nachtragend, selbst einen groben Fehltritt haben sie am nächsten Tag meist vergessen. Das macht sie sehr liebenswert und erleichtert die Beziehungen. In der *Naladiyar* (ca. 5. Jh.), einer Sammlung von moralischen Instruktionen, heißt es:

„Man kann in das Zuckerrohr beißen, seine Glieder brechen, seinen Saft herausquetschen, und immer noch ist er süß. Wohlgeborene Menschen, auch wenn andere sie beleidigen oder verletzten, nie verlieren sie ihren Selbstrespekt in zornigen Worten.“

Die meisten Inder scheinen in diesem Sinne zu handeln. Die gewichtigsten Fehler, die einem unterlaufen können, haben wohl mit dem heiklen Thema Religion und mit dem nicht ganz einfachen Umgang mit dem anderen Geschlecht zu tun.

Begrüßungen

Die traditionellen Grußformeln auf Hindi und Marathi sind **namaste und namaskaar.** Beides bedeutet etwa „Ich grüße den Gott in dir.“ Will man besonders höflich sein oder begrüßt man gute Bekannte, so wird das Höflichkeitssuffix *-ji* angehängt: also *namaste-ji* und *namaskaar-ji.*

Bei formellen Anlässen oder wenn man ganz besonders respektvoll sein will, werden die Hände vor der Brust zusammengelegt, beinah wie zu einem Gebet.

Ob man als Ausländer in gleicher Weise zurückgrüßen sollte, hängt von der Person ab, die als erste grüßt. Ist es der Chefkellner im Restaurant, der Hotelrezeptionist oder ein anderer „Bediensteter“, braucht man die Hän-

Köstliche Kolben: Auslage eines Maisrösters am Chowpatty Beach

de nicht zusammenzulegen, ein gesprochenes *namaste* allein oder ein *namaste-ji* reicht völlig. Wird man von Gleichgestellten mit gefalteten Händen gegrüßt – also z. B. Geschäftspartner –, kann man sich auf gleiche Weise verhalten. Allerdings wird kein Mumbaikar es übel nehmen, wenn man es nicht tut – man hat Verständnis, dass diese Art der Begrüßung einem Ausländer nicht leicht von der Hand geht.

In vielen Situation werden die Gegenüber englische Grußformeln verwenden: *„Good morning, Sir!"*, *„Good afternoon, Ma'm!"* etc. Personen, die viel mit Fremden zu tun haben oder oft ins Ausland reisen, schütteln häufig auch die Hand. Das **Händeschütteln** an sich ist unindisch, da es den peniblen rituellen Reinlichkeitsregeln der Hindus zuwiderläuft, dennoch gibt man sich in dieser Beziehung mittlerweile oft ganz westlich. *Haath milaanaa* heißt das Händeschütteln auf Hindi, „die Hände (der Grüßenden, d. A.) zusammenführen".

Generell ist das Grüßen kein großes Problem und man kann eigentlich nicht viel falsch machen. Viele junge Leute begrüßen sich ganz informell mit *„Hi!"* oder *„Hi, maaan!"*

Beim Abschied wird ebenfalls *namaste* oder *namaskaar* benutzt. In Hindi oder Marathi würde der Sprecher wahrscheinlich noch anfügen: „Es war mir eine große Freude, Sie zu treffen" oder „Hoffentlich sehen wir uns bald wieder." Das wird auch oft ins Englische übertragen. Man sollte mit der gleichen Höflichkeit antworten.

Eine **sehr formelle Begrüßung** ist das *adaab,* das von den Höfen der Mogul-Herrscher stammt. Zum *adaab* legt man den Daumen der rechten innen an die rechte Handfläche, hebt die Hand zur Stirn und führt sie von dort kurz wieder weg und wieder zurück zur Stirn, mehrmals, als würde man sie vor der Stirn leicht hin- und herwinken. Dabei werden auch Kopf und Oberkörper leicht nach vorne gebeugt. Diese Begrüßung kommt im täglichen Umgang so gut wie nie vor, bestenfalls in scherzhafter Weise. *„Adaab, huzuur!"*, sagt man dann vielleicht, „Seien Sie gegrüßt, Euer Durchlaucht!", und macht sich einen Witz daraus. Ansonsten begrüßen sich so möglicherweise moslemische Würdenträger, moslemische klassische Musiker, Urdu-Dichter oder andere erlauchte Persönlichkeiten. Es ist ein sehr würdevoller Gruß, fürs tägliche Leben aber ist er zu antiquiert.

Einladungen und Gegeneinladungen

Mumbaikars sind extrem gastfreundlich, es ist sehr leicht Freundschaften zu schließen und zu jemandem eingeladen zu werden. Oft erhält man schon nach dem ersten oder zweiten Treffen eine ernst gemeinte Einladung. Berührungsängste gibt es nicht.

Ist man bei einem Bekannten oder einer Familie eingeladen, so sollte man in der Regel die **Schuhe vor der Türschwelle ausziehen.** Die Schuhe gelten als unrein, da sie mit dem Schmutz der Straße in Berührung kommen und weil sie aus Leder hergestellt sind, also von toten Tieren stammen. Bei einigen ganz modernen Familien darf man auch mit Schuhen in die Wohnung stapfen. Wenn man vor der Tür eine Ansammlung von Schuhen sieht, so ist dies ein sicheres Zeichen, am besten ebenfalls die Fußbekleidung auszuziehen. Im Zweifelsfalle erkundige man sich nach den jeweiligen Gepflogenheiten.

Vom Gast werden üblicherweise **keine Gastgeschenke erwartet.** Falls man etwas mitbringen möchte, können das **Süßigkeiten** sein, die in Indien gern genossen werden. Mit Süßigkeiten assoziiert man immer ein freudiges Ereignis. Wenn z. B. ein Kind geboren wurde, vor allem ein männliches, verteilen die Angehörigen Naschereien an Freunde und Nachbarn, sie „machen ihren Mund süß", wie es auf Hindi heißt. Bei Süßigkeitenhändlern kann man sich aus der Auslage ein Sortiment zusammenstellen lassen. das Ganze wird dann in einem Pappkarton verpackt und auf Wunsch mit Geschenkpapier umwickelt. Falls man zufällig Süßigkeiten oder Schokolade aus dem Ausland dabei hat, so kommen diese auch immer gut an.

Bei **Einladungen zu Hochzeiten** ist ein Gastgeschenk durchaus angebracht. Üblicherweise wird Geld gegeben, die Summe hängt vom sozialen Stand der Eheleute und des Gebers ab. Es können einige Hundert Rupien sein oder auch einige Tausend. Es werden nie gerade Summen geschenkt, sondern immer Summen mit einer 1 hinten, also z. B. 501 Rupien, 1001 Rupien etc. (Eine gerade Summe wie 1000 Rupien zu verschenken, gälte als unpassend und unhöflich.) Das Geld wird diskret in einen Umschlag gesteckt und überreicht. Zu einer Hochzeitsfeier ist ordentliche Kleidung anzuziehen, unter sozial sehr hochgestellten Personen sollte das möglichst ein Anzug oder Abendkleid sein. Gelegentlich wird man von der Straße weg zu einer Hochzeit eingeladen, vielleicht wenn man an einem der Hochzeitszelte vorbeikommt, die in der Hochzeitssaison vielerorts aufgestellt sind. In diesem Falle braucht man kein Geldgeschenk zu machen.

Im Hinduismus gelten einige Monate für Heiraten als unglücklich, andere als Glück verheißend, und so finden die Hochzeiten zumeist in bestimmten Monaten statt. Die **Hauptsaison für Eheschließungen** sind die Monate November bis Mai, vor allem die Zeit von Mitte April bis Mitte Mai. Die Hochzeiten finden an einem von Astrologen vorbestimmten Tag statt, genau zur vorausberechneten „Glück bringenden" Uhrzeit. Ein paar Minuten können den Unterschied zwischen ehelichem Glück und Unglück bedeuten.

040kmu Foto: rk

Der Mittelpunkt einer Einladung bei einer Familie ist immer **das gemeinsame Essen.** Es wird kaum vorkommen, dass es nichts zu essen gibt, in diesem Falle wird ein handgreiflicher Grund vorliegen (außergewöhnliche Tageszeit, Frau nicht im Haus o. Ä.). Oft machen sich die Gastgeber ganz besondere Mühe, wenn ein ausländischer Gast geladen ist, daher sollte man so viel essen wie möglich. Ohnehin wird die Gastgeberin ungefragt einen Gang nach dem anderen auftischen – und ein „Nein, danke" störrisch überhören.

In vielen Haushalten **wird mit der Hand gegessen,** jedoch erwartet niemand, dass der Gast dem gleichtut. Es gibt mit Sicherheit auch Essbesteck, das man dem Besucher gern aushändigt. Nach dem Essen wird üblicherweise **Tee** serviert.

Im Anschluss daran ist das Treffen dann meist vorüber – anders als Europäer verbringen die meisten Inder nicht viel Zeit mit langen nachmahlzeitlichen Gesprächen. Wenn nach dem Essen oder dem Tee die gastliche Atmosphäre ganz abrupt endet, so ist das nicht böse gemeint. Mit dem gemeinschaftlichen Essen ist eigentlich alles getan, alles besiegelt und jeder hatte seinen Spaß. Die Teller und Tassen werden in Windeseile abgeräumt und in der Küche beginnt der Spülprozess. Ein indischer Gast würde dann sagen, „Gut, ich gehe jetzt" oder er würde fragen **„Kann ich jetzt gehen?"** Er bittet um die Erlaubnis, gehen zu dürfen. Dies ist natürlich nur ein gesellschaftlicher Ritus, der erfüllt werden will, einer, der in einem indischen Leben tausendfach durchgespielt wird. Der Gastgeber wird antworten „Ja, du kannst jetzt gehen, komme aber bald wieder!"

Bei **Gegeneinladungen** ist vor allem der soziale und religiöse Hintergrund der Eingeladenen zu beachten. Will man sie in ein Restaurant einladen, so sollte man sich zuvor mit den Essensgewohnheiten der Betreffenden vertraut machen. Je nach Religionszugehörigkeit und sozialem Stand könnte eine Einladung ins falsche Restaurant in Peinlichkeit enden. Am meisten zu beachten sind die **Essensbeschränkungen,** die sich viele Mitglieder bestimmter Religionsgemeinschaften auferlegen. Hier ein kurzer Überblick:

Hindus

Sie essen fast nie Rindfleisch, mit Ausnahme einer kleinen verwestlichten, modernen „Elite". Schweinefleisch wird in der Regel ebenfalls nicht verzehrt. Sehr **viele Hindus sind Vegetarier** und in diesem Falle ist eine Einladung in ein Restaurant zu empfehlen, das *pure vegetarian* ist, also nur vegetarische Gerichte führt. Hindus aus Gujarat und aus der Kaste der Marwaris sind in der Mehrheit Vegetarier. Manche Hindus essen außerhalb des Hauses Fleisch, würden es aber nie zu Hause zubereiten (lassen).

Auf die Frage, ob jemand Vegetarier oder Fleischesser ist, bekommt man oft die schlaue Antwort „beides". Einige Hindus essen nur an bestimmten Tagen vegetarisch, zumeist dienstags und freitags, Tage, die mit bestimmten Gottheiten assoziiert sind.

Manche Hindus essen wohl Fisch, aber kein Fleisch, oft sind dies Personen, die aus den Küstengebieten zwischen Mumbai und Kerala stammen. Im Stadtteil Fort gibt es einige Restaurants, die auf Fischgerichte aus diesen Regionen spezialisiert sind. Viele traditionelle Hindus trinken keinen Alkohol.

Jains

Sie ernähren sich **fast ausschließlich vegetarisch** und trinken meist auch keinen Alkohol. Es gilt auszumachen, ob der Gast *pure Jain* isst, d. h., ob er keine Nahrungsmittel zu sich nimmt, die im traditionellen Jainismus verboten sind, also alles, was in der Erde wächst. (Siehe auch Kap. „Die

Essen gibt es in der kargsten Hütte und selbst die ärmste Hausfrau wird ein paar Bissen für den Gast bereitstellen

großen Bosse am Geldhahn".) In diesem Falle ist ein vegetarisches Restaurant zu wählen, dass seine Gerichte auch in der Jain-Version anbietet. Die besseren Mittel- oder Oberklasserestaurants sind in der Regel darauf eingestellt. Selbst indische Fluggesellschaften bieten ihre vegetarischen Gerichte in *pure Jain* an.

Moslems

Sie essen **kein** Schweinefleisch und trinken – bis auf einige junge, moderne Ausnahmen – keinen Alkohol. Fleisch ist ansonsten sehr beliebt, vor allem Huhn und Ziege. Ein vegetarisches Restaurant ist in diesem Fall meist keine gute Wahl. Ist der Gast ein strenggläubiger Moslem, so ist ein **rein moslemisches Restaurant** zu empfehlen, in dem das Fleisch *halaal* ist, d.h. von Tieren stammt, die nach moslemischen Vorschriften geschlachtet wurden. Jüngere oder weniger strenge Moslems lassen die Halaal-Regel möglicherweise außer Acht und essen jedwedes Fleisch.

Unter den Moslems in Mumbai befinden sich einige Minderheitensekten, wie z.B. die Ismailiten, Khojas und Bohras, mit jeweils starker Präsenz im Geschäftsleben. Ihre Essgewohnheiten sind dieselben wie bei den Moslems generell.

Falls in dem Restaurant Alkohol ausgeschenkt wird und der Gastgeber etwas trinken möchte, so sollte er den Gast zunächst fragen, ob es ihm etwas ausmacht, wenn man in seiner Gegenwart am Bier nippt. Bei einem sehr strengen Moslem sollte man besser darauf verzichten.

Parsen

Sie essen alles, was verdaulich ist. Es gibt **keine Speisetabus** und Alkohol ist erlaubt. Es gibt spezielle Parsen-Restaurants, die *Parsi* oder *Irani Restaurants,* aber Parsen sind meist sehr weltoffen und fühlen sich in jedem Lokal zu Hause.

Sikhs

Sie essen in der Regel **kein Rind- und Schweinefleisch.** Einige Sikhs sind Vegetarier, vor allem die Anhänger der Radha-Soami-Sekte, deren Zentrum in Beas, Panjab, liegt.

Im Sikhismus ist das **Tabakrauchen untersagt** und man sollte Restaurants meiden, in denen zu viel Qualm in der Luft liegt (die meisten Lokale mit Klimaanlage sind offiziell Nichtraucherzonen). Man selbst sollte auf keinen Fall in Gegenwart des Gastes rauchen.

Nur sehr wenige Sikhs rauchen: Oft sind es Männer, die sich auch Haare und Bart geschnitten haben – entgegen den Regeln ihrer Religion – und die somit generell wenig oder überhaupt nicht religiös eingestellt sind.

Juden

Mit ca. 4000 Mitgliedern ist die jüdische Gemeinde in Mumbai verschwindend klein. Es gibt noch fünf aktive Synagogen. Die meistbesuchte ist die *Knesseth-Eliyahoo-Synagogue* im Stadtbereich Kala Ghora, nahe dem *Max Mueller Bhavan* (Goethe-Institut).

Bei orthodoxen Juden hat das Essen **koscher** zu sein, aber es gibt keine jüdischen Restaurants in Mumbai. Am besten bittet man seinen Gast, ein geeignetes Lokal auszuwählen.

Christen

Unterliegen keinen Essensbeschränkungen. *„Sab chalta hai"*, wie man häufig sagt, „Alles geht".

Pünktlichkeit

In Sachen Pünktlichkeit lässt sich das Verhalten der Mumbaikars kaum generalisieren. Im internationalen Geschäftsbereich wird Pünktlichkeit ebenso groß geschrieben wie im Westen. Wer bei einer wichtigen Geschäftsbesprechung eine halbe Stunde zu spät eintrudelt, wird sehr merkwürdige Blicke dafür ernten. **Zeit ist Geld,** das gilt auch im indischen Business. Gerade von einem Europäer wird Pünktlichkeit erwartet und in den besseren Geschäftskreisen wird man alles tun, um einen guten Eindruck zu machen, und ebenfalls auf die Minute pünktlich sein. Unabänderliche Ereignisse, die das Eintreffen verzögern können, wie z. B. Überschwemmungen in der Regenzeit, machen eine Verspätung in gewissem Rahmen verzeihlich. Man beachte, dass die Fahrdauer zu den Hauptverkehrszeiten (ca. 8–10 Uhr und 16–19 Uhr) erheblich sein kann. Morgens bilden sich die Staus vom Norden der Stadt in Richtung der Geschäftszentren im Süden, abends umgekehrt.

Im „niederen" Geschäftsbereich wird es mit der Zeit nicht so genau genommen. Wenn der Wäscher sagt, dass er morgen um 10 Uhr die Wäsche bringen wird, so kann daraus auch 11 oder 12 Uhr werden. Die **Zeitangabe „10 Uhr" ist nicht unbedingt wörtlich zu nehmen,** sie bedeutet vielmehr, dass ab 10 Uhr die Möglichkeit besteht, dass der Wäscher kommt, es kann aber auch etwas später sein. Die Kamera, die angeblich „morgen" fertig repariert sein soll, ist möglicherweise auch übermorgen noch nicht abholbereit. Und das Buch, das im Buchladen bestellt wurde und angeblich „nächste Woche" geliefert werden soll, kommt eventuell nie.

Das Beste ist, sich bei Terminversprechungen wie den obigen von vorneherein darauf einzustellen, dass sie möglicherweise nicht eingehalten werden. Man rechne immer einen **„Langsamkeitsbonus"** auf die angekündigten Daten auf, so ist man dann auch nicht verärgert, wenn es nicht zeitgerecht klappt. Wer sich darüber aufregt, dass der Wäscher eine Stunde zu spät eintrifft, macht sich das Leben unnötig schwer. Eine Stunde macht einen großen Unterschied für einen hochbeschäftigten Geschäftsmann, ist aber unerheblich für einen Wäscher, der sein Arbeitsergebnis per Fahrrad anliefert und zwischendurch noch einen Tee trinkt.

Taxifahrer sind in der Regel sehr pünktlich. Der Grund ist einfach: Kommen sie zu spät, verlieren sie wahrscheinlich einen Fahrkunden inklusive Verdienst – im Gegensatz zum verspäteten Wäscher, dem man seinen Dienst ohnehin bezahlen muss. In seiner beruflichen Anfangsphase ist wohl jeder Taxifahrer schon einmal zu spät gekommen. Westliche Fahrgäste aber warten nicht lange über die verabredete Zeit hinaus, sie suchen sich nach fünf Minuten ein anderes Taxi. So hat vermutlich jeder Taxifahrer schon mal einen Passagier verloren – und daraus gelernt. Die meisten Taxifahrer sind folglich schon einige Minuten vor dem vereinbarten Termin zur Stelle.

Umgang mit dem weiblichen Geschlecht

Männer sollten fremden Frauen gegenüber eine **höfliche Distanz** halten. Berührungen, freundschaftlich gemeintes Schulterklopfen etc. sind tabu und können böse Reaktionen hervorrufen. Selbst indische Ehepaare tauschen in der Öffentlichkeit keine Zärtlichkeiten aus und nur wenige moderne junge Leute getrauen sich ein zaghaftes Händchenhalten. Anzügliche Witze, Doppeldeutigkeiten und Ähnliches haben ebenfalls keinerlei Platz bei Interaktionen mit Frauen, die man nicht wirklich sehr gut kennt. Indien ist generell eine **sehr prüde Gesellschaft.** 2007 erließ Richter *Dinesh Gupta* in Jaipur einen Haftbefehl gegen Hollywoodstar *Richard Gere,* der bei einer öffentlichen Veranstaltung die indische Schauspielerin *Shilpa Shetty* stürmisch geküsst hatte. Der Haftbefehl wurde bald von höherer Stelle aufgehoben, doch *Dinesh Guptas* gibt es in Indien millionenfach. Es ist ein Land mit unzähligen Moralaposteln, die in jedem öffentlichen Kuss, in jeder Umarmung, in jedem kurzem Rock einen Anschlag auf die indische Kultur vermuten.

Wenn „mann" auf der Straße irgendjemanden ansprechen muss – z. B. um nach dem Weg zu fragen –, sollte man es zuerst bei einem Mann ver-

Keine leichte Position: Frauen werden traditionell von den Männern abgeschottet

suchen. Spricht man Frauen an, sollten Körpersprache wie auch Wortwahl die Harmlosigkeit der Situation signalisieren. Frauen, die in Städten wie Mumbai im Berufsleben stehen, können ungeheuer **emanzipiert und ultramodern** wirken und quasi „Haare auf den Zähnen" haben. Auch als Hausfrauen regieren viele mit eiserner Hand und lassen sich nicht von ihrem Mann unterbuttern. In der Öffentlichkeit ist ein behutsamer und distanzierter Umgang männlicherseits angebracht.

Bei den meisten traditionell gesinnten Frauen kann man übrigens gleich sehen, ob sie verheiratet sind oder nicht: Die Frauen tragen eine **Mangalsutra,** eine Art Halskette, die nur von verheirateten Frauen getragen wird. Diese wird aber nur dann angelegt, wenn die Frau einen Sari trägt. Über einem T-Shirt würde die *Mangalsutra* deplatziert wirken. Viele **verheiratete Frauen,** besonders solche aus Nordindien, färben sich ihren Scheitel mit *sinduur* ein, einem roten Pulver.

Bei guten Bekannten oder Freundinnen findet man sicher bald heraus, wie weit man verbal – oder physisch – gehen kann. Sehr oft wird man erstaunt sein, wie **offen und unkompliziert** moderne, gebildete Frauen in Mumbai mit dem Thema Sex umgehen. Gemäß einer Umfrage des Magazins *India Today* im Jahre 2006 gehen drei Viertel der indischen Frauen noch als Jungfrauen in die Ehe, ein Viertel bricht mittlerweile mit diesem uralten Tabu. Die Frauen werden selbstbewusster und lassen sich immer weniger ihr Leben oder ihre Sexualität vorschreiben. Bei diesem Trend liegen Städte wie Mumbai, Delhi und Bangalore ganz vorne.

Dass Frauen traditionell von Männern sozial abgesondert werden, hat seinen Grund. Fragt man Inder – Männer oder Frauen –, so werden sie wahrscheinlich antworten, die indische Gesellschaft sei eine „anständige" Gesellschaft, eine die Frauen „beschütze". Aber die Sache ist vielleicht nicht ganz so einfach – und vielleicht nicht ganz so nobel –, wie man es weismachen will.

Wahrscheinlicher ist, dass die Männer den Frauen einfach nicht trauen und ihnen unter dem Vorwand des „Schutzes" Ketten angelegt haben. In zahlreichen literarischen Quellen werden die **Frauen als sexbesessene Furien** beschrieben, die sich bei der erstbesten Gelegenheit einen Mann ergreifen. Gemäß der Fabelsammlung *Hitopadesha* (ca. 9./10. Jh.) von *Narayana* essen Frauen doppelt so viel wie Männer, sind viermal so intelligent, sechsmal so fleißig – und achtmal so lüstern. An anderer Stelle sagt *Narayana,* dass zwar kein Mann gut genug für eine Frau sei, andererseits ist auch keiner schlecht genug – und wie das „Vieh, das den Wald leer isst, suche auch die Frau immer wieder etwas Neues zum Verschlingen."

In dem Handbuch *Manu Smriti,* das soziale Interaktionen regelt, wird empfohlen, dass sich eine Mutter nicht an einsamer Stelle mit ihrem Sohn aufhalten solle, da ansonsten eine brenzlige Situation entstehen könnte. Gemäß dem Indologen *Friedrich Max Müller* (1823–1900) ist die Tradition des *sati,* der **Witwenverbrennungen,** ebenfalls aus Misstrauen entstanden. Die Priester fürchteten, dass die Witwen, die von keinem Mann mehr im Zaume gehalten wurden, sich mit anderen Männern vergnügen und so den Ruf der Sippe beschmutzen würden. Folglich propagierten sie mithilfe von Fälschungen einer alten Schrift, dass eine gute Hindu-Frau sich auf dem Scheiterhaufen ihres Mannes mitzuverbrennen habe – besser eine Leiche als eine Schlampe.

Die Witwenverbrennungen blieben allerdings Ausnahmen, nur relativ wenige Hinterbliebene wählten den feurigen Freitod. Manche wurden von Angehörigen gegen ihren Willen ins Feuer gezwungen. Anfang des 19. Jh. wurden in der *Bengal Presidency,* die das heutige West Bengal sowie Teile Bihars und Uttar Pradeshs umfasste, im Durchschnitt 500–600 Fälle pro Jahr registriert.

In zahlreichen ländlichen Gebieten Indiens kommt es noch zu **Kinderhochzeiten,** in denen selbst Fünf- oder Sechsjährige verheiratet werden. In alten Schriften wird propagiert, dass Mädchen gleich nach ihrer ersten Menstruation verheiratet werden müssen, da sie sonst nach Erwachen der sexuellen Gefühle auf dumme Gedanken kommen könnten. Aus Sicherheitsgründen verheiratet man sie schon gleich etliche Jahre vorher. Man weiß ja nie. Offiziell sind Kinderhochzeiten in Indien seit 1929 verboten. Die Braut hat mindestens 18 Jahre alt zu sein, der Bräutigam 21 Jahre. In Städten wie Mumbai heiraten heute viele Frauen erst spät, da die berufliche Karriere zunächst Vorrang hat.

Interessanterweise gibt es wohl keine klassische Literatur, in denen Frauen vor der Lüsternheit der Männer gewarnt werden. **Männer sind scheinbar von Natur aus monogam.** Eine Ausnahme ist der Gott *Krishna,* der sich mit Tausenden von *Gopis* (Kuhhirtenmädchen) oder Milchmädchen vergnügt haben soll – aber er war ja ein Gott und da gelten andere Maßstäbe. Eine Göttin, die sich mit Tausenden von Lustsklaven amüsiert, wäre in Indien undenkbar.

Heirat einmal anders!

Ein 18 Monate altes männliches Baby wurde im indischen Bundesstaat Orissa mit einer Hündin verheiratet, im Glauben, dass dies ihn vor Tigerattacken schützen würde.

Die Heirat wurde am Mittwoch im Distrikt Jajpur besiegelt, nachdem die Eltern des Babys in der Hündin Samina eine passende Ehepartnerin gefunden hatten.

„Unser Glaube ist, dass, wenn die oberen Reißzähne bei einem Kind zuerst heranwachsen, das Kind von einem Tiger angegriffen werden wird", sagte Sunaram Gagari, der Vater des Jungen, „und bei meinem Sohn wuchsen die Zähne eben so."

Mr. Gagari verlautete weiterhin, dass im örtlichen Volksglauben eine Heirat notwendig sei, um dem „schlechten Omen" entgegenzuwirken.

Zunächst hatte er seinen Sohn mit einer Ziege verheiraten wollen. „Das haben wird dann aber nicht getan", sagte Mr. Gagari, „da wir nicht wussten, wer der Besitzer der Ziege war, und vielleicht würde er sie später wegnehmen und schlachten. Und dann wäre mein Sohn Witwer gewesen."

(aus: KalingaTimes, 12.2.2007)

Anstarren

Obwohl Mumbai als die kosmopolitischste Stadt Indiens gilt, werden viele Bewohner beim **Anblick von Ausländern** immer noch sehr neugierig. Schließlich ist ein Großteil der Bewohner aus ländlichen Gebieten zugewandert und hat nie Kontakt zu Ausländern gehabt. Besonders in den ärmeren Stadtvierteln kann es vorkommen, dass man ungeniert angestarrt wird und einem Kinder hinterherlaufen. In billigen Restaurants setzt sich manchmal jemand genau gegenüber und gafft den Fremden fasziniert an, beobachtet jede Bewegung und ergötzt sich daran. Viele Reisende sind dadurch sehr irritiert und reagieren gereizt.

Hier aber die gute Nachricht: Das Anstarren ist in Indien in der Regel **kein Akt der Aggression.** In westlichen Ländern kann ein solches Fixieren zu einer physischen Auseinandersetzung eskalieren, ebenso wie in vielen anderen asiatischen Ländern (z. B. China, Thailand, sogar Singapur). In Indien regt sich niemand darüber auf, man nimmt es gar nicht wahr.

Inder sind hartnäckige Sensationsgucker: Stehen irgendwo ein paar Dutzend Leute herum und schauen in ein und dieselbe Richtung, schließen sich sofort weitere an, obwohl niemand genau weiß, wer oder was genau zu sehen sein soll. Werden Außenaufnahmen zu einem Film gedreht, sind im Handumdrehen **Hunderte von Schaulustigen** zur Stelle. Sie harren oft stundenlang aus, um ihre Stars zu sehen. Als *Michael Jackson* 1997 auf dem Flughafen von Mumbai landete, mussten ihn 5000 Polizisten vor Fans und Schaulustigen schützen. Es war das höchste Polizeiaufgebot, das jemals in Indien für eine einzige Person zusammengetrommelt wurde.

Inder lieben das Anstarren, alles Fremde und Neue ist wie ein Theaterstück, das kostenlos für sie aufgeführt wird. Darauf aggressiv zu reagieren, ist unangebracht, für die meisten Inder wäre ein solches Verhalten völlig unverständlich. Ausländer müssen lernen, auch im Mittelpunkt der Aufmerksamkeit **entspannt zu bleiben** und einfach unverkrampft weiterhin das zu tun, was sie gerade tun, egal, ob jemand zuschaut oder nicht. Zudem hilft es, das Ego etwas herunterzuschrauben und dem Gegenüber einfach die Freude des Gaffens zu gönnen.

Mit der Zeit gewöhnt man sich an die Augenpaare, die einen in der Öffentlichkeit verfolgen. Jedes Mal, wenn ich einige Monate in Indien verbracht habe und dann in ein Land fliege, in dem nicht gestarrt wird, komme ich mir plötzlich merkwürdig unbeachtet, beinah unsichtbar vor. Ein Inder, der im Westen lebt, wird den ständigen Augenkontakt und das Sichansehen sicher schmerzlich missen und als Gleichgültigkeit und Kälte interpretieren.

Fotografieren

Das Fotografieren kann in Mumbai und in Indien allgemein problematisch sein. Die Reaktionen, die einem entgegenschlagen, wenn man die Eindrücke von der Stadt und ihren Menschen mit einer Kamera einfangen will, sind oft sehr konträr.

Auf der positiven Seite **lassen sich viele Personen sehr gern fotografieren.** Manche bitten oder betteln gar darum, meist sind das einfachere Menschen aus der Unterschicht oder unteren Mittelschicht. Das kann auf Dauer eher belastend sein, denn wenn erst eine Person fotografiert worden ist, kommen gleich ein paar andere hinzu und wollen auch vor die Kamera. Sehr viele Inder, vor allem männliche, stehen gern im Mittelpunkt der Aufmerksamkeit und vor einem Fotoapparat zu posieren, befriedigt diesen Drang für einen kurzen Moment. Indische TV-Journalisten, die von einer Open-Air-Lokalität in Mumbai berichten, haben immer wieder mit Umstehenden zu kämpfen, die mit ins Bild wollen.

In Indien ringen über eine Billion Menschen ums Überleben, Vorwärtskommen und darum, sich von der großen Masse zu differenzieren. Es ist kein Zufall, dass Inder mit den abstrusesten Rekorden ins *Guinness Book of Records* drängen. Man will jemand sein, berühmt sein und anerkannt, sich mit einer Sensationstat aus dem Menschenmeer herausheben – und egal, ob man sich dafür einen fast vier Meter langen Schnurrbart wachsen lassen oder 22 Jahre auf einem einzigen Fleck hocken muss. 2007 ließ ein Chirurgenehepaar in Tiruchirappalli (Tamil Nadu) bei einer Entbindung einen Kaiserschnitt von ihrem 15-jährigen Sohn vornehmen: Er sollte als jüngster Chirurg ins Buch der Rekorde aufgenommen werden.

Wenn es zu viel wird, mit den Bitten, fotografiert zu werden, und höfliche Ablehnungen nicht honoriert werden, kann man ruhig etwas flunkern: Tut mir leid, die Batterie ist gleich leer bzw. der Memory Chip oder der Film ist voll.

Kritischer wird es in Situationen, wo einem das **Fotografieren untersagt** wird, und das kann sehr häufig vorkommen. Viele Inder sind sehr misstrauisch, ja manchmal regelrecht paranoid, wenn sie einen Ausländer mit Kamera sehen. Fotografiert man moderne Hochhausgebäude oder Shoppingcenter in Mumbai, kann es sein, dass flugs ein Wachmann auftaucht, der einen rüde anbellt und das Fotografieren untersagt. Ein offizielles Verbot bei Außenaufnahmen gibt es nicht, außer bei einigen Regierungsgebäuden (z. B. beim *Mantralaya* in Mumbai, dem Sitz der Regierung von Maharashtra). Der Wachmann sieht im Fotografieren ein Komplott: Möglicherweise plant man Böses und macht im Vorab Fotos dazu oder – und solche Gedanken gibt es tatsächlich – man will die Architektur des Gebäudes ausspionieren und nebulösen fremden Mächten überlassen. Möglicherweise wird das Design dann im Ausland kopiert. Man weiß ja nie.

Die Jahrhunderte unter moslemischer und britischer Herrschaft sowie die sozialistischen Jahrzehnte nach Erlangung der Unabhängigkeit, haben ihre Spuren in der nationalen Psyche hinterlassen. Ausländer werden oft als **potenzielle Landesfeinde** betrachtet, man fühlt sich von bedrohlichen, ominösen Schatten umringt. Diese Denkweise erinnert an den *kupamandaka,* den „Frosch-im-Brunnen", von dem in einigen alten Sanskritschriften berichtet wird: Der *kupamandaka* sitzt in seinem Brunnen, kann nicht weiter als die Brunnenwand sehen, redet nur mit sich selbst und hegt ein tiefes Misstrauen gegen die Welt da draußen. Dass es heutzutage leichter und vor allem unauffälliger ist, ein Gebäude per Satellit auszuforschen, das kann ein Wachmann, der womöglich aus einem Dorf ohne Elektrizität in Uttar Pradesh stammt, nicht nachvollziehen. *Google Earth* ist in diesen Kreisen noch Science-Fiction.

Die meisten *watchmen,* Sicherheitskräfte oder sonstigen Aufpasser stammen aus den unteren Schichten von Uttar Pradesh, Bihar oder Ra-

Foto: rk 042kmu

jasthan, ein paar Nepalesen sind auch dabei. Der Job ist schlecht bezahlt, man steht in der Gesellschaft ganz unten und so ist es eine Art von Befriedigung, einmal jemanden anderen (z. B. den Ausländer mit der Kamera) herumkommandieren zu können.

Unangenehm kann es auch beim **Ablichten von Armutsszenerien** oder Rotlichtbezirken werden. Viele der Anwesenden werden ungehalten reagieren. Man nimmt an, dass der Fotograf ein negatives Bild von Mumbai in der Welt verbreiten will. „Warum fotografierst du nicht die guten Seiten von Mumbai?", werden manche fragen. Dass man es bei den guten Seiten oft mit den Wachleuten zu tun bekommt, werden sie nicht wissen oder verstehen.

Man kann dem Misstrauen entgegenwirken, indem man sich erst einmal Zeit nimmt und mit den Leuten redet, auf sie eingeht. Was sind die Probleme in diesem Viertel? Wie lebt ihr hier? Was tut die Regierung für euch? Wenn man echtes Interesse zeigt, wird man bald wahrscheinlich *aufgefordert* werden, Fotos zu machen und die anfängliche Feindseligkeit schlägt in **freundliches Entgegenkommen** um.

Benimmt man sich sehr arrogant in Armutsvierteln, kann Aggression die Folge sein, möglicherweise beginnt jemand, mit Steinen zu werfen. Das **Steinewerfen** ist eine gängige Form der Aggression, Selbstverteidigung oder Schmähung. Inder der unteren Schichten sind oft Herdentiere: Auf den ersten Steinewerfer folgen schnell weitere. Die Situation kann rapide aus den Fugen geraten – und lose Steine finden sich auf Mumbais Straßen genug. Ich selbst habe erlebt, wie ein Krüppel, der beide Beine amputiert hatte und sich nur auf einer Art Rollbrett fortbewegen konnte, einen Fotografen mit Steinen bewarf – nur weil er nicht dulden wollte, dass jemand in „seinem" Viertel fotografierte. In Slumgebieten leben viele Leute, die – wie die Inder sagen – „die Rupie nicht ganz voll haben", und man muss mit extremen Reaktionen rechnen.

Beim **Fotografieren mit Stativ** ist zu bedenken, dass dies eventuell Schaulustige anzieht. Zahlreiche Passanten werden glauben, man drehe einen Spielfilm. Im filmverrückten Mumbai ist das bei vielen Leuten der erste Gedanke. Oder es wird vermutet, man fabriziere eine Dokumentation für *National Geografic* oder *Discovery Channel.* Selbst viele der ärmeren Haushalte in Mumbai haben Kabel-TV (eventuell aus illegal angezapften, kostenlosen Leitungen) und diese Fernsehkanäle sind weithin bekannt. Es kann dabei zu größeren **Menschenansammlungen** kommen. Als ich einmal Stativaufnahmen im Stadtteil Agripada machte – ein heruntergekommener und offenkundig krimineller Stadtteil –, war ich binnen Minuten von mehr als hundert Neugierigen umringt. Diese blockierten die Straße, sodass kaum noch Fahrzeuge passieren konnten. Schließlich kamen die großen roten Doppeldeckerbusse nicht mehr durch. Dann tauchten ein paar Polizisten auf. Die Polizisten ließen eine sogenannte *lathi charge* auf die Umstehenden los – sie prügelten mit Holzknüppeln *(lathi)* wahllos auf sie ein und jeder, der sich nicht schnell genug verdrückte, bekam einen satten Hieb ab. Die Umstehenden stoben in alle Himmelsrichtungen auseinander. Der Verkehr floss wieder. Dann baten mich die Polizisten zu gehen, weil die Gaffer, „diese hirnlosen Esel", sonst im Nu zurückkommen würden. (Zur Fotografie beim Ganesh-Chaturthi-Fest siehe unten.)

Besuch religiöser Stätten

Für den Besuch religiöser Stätten gelten einige wichtige Regeln. Religion ist eine ernste Angelegenheit in Indien und Verstöße gegen diese Vorschriften können unangenehme Folgen haben.

Bei allen heiligen Stätten sind **vor Betreten die Schuhe auszuziehen,** da die Fußbekleidung als unrein gilt. Vor den Schwellen von Tempeln oder Moscheen sieht man meist Dutzende von Schuhpaaren stehen. An man-

Echte Kumpels: Diese Wachmänner an einem
Hotel in Colaba gehören zu den besonders Netten ihrer Zunft

chen gibt es so etwas wie beaufsichtigte „Garderoben", an denen die Schuhe abgeben werden können. Das kann gelegentlich ein oder zwei Rupien kosten, üblicherweise aber ist der Service kostenlos.

In Hindu-Tempeln ist außer der Schuhe-aus-Regel eigentlich nichts weiter zu beachten. Gelegentlich kann Fotografierverbot herrschen, im Zweifelsfalle frage man nach. In Sikh-Tempeln, den sogenannten *Gurdwaras,* hat man seinen Kopf zu bedecken. In allen *Gurdwaras* werden dazu von der Verwaltung Kopftücher zur Verfügung gestellt.

Viele **Moscheen** sind für Nicht-Moslems unzugänglich. Das gilt in der Regel nicht für *dargahs,* die Grabmäler moslemischer Heiliger, wie z. B. das *Haji Ali Dargah* in Mumbai. Gelegentlich herrscht Fotografierverbot.

In Jain-Tempeln ist menstruierenden Frauen der Zutritt untersagt, da diese das Heiligtum rituell verunreinigen würden. Menstruierende Frauen gelten als unrein, im traditionellen Hinduismus und Jainismus dürfen sie daher auch kein Essen zubereiten.

Die **Feuertempel der Parsen,** die *Agiaries* oder *Atash Behram,* dürfen offiziell von keinem Nicht-Parsen betreten werden – ebenso wenig wie von Parsen-Frauen, die außerhalb der Gemeinschaft geheiratet haben, den sogenannten *jaddin.* Die Parsen verehren die Elemente Luft, Wasser, Erde und Feuer, in allen Parsen-Tempel lodert ein heiliges Feuer, das mit Sandelholz genährt wird. Das Feuer würde durch den Blick von Nicht-Parsen verunreinigt werden und müsste unter komplizierten religiösen Riten neu entfacht oder rituell gereinigt werden. Es gibt jedoch Gerüchte, dass einige Nicht-Parsen, die mit einflussreichen und sehr vermögenden Parsen verheiratet sind, zu Feuertempeln Zutritt erlangt haben. 2007 wurde von einer reformistischen Parsen-Vereinigung im Stadtteil Malad ein neuer Feuertempel gebaut: Zu diesem haben auch Parsen-Frauen Zutritt, die mit Nicht-Parsen verheiratet sind, und deren Kinder.

Festteilnahme

Mumbais Feste sind **überschwängliche Angelegenheiten,** vor allem *Holi* und *Ganesh Chaturthi.* (Siehe Exk. „Stressabbau im Namen Gottes: Mumbais große religiösen Feste".) Viele Teilnehmer feiern sich in eine Art Extase. Inder sind eben sehr emotionale Menschen, manchmal vielleicht auch etwas überkandidelt. Man steigert sich gern in etwas hinein, oft so weit, dass man sich schließlich kaum noch kontrollieren kann. Solange alles friedlich bleibt, ist Jedermanns Spaß garantiert.

Anderseits kann schon ein kleines unvorhergesehenes Ereignis die ganze Situation im Handumdrehen umkehren und das freudige Fest endet in Chaos und Unfrieden. Als Indienneuling, der Situationen nur schlecht einschätzen kann, sollte man sich bei ausgelassenen Menschenmengen mehr **am Rande des Geschehens aufhalten,** um notfalls schnell entfliehen zu können. Bei religiösen Festen in Indien kommt es oft zu Massenpaniken, in den Menschen zu Tode getrampelt werden. Bei einem Tempelfest in Wai in Maharashtra starben dabei im Jahr 2005 über 340 Menschen und auch bei den großen *Kumbha Melas,* Festen, die an verschiedenen Orten in Indien abgehalten werden, ereignet sich Derartiges häufig.

Beim **Ganesh-Chaturthi-Fest** ist zu beachten, dass die im Meer versenkten Ganesh-Figuren *offiziell* nicht fotografiert werden dürfen. Am Tag nach der Versenkung *(visarjan)* sieht man viele Figuren halb aus dem Meer herausragen, sie wirken dabei verlassen und trostlos – gestern noch umjubelt und besungen und nun stecken sie verlassen im Schlick des Chowpatty Beach, darauf wartend, dass die braune Flut sie hinwegträgt oder zersetzt. Im Hintergrund erheben sich die Hochhäuser von Nariman Point, zusammen mit den Götterfiguren bot sich hier immer ein ausgezeichnetes Motiv für Fotografen. Nun nicht mehr. Offiziell zumindest. Das Verbot wurde erlassen, nachdem sich übereifrige Hindus über derartige Fotos in Zeitungen beschwert hatten. Angeblich würden die Fotos die Würde der Götterfiguren verletzen und ein negatives Image verbreiten.

Die Kasten

Im Hinduismus werden die Menschen nach **vier Kasten** klassifiziert. Die höchste Kaste ist die der **Brahmanen,** die traditionell die Priester und Schriftgelehrten waren. Darunter folgen in absteigender Reihenfolge die **Kshatriyas** (Mitglieder der Kriegerkaste), die **Vaishyas** (Händler) und die **Shudras** (Arbeiter, Bauern). Außerhalb der vier Kasten stehen die sogenannten **Kastenlosen,** die in früheren Zeiten ausschließlich „niedere" und „unreine" Arbeiten verrichten durften. Dazu zählt die Straßen- und Toilettenreinigung, jegliche Arbeit, die mit Leder zu tun hat, das Müllsammeln u. Ä. Die Kastenlosen wurden gesellschaftlich wie Aussätzige behandelt und wenn der Schatten eines Kastenlosen auf einen Brahmanen fiel, so musste sich letzterer komplizierten Reinigungsritualen unterziehen. Die Kastenlosen wurden lange geächtet und heute werden sie mit dem politisch korrekten Begriff *Dalits* („Unterdrückte") bezeichnet. Die Bezeichnungen *outcaste* oder im Hindi *acchut* („Unberührbarer") sind tabu und per Gesetz sind Beleidigungen oder Witze untersagt, die auf die niedere Kaste bzw. Kastenlosigkeit eines Menschen anspielen.

In vielen ländlichen Gebieten Indiens ist das Kastensystem noch von hoher Bedeutung. Mitglieder verschiedener Kasten dürfen traditionell nicht heiraten und in manchen Dörfern gibt es sogar Brunnen, aus denen die Kastenlosen kein Wasser schöpfen dürfen. Eine Hochzeit zwischen einem Brahmanen und einer Person aus einer niedrigeren Kaste kann in sehr traditionellen oder rückständigen Gebieten einen Kleinkrieg auslösen.

Die vier Hauptkasten (varna) sind weiterhin in **ein kompliziertes System von Unterkasten** (gotra) unterteilt und bei einer Heirat muss zwar die Kaste die gleiche sein, die Unterkaste hat aber eine andere zu sein – Mitglieder derselben Unterkaste sehen sich quasi als Verwandte an und eine Heirat wäre unstatthaft.

Das Kastensystem hat in Indien nachhaltige Folgen wie auch Probleme hinterlassen. Der obige kurze Anriss soll jedoch genügen. Die gute Nachricht bei diesem Thema ist nämlich, dass **das Kastensystem in Mumbai fast keine Rolle spielt.** In den randvollen Vorortzügen sitzen oder stehen Brahmanen und Kastenlose dicht gedrängt, beinah Haut an Haut aneinander – und es kümmert niemanden. Man arbeitet zusammen in Firmen und es interessiert niemanden, ob die Sekretärin ursprünglich aus der Kaste der Milchbauern in Uttar Pradesh oder aus einer Kriegerkaste in Rajasthan stammt. Die Kasten sind zwar oft am Nachnamen zu erkennen, doch im täglichen, oberflächlichen Umgang sind sie ohne Belang.

Eine Ausnahme besteht bei **Hochzeiten.** In vielen traditionellen Familien heiratet man immer noch nur Mitglieder derselben Kaste. Die alten Hindu-Schriften verordneten harte Strafen für den Frevel, Mitglieder aus anderen Kasten zu heiraten oder mit ihnen Sex zu haben. „Wenn ein Shudra Geschlechtsverkehr mit einer Brahmanenfrau hat", so die *Dharmasutras,* „sollte er in Virana-Gras gewickelt und in ein Feuer geworfen werden. Der Kopf der Brahmanenfrau sollte geschoren, ihr Körper mit *Ghi* eingerieben werden und sie sollte auf einem schwarzen Esel sitzend auf der Straße herumgeführt werden. Auf diese Art wird sie (wieder) rein."

Die in zahlreichen Tageszeitungen zu lesenden **Kontaktanzeigen** geben immer die Kaste der/des Heiratswilligen an. Besonders viele Annoncen bietet die konservative *Times of India* in ihrer Sonntagsausgabe, es ist eine interessante Lektüre in Sachen Kastenlehre. Nur einige wenige Anzeigen betonen, die Kaste des potenziellen Ehepartners spiele keine Rolle. *„Caste no bar"* heißt es dann, „Kastenzugehörigkeit kein Hindernis". Manche Interessenten werden bei dieser Angabe allerdings misstrauisch, da man vermuten könnte, dass die zu verheiratende Person Mängel auf-

Im tradtionellen Gewand: Die meisten Einwohner denken konservativ und heiraten nur innerhalb der eigenen Kaste

043kmu Foto: rk

weist, aus irgendeinem Grunde nicht leicht unter die Haube zu bringen ist und er oder sie nehmen muss, was man bekommen kann.

So manch moderner junger Mumbaikar heiratet heute außerhalb der eigenen Kaste und selbst **Verbindungen von Hindus mit Moslems,** Sikhs, Parsen oder Christen sind nicht ungewöhnlich. Schließlich ist dies die Stadt von Bollywood, in der auch zahlreiche Stars außerhalb ihrer Religion geheiratet haben. In der High Society spielt die Religionszugehörigkeit generell keine Rolle. Wie hoch der Prozentsatz der quer durch die Kasten Heiratenden ist, ist statistisch nicht erfasst. Mehr als 25 % dürften es jedoch kaum sein.

Im Allgemeinen wird der Besucher in Mumbai nicht mit dem Thema Kaste konfrontiert werden – falls man nicht selbst danach bohrt. Man sollte es allerdings vermeiden, seinen Gesprächspartner nach der Kaste zu fragen, denn falls dieser einer niedrigen Kaste angehört oder gar zu den *Dalits,* kann dies Peinlichkeit auslösen. Einen Geschäftspartner, womöglich einen Angestellten einer modernen, internationalen Firma **auf seine Kaste anzusprechen,** wäre völlig unpassend. Wenn man Leute besser kennt, dann werden sie vielleicht selbst irgendwann das Thema anschneiden und von Ihrem Familien- und Kastenhintergrund erzählen.

Manche flüchtige Bekannte posaunen bei der erstbesten Gelegenheit heraus „Ich bin *reiner* Brahmane!" Viele Brahmanen sind auch heute noch stolz auf ihre „hohe" Stellung und können sie nicht für sich behalten. Dabei muss offenbar immer bekräftigt werden, dass man *„reiner* Brahmane" ist, obwohl „Brahmane“ allein schon genügen würde. Die rituelle, spirituelle Reinheit ist in Indien von höchster Bedeutung – vielleicht, so könnte man zynisch argumentieren, wird deshalb die öffentliche, physische Reinlichkeit oft so schändlich vernachlässigt.

Nicht jeder, der arm aussieht, ist es auch: Mumbais Bettler

„Die akzeptablen Gründe des Bettelns sind die folgenden: Um einen Lehrer zu bezahlen, eine Heirat zu feiern, ein Opfer darzubringen, als Versuch, die Eltern zu ernähren ... Die Sinnesbefriedigung ist jedoch kein angemessener Grund zum Betteln und (der Hausherr) sollte solchen Bitten keine Aufmerksamkeit schenken.“

Aus den *Dharmasutras,* ca. 500–300 v. Chr., mehrere Autoren.

Einer der größten Gewissenskonflikte, dem Besucher Mumbais – oder Indiens im Allgemeinen – ausgesetzt sind, wird von den Bettlern ausgelöst. **Geben oder nicht geben,** das ist die Frage. Es gibt keine Grundregel, aber mit etwas gesundem Menschenverstand lässt sich die Frage von Fall zu Fall sicherlich beantworten – und in den meisten Fällen wird die Antwort eher „Nein“ lauten.

Insgesamt soll es **ca. 300.000 Bettler in Mumbai** geben. Sehen wir uns einmal die Bettler je nach „Gattung“ an:

- Häufig betteln **Frauen,** die zur Unterstützung ihres Anliegens ein Kind auf dem Arm tragen. Das soll natürlich die Herzen erweichen und deutet offenbar darauf hin, dass die Frau allein nicht mitleidenswürdig genug aussieht und auf die Hilfe von Requisiten angewiesen ist. Die meisten dieser Frauen sehen sehr wohlgenährt und agil aus und wer hier etwas spendet, ist wohl einem Trick auf den Leim gegangen. Es gibt allerdings auch sehr kränkliche Frauen oder gar Krüppel, die zu arbeiten unfähig sind, und hier ist eine kleine Gabe gut angelegt. Viele der Frauen betteln an Straßenkreuzungen, wo sie ihre Hände in die an der roten Ampel festsitzenden Autos recken. Bei den Wagen, die mit Klimaanlage ausgestattet sind und deren Fenster daher geschlossen sind, tippen sie an die Glasscheiben und leiern ihre Bettel-Mantras herunter. Es fällt auf, dass sie bevorzugt Fahrzeuge aufsuchen, in denen **Ausländer** sitzen. Dazu müssen sie oft reihenweise andere Autos passieren, was ihnen offensichtlich nicht zu viel Mühe ist. Der Ausländer ist ein leichter zu beeinflussendes Opfer als der hartgesottene Mumbaikar.

- Ebenfalls an Straßenkreuzungen betteln oft die **Hijras oder Eunuchen.** Dazu klatschen sie meist mit weit gespreizten Fingern in die Hände und strecken diese dann durchs offene Autofenster. Dieses spezielle Händeklatschen heißt unter den *Hijras „fatka"* und ist eines ihrer Markenzeichen. Das Klatschen ist kurz und fest und erzeugt einen ganz typischen, scharfen Ton. Fatka-klatschend ziehen die *Hijras* auch oft von Geschäft zu Geschäft, um die Ladeninhaber anzubetteln. Viele Inder geben den Eunuchen einen kleinen Obulus, und das hat seinen guten Grund: Falls nichts gegeben wird, drohen die *Hijras* damit, ihren Sari zu lupfen und ihr Geschlechtsteil – bzw. den Mangel dessen – zu offenbaren. Gemäß einem alten Aberglauben soll der Anblick des Schambereiches eines Eunuchen sieben Jahre Unglück bringen. Davor haben viele Angst oder zumindest will man sich die Peinlichkeit ersparen, also lässt man ein paar Rupien springen. Generell gehören die *Hijras* mit zu den aggressivsten Bettlern und es ist nicht immer leicht, sie loszuwerden.
- Sehr häufig betteln **Kinder,** entweder, weil sie von zu Hause ausgerissen sind und allein in der Stadt leben oder weil sie Waisen sind oder aber weil sie von ihren Eltern bzw. von Gangsterbanden dazu gezwungen werden. Es ist unmöglich, auf den ersten Blick entscheiden zu können, in welche Kategorie sie gehören. Auf keinen Fall sollte man Geld geben, da die Kinder sonst daran gewöhnt werden, dass Betteln u. U. mehr einträgt als Arbeit (und das kommt häufig vor, s. u.). Besser man kauft ihnen gelegentlich etwas zu essen, aber keine Süßigkeiten und keine teuren Nahrungsmittel, die selbst für den durchschnittlichen Arbeitnehmer unerschwinglich wären. Falls sie das Essen ablehnen und sagen, sie wollen lieber Geld – Spiel aus! Hier besteht keine wirkliche Not.
- Ebenso schwer einzustufen sind die meisten **bettelnden Männer.** Auch hier gilt, dass solche, die krank und/oder verkrüppelt sind, ruhig ein paar Rupien bekommen können. Bei gesund aussehenden ist Vorsicht geboten, egal wie zerlumpt ihre Kleidung sein mag. Man weiß von „Karriere-Bettlern", die in einer teuren Wohnung leben, sich fesch kleiden und nur für ihre Arbeit in ein Lumpengewand schlüpfen. Manche binden sich zusätzlich ein paar schmutzige Verbände um Arme oder Beine. Ein Maskenbildner in einem Bollywood-Filmstudio könnte es nicht besser machen.

Es gibt Schätzungen, dass die ganz gewieften Bettler in Mumbai **bis zu 5000 Rupien (ca. 80 Euro) am Tag** verdienen. Der indische Nachrichtendienst IANS berichtete 2007 von *Maulana Khan,* einem Bettler in Mumbai, der vielfacher Millionär ist und zwei Apartments im teuren Stadtteil Andheri West besitzt. Und er ist nicht der einzige Elitebettler. Tageseinnahmen

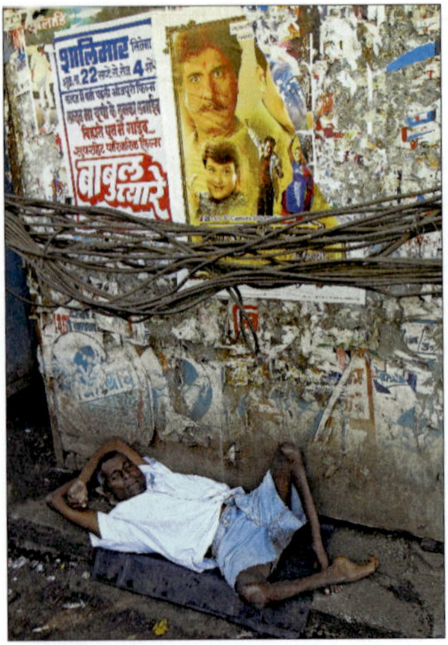

044kmu Foto: rk

von 200–500 Rupien (ca. 3,7 bis 9 Euro) sind bei vielen *bhikhari* die Regel, besonders bei solchen, die sich gute Bettelplätze gesichert haben, z. B. auf Bahnhöfen. Oft gibt es erbitterte Kämpfe um die profitabelsten Orte und nicht selten kassieren Gangster von den Bettlern eine Art Miete für die Plätze, eine Schutzgebühr. Dafür halten sie andere Bettler von der Stelle fern, Ehrensache. Dies ist nur ein Beispiel für die Schattenökonomie, die weite Aspekte des Lebens in Mumbai durchdringt. Man arrangiert sich untereinander in oft kompliziert verschlungenen, symbiotischen Allianzen und sichert sich so das Überleben oder Vorwärtskommen.

Von der Regierung des Bundesstaates Maharashtra wird geschätzt, dass die Gesamteinnahmen der Bettler in Mumbai pro Jahr bei 1,8 Mrd. Rupien liegen (knapp 30 Mio. Euro); verteilt man diese Einnahmen auf 300.000 Bettler, so erhält man lediglich ein Jahreseinkommen von 6000 Rupien pro Kopf (ca. 100 Euro.) Bei aller Fragwürdigkeit der „geschätzten" Zahlen: **Betteln ist Big Business in Mumbai** – Big Business oft gemischt mit Showbusiness. Eine Studie über 58.000 Bettler in Delhi förderte ein ähnliches Ergebnis zu Tage. Die befragten Bettler gaben Tageseinkünfte von 50 bis 500 Rupien an (8 bis 80 Euro).

Viele Bettler werden von **Gangsterbanden** kontrolliert. Deren Mitglieder fahren die Bettler morgens auf Lastwagen zu ihren Bettelplätzen, holen sie abends wieder ab und kassieren den Großteil der Einnahmen für sich selbst. Im schlimmsten Fall werden Kinder entführt, ihnen wird ein Arm abgehackt und dann werden sie zum Betteln ausgeschickt. Solche Kinder soll es auch zu „mieten" geben – Frauen mieten sie, um dann mit „ihrem" verkrüppelten, bemitleidenswerten Kind betteln zu gehen.

Es gilt, seinen **gesunden Menschenverstand** zu nutzen und nur in Fällen zu geben, die „echte", unmanipulierte, für den Betreffenden unlösbare Not reflektieren und wenn die bettelnde Person so aussieht, als könne sie wirklich keiner Arbeit nachgehen. Es gibt genug Arbeit in Mumbai, wenn man sie nur sucht. Das demonstrieren z. B. die zahlreichen Müllsammler, die keine schmutzigen Hände scheuen und zudem der Gesellschaft einen wertvollen Dienst erweisen. Der noch brauchbare Müll verschwindet von der Straße, er wird verkauft und recycelt. Es wird geschätzt, dass in Indien 60 % aller Plastikwaren recycelt werden (zum Vergleich: in China sind es 10 %).

Durch ein wenig **Einfallsreichtum** lässt sich ebenfalls ein bisschen Geld verdienen: Am Marine Drive befindet sich eine Stelle, an der Parsen in Richtung Meer beten und Kokosnüsse als Opfergaben ins Wasser werfen – kaum sind die Betenden verschwunden, springt der eine oder andere Obdachlose ins verschmutzte Wasser, fischt die Kokosnüsse wieder heraus und verkauft sie an einen Kokosnusshändler. Ähnliche Beispiele innovativer Geldbeschaffungsmethoden gibt es zuhauf.

Gelegentlich habe ich bei Bettlern einen Test gemacht und gesagt: Ich gebe dir kein Geld, aber ich habe eine Arbeit für dich. Eine gute Arbeit. Gutes Geld. Willst du arbeiten? Die Antwort war ein völlig entsetzter Blick in den Augen.

Es ist unmöglich zu schätzen, wie viele der Bettler **in echten Notsituationen** stecken, Menschen, die aus gesundheitlichen Gründen keiner Arbeit nachgehen können und die keine Familie haben, die sie versorgt. Einige Bäckereien in der Stadt verteilen kostenlos übrig gebliebenes Brot oder *chapatis* an Bettler. Zu Geschäftsschluss versammeln sich dann jeweils ein paar Dutzend zerlumpte Gestalten vor den Läden. Dort hocken sie sich ordentlich in Reih und Glied nieder und warten auf die Speisung. Wer sich vordrängt, bekommt nichts, das wissen sie, und so herrscht strenge Sitzordnung. In den *gurudwaras,* den Tempeln der Sikhs, wird morgens *langar* abgehalten, ein kostenloses Gemeinschaftsessen, an dem jedermann teilhaben kann – auch Bettler sind willkommen und können essen, so viel sie wollen. Viele Bettler setzen sich an die Eingänge von Tempeln oder Moscheen und die Gläubigen geben ihnen ein wenig Kleingeld. Dieser Obulus ist eine Art Erweiterung des Gottesdienstes und soll dem Geber zu günstigem Schicksal verhelfen. Ob die Bettler dabei tatsächlich notleidend sind, ist egal – allein die gute Absicht des Gebers zählt.

Als weißer, scheinbar reicher Ausländer wird man natürlich besonders von Bettlern verfolgt. Wenn man nichts geben will, so sollte man einfach **durch die Bettler „hindurchsehen“** und sie ignorieren. So machen es die Mumbaikars ganz automatisch. In dem Moment, in dem man auch nur sagt „Nein, ich gebe dir nichts“, bietet man eine größere Angriffsfläche und der Bettler wird erst recht nicht locker lassen. Jede Interaktion, wie

Keine Alternative: Bei einigen Bettlern ist es offensichtlich, dass sie keiner normalen Arbeit nachgehen können flüchtig auch immer, ist eine Ermunterung, an seinem Opfer dran zu bleiben. Westler sollten sich den Gedanken aus dem Kopf treiben, es sei unhöflich, nicht zu reagieren, wenn man angesprochen wird – in Indien ist das ganz normal. Man geht einfach wortlos weiter. Es bedarf meist einiger Zeit, bis man die Bettler nicht mehr wahrnimmt, wenn man sie nicht wahrnehmen will. Der Mumbaikar hat dieses Stadium schon in frühester Kindheit durchlaufen. Es ist schlichtweg eine Überlebenstaktik: Wenn man auf jeden Bettler reagieren würde und zudem noch Geld gäbe, wäre man schnell sowohl mental als auch finanziell erschöpft.

Falls Mumbaikars etwas geben, dann zumeist **ein wenig Kleingeld,** das lose in der Hosentasche herumklimpert: vielleicht 2, 3, 4 oder maximal 5 Rupien, ein paar Münzen, die man nicht wirklich braucht. Summen von 10 oder 20 Rupien werden nur sehr selten gegeben. Ähnlich sollte man auch verfahren.

Ein sehr realistisches Bild von den Bettlern, Schnorrern, Überlebenskünstlern und von all den kleinen und großen Gaunereien, die sich auf Mumbais Straßen abspielen, zeichnet der Hindi-Film *Traffic Signal.* (Näheres siehe im Anhang.) Vor einem Besuch in Mumbai sollte er zum Pflichtprogramm gehören.

Das Essen: eine Passion, die die Mumbaikars vereint – und trennt

„Nach einem Mahl wandle man etwa einhundert Schritte, um die Verdauung zu fördern, aber man unternehme keine Leibesübungen, übe keinen Geschlechtsverkehr aus oder studiere oder schlafe nicht innerhalb einer Stunde nach einer Mahlzeit. Man möge sich jedoch entspannen, dabei liege man auf der linken Seite, was die Funktion des rechten Nasenlochs anregt und so die Verdauung fördert."

Charaka in der *Charaka Samhita,* ca. 400–200 v. Chr.

Koch- und Essvorschriften

Das Essen hat im Hinduismus von jeher einen hohen Stellenwert, es ist mehr als reine Nährstoffaufnahme, um die Körperfunktionen aufrechtzuerhalten. Der alte Gesetzgeber *Manu* lässt sich seitenlang darüber aus, was, mit wem und unter welchen Umständen gegessen werden kann und von wem Speisen entgegengenommen werden dürfen. Die Liste ist so umfangreich, dass die Nahrungsaufnahme – würden alle Regeln penibel befolgt – zu einer hochkomplizierten Aktion würde. Es ging dem Hindu nicht um die Zufuhr von Vitaminen und Mineralstoffen, diese waren damals unbekannt. Das **Essen war ein Ritual,** um spirituelle Reinheit zu erlangen oder zu bewahren. Zahlreiche Nahrungsmittel waren Personen bestimmter Kasten verboten und in der *Arthashastra* verhängt der Autor *Kautilya* eine harte Strafe für das absichtliche Essen oder Trinken verbotener Substanzen: das Exil.

Inzwischen geht es glücklicherweise weniger streng zu. In ländlichen Gebieten kann es zwar auch heute noch geschehen, dass Leute unterschiedlicher Kasten nicht gemeinsam essen: Die Höherkastigen würden sich dabei spirituell verunreinigen. Würde man solche Regeln in Mumbai befolgen, müsste man möglicherweise verhungern, denn Büroangestellte können nicht auswählen, wer in der Mittagspause neben ihnen sitzt. In Mumbai herrscht allgemein das, was Kulturwissenschaftler als *interdining* bezeichnen, d. h. das unbeschränkte **gemeinsame Essen Personen unterschiedlicher Kasten,** Religionen oder Ränge. In anderen Gesellschaften ist dies selbstverständlich, in Indien aber ist es ein Fortschritt, einer, der im Falle Mumbais durch die Enge und Anonymität der Stadt hervorgerufen wird.

In früheren Zeiten waren die Köche ausschließlich Männer aus der Brahmanenkaste, wären sie Niederkastige gewesen, so wären Speisende aus höheren Kaste durch die von ihnen bereiteten Speisen rituell verunreinigt worden. Also stellte man vorsichtshalber nur Brahmanen ein. Frauen wurden nicht in die Küchen gelassen – auch nicht Brahmaninnen –, denn während ihrer Menstruation wären sie als Arbeitskräfte ausgefallen, da sie sonst die Speisen verunreinigt hätten. In traditionellen Großfamilien setzen Frauen noch heute während ihrer Regelblutung mit der Küchenarbeit aus. In modernen städtischen Restaurants finden sich inzwischen Köche aus allen Kasten und in dem einen oder anderen Fünfsternehotel brutzelt sogar schon mal eine Köchin. In einfachen kleinen Restaurants aber findet man auch heute nur Männer in der Küche, verschwitzte Gestalten, die nur mit einem *dhoti,* dem traditionellen Wickelgewand, bekleidet sind.

Bei all den komplizierten **Koch- und Essvorschriften,** die sich die alten Hindu-Gesetzgeber ausgedacht hatten, ist es nicht verwunderlich, dass viele Inder auch heute noch verschrobene, eigensinnige Esser sind. Viele sind Vegetarier (ca. 30 % der Gesamtbevölkerung), manche sind „Halbvegetarier", die dienstags und freitags auf Fleisch verzichten, Tage, die bestimmten Hindu-Gottheiten geweiht sind.

Den strikten Speiseregeln steht die ungemeine Essensfreudigkeit der Inder gegenüber. Viele verzehren alles, was sie bekommen können (innerhalb ihrer vegetarischen oder nichtvegetarischen Gewohnheiten), und gesundheitliche Aspekte werden meist außer Acht gelassen. Ein großer Teil von Mumbais (und Indiens) Standardsnacks müssten unter gesundheitlichen Blickpunkten als **„Junkfood"** bezeichnet werden, z. B. die frittierten *Samosas* (Teigtaschen) und *Jalebis* (eine Art Krapfen), *Bhel Puri* (ein Mischmasch aus diversen Zutaten und Tamarind-Soße) etc. In der populären Lokalkultur werden derlei Imbisse jedoch glorifiziert, so als seien sie von den Göttern geschaffenes Manna. Die Leidenschaft für diese Speisen gibt den Mumbaikars eine gemeinsame Identität. Im Ausland lebende Mumbaikars werden bei Zusammentreffen sicher von den Tagen schwärmen, als sie noch auf dem Chowpatty Beach *Pav Bhaji* und *Bhel Puri* aßen – so wie vielleicht ein Exildeutscher nach seinen guten alten „Pommes mit Mayo" lechzt.

Gesund oder nicht gesund?

Indisches Essen ist – wenn man es unkontrolliert in sich aufnimmt – **nicht unbedingt gesund.** Indien hat die höchste Pro-Kopf-Rate an Diabetes in der Welt und eine sehr hohe Rate an Herzkrankheiten, Verdauungsstörungen, Übergewicht (vor allen in den Städten) u. Ä. Diese Krankheiten sind zum größten Teil der Ernährung zuzuschreiben. Indisches Essen ist in erster Linie die Nahrung eines Bauern: Es ist **sehr kalorien- und fettreich** und sättigt schnell. Man denke nur an die Panjabi-Küche mit ihren dicken, von *Ghi* (Engl. *Ghee)* triefenden Parathas. Für einen Bauern, der körperlich arbeitet, stellt das kein Problem dar. Beim Stadtbewohner aber, der sich kaum bewegt, macht es sich leicht in Form eines dicken „Rettungsreifens" bemerkbar. Indisches Essen kann ganz wunderbar sein – wenn man gut auswählt, was man zu sich nimmt und was man besser weglässt.

Dies verstehen heute auch immer mehr Mumbaikars und in der wohlhabenden Oberschicht isst man schon viel bewusster als noch vor ein oder zwei Jahrzehnten. Das ist dem steigenden Wohlstand zu verdanken, man hat derzeit mehr Geld, gesünder zu essen, man hat mehr Zugang zu Informationen und kann sich sogar die Mitgliedschaft in einem „Health Club" leisten. Und mehr Leute als früher joggen heute allabendlich den Marine Drive auf und ab.

Das **Gesundheistbewusstsein** wird auch den Filmstars abgeguckt, die sich wiederum an den Hollywoodstars orientieren. Früher konnte der typische indische Filmheld ruhig einen leichten Kugelbauch haben, das ließ

Kunterbunte Kundenmagneten: Die Snackstände am Chowpatty Beach erwachen erst abends zu richtigem Leben

045kmu Foto: rk

ihn wohlsituiert und nach Brahmanenkaste aussehen. Viele Brahmanen, die traditionell keine körperliche Arbeit verrichteten, hatten (und haben oft noch) wabblige Hänge- oder Schmierbäuche; man beachte die Priester in den Tempeln. Eine Filmheldin konnte gern ein paar Fettrollen aufweisen, die in leichten Falten über den Sari-Ansatz quollen, das war sogar sexy – vom Busen im soliden D-Cup-Format ganz zu schweigen.

Heute hingegen halten sich die Filmstars in schlanker Topform und jede Woche werden etliche Stunden im Fitnessstudio abgeschwitzt. Zusätzliches Muskeltraining ist bei den Männern ein Muss. *Hrithik Roshan, Salman Khan* oder *John Abraham* hätten heute nicht solchen Erfolg, wenn sie nach alter Manier hühnerbrüstig wären, so wie früher *Rajesh Khanna* oder *Raj Kapoor. Salman Khan* nimmt jede Gelegenheit wahr, sich seines Hemdes zu entledigen und seinen Fans den gestählten Oberkörper zu präsentieren. Eine Sexbombe wie *Mallika Sherawat* ist um einige Zoll schlanker als das Sexsymbol der 1970er-Jahre, *Zeenat Aman.*

Viele junge indische Frauen orientieren sich heute an den **zahlreichen Schönheitsköniginnen** wie Miss World oder Miss Universe, die Indien in den letzten Jahren hervorgebracht hat. Der Erfolgstrend begann 1994, als mit **Aishwarya Rai** zum ersten Male eine Inderin zur Miss World gekrönt wurde. Das Ereignis löste landesweite Euphorie aus: Endlich hatte Indien auch einmal etwas gewonnen. Bei Olympiaden war Indien zumeist nur durch „Nichtauffallen" aufgefallen. Außer im Cricket und in den Korruptionsstatistiken hatte Indien noch nie einen nennenswerten Sieg davongetragen. Und nun dieses wunderschöne Mädchen mit weißem Teint und grünen Augen ... Als *Aishwarya* nach der Verleihung in einer Festprozession per Pferdekutsche nach Hause zurückkehrte, zur elterlichen Wohnung im Stadtteil Bandra, kam es zu tumultartigen Szenen. Ich war inmitten der wild gewordenen Menschenmenge und hatte Mühe, meine Fotoausrüstung vor dem Zerquetschtwerden zu bewahren. Beim Namen *Aishwarya* denke ich heute immer an eine verbeulte Nikon.

Weitere indische Schönheitsköniginnen folgten – im gleichen Jahr noch *Sushmita Sen* als Miss Universe – und sie traten **eine wahre „Schönheitslawine“** los. Der Verkauf von Kosmetika und modischer Kleidung boomte. Sexy auszusehen war mit einem Schlage „in“ und nicht mehr unbedingt ein Zeichen für zweifelhaften Charakter. Viele junge Frauen achteten plötzlich auf ihre Figur, zupften sich die Augenbrauen und kauften Haarkuren mit der Wunderpflegeformel. Zuvor war Kokosnussöl noch gut genug gewesen. Überall im Lande wurden Schönheitswettbewerbe abgehalten, plötzlich gab es eine „Miss Nagpur“ und ähnliche provinzielle Schönheits-Maharanis. Frau begann, Kalorien oder Kilojoule zu zählen. „Mann“ schaute begeistert – und vielleicht auch ein wenig verstört – zu.

Vegetarisch oder nicht vegetarisch?

Egal ob männlich oder weiblich, dick oder dünn, Junkfood oder Gesundheitskost – die **große Trennlinie,** die sich durch Indiens Esskultur zieht, heißt „vegetarisch oder nicht vegetarisch“, *vegetarian or non-vegetarian,* meist abgekürzt zu *veg or non-veg.* Ein beträchtlicher Teil Mumbais Bevölkerung isst vegetarisch. In der Stadt leben viele traditionell vegetarische Landsmannschaften, so wie die Gujaratis, Marwaris und Sindhis. Der Bundesstaat Gujarat hat mit 60 % den höchsten Anteil von Vegetariern unter den indischen Bundesstaaten. Auch die in Mumbai lebenden Gujaratis sind mehrheitlich Vegetarier. Sie nehmen ihr Vegetariertum sehr ernst, Ausnahmen von der fleischlosen Kost gibt es nicht. Viele essen sogar nicht einmal in Restaurants, in dem sowohl *veg* als auch *non-veg* serviert wird. Theoretisch besteht die Gefahr, dass das vegetarische Essen in Töpfen zubereitet wurde, in dem zuvor Fleischliches angerührt worden war – obwohl die meisten solcher Restaurants in Mumbai versichern, dass sie zwei separate Sätze Kochgeschirr benutzen. Für einen strikten Vegetarier würde die Aufnahme von auch nur minimalen Mengen Fleisch eine kaum gutzumachende rituelle Verunreinigung bedeuten. Eier sind ebenfalls tabu. In manchen Restaurants werden „vegetarische Omeletts“ serviert. Das sind omelettförmige Getreidefladen, denen gelbe Lebensmittelfarbe untergemischt wurde. Es befindet sich kein Ei darin. Serviert wird das Ganze mit Kokosnuss-Chutney und *Sambhar,* einer scharfen Brühe.

Die **Trennung von Vegetariern und Nichtvegetariern** zieht sich teilweise gar durch die Wohnblocks. Es gibt zahlreiche Apartmentgebäude in Mumbai, die nur von Vegetariern bewohnt werden. Die *building societies,* die Betreiber der Gebäude, dulden in diesem Fall keine Nichtvegetarier in ihren Apartments, egal, welchen (hohen) Preis diese für eine Wohnung bieten mögen. Viele Nichtvegetarier fühlen sich dadurch diskriminiert, auf dem Rechtsweg lässt sich jedoch nichts dagegen unternehmen. Jeder Besitzer kann seine Apartments an die Leute vermieten oder verkaufen, die ihm belieben.

In ihren Annoncen erwähnen die Baugesellschaften jedoch meist nicht, dass sie nur vegetarische Familien zulassen. Sie entscheiden nach dem Namen, wen sie aufnehmen und wen nicht: Am Nachnamen lässt sich oft schon die Landsmannschaft erkennen und damit auf „vegetarisch" oder „nicht vegetarisch" schließen. Bleiben immer noch Zweifel, so genügen ein paar mehr oder weniger subtile Fragen, um herauszufinden, zu welcher Kategorie die potenziellen Mieter oder Käufer gehören. Ein Moslem wird in einem solchen Apartmentblock nicht akzeptiert werden, denn so gut wie kein Moslem ist Vegetarier. Sikhs sind gelegentlich Vegetarier, sie müssten es in diesem Fall aber plausibel erklären oder „beweisen" können. Ein Vegetarian-only-Wohnblock ist somit in den meisten Fällen ein reines Hindu- oder Hindu-/Jain-Gebäude.

Nach Schätzungen von Maklern befinden sich in Süd-Mumbai bisher 1 % aller Gebäude in rein „vegetarischen Händen", in den Vororten sind es 2 %, die Tendenz ist steigend. In den Vororten wie Malad, Andheri, Jogeshwari, Goregaon u. a. wohnen sehr viele Gujaratis. Die meisten von ihnen sind Geschäftsleute, viele spekulieren an der Börse und der Boom der indischen Wirtschaft Anfang des 21. Jh. hat sie wohlhabender, einflussreicher und selbstbewusster gemacht. In manchen Stadtteilen haben Bürger Restaurantbesitzer, die Fleisch servierten, zur Schließung gezwungen. 2006 war auf diese Weise der gesamte Bereich zwischen Malabar Hill und Walkeshwar zu einer **vegetarischen Zone** bereinigt worden. In dem Gebiet leben viele, zum Teil sehr gut situierte oder gar steinreiche Gujaratis, Jains und Marwaris. Als hier eine Filiale von Pizza Hut eröffnet wurde, erzwangen die Anwohner, dass dort kein Fleisch serviert wurde. Die Filiale war somit weltweit die erste und einzige Pizza-Hut-Vertretung, in der rein vegetarische Kost kredenzt wurde. Bald darauf wurde sie geschlossen.

In einem Brief an eine englischsprachige Tageszeitung in Mumbai beschwerte sich 2005 ein – offensichtlich hinduistischer – Leser gegen den Gebrauch des Verbs *to beef up* (wörtl. etwa „mit Rindfleisch aufstocken" =

046kmu Foto: rk

„verstärken"). Der Ausdruck sei äußerst unpassend und verletze die Gefühle der Hindus. Stadtpläne aus dem 19. Jh. zeigen im Stadtteil Fort noch eine Old Beef Market Lane – heute würde sie flugs in „Blumenkohlgasse" o. Ä. umgetauft werden. Als 2006 ein neuer Supermarkt im Stadtteil Vile Parle eröffnet wurde, empörten sich die Vegetarier ob des Fleisches in der Fleischtheke. Das Management ließ darauf den Tresen mit undurchsichtigem Glas verkleiden.

Moslems ihrerseits verhindern in Stadtteilen, in denen sie in der Überzahl sind, den Verkauf von **Schweinefleisch.** Schweinefleisch ist im Islam *haraam,* unrein. Die Christen wiederum kämpfen für das Recht, Fleisch essen zu dürfen, egal welches und egal wo. Es ist offensichtlich, dass Mumbai in Sachen Nahrungsaufnahme eine tief gespaltene Stadt ist, aufgeteilt in verfeindete kulinarische Besatzungszonen – die Passion, die sie alle vereint, trennt sie auch.

Zu den prominentesten Vegetariern in Indien gehörten *Mohandas Karamchand Gandhi,* besser bekannt als *Mahatma* („Große Seele") *Gandhi* (1896–1948), und der ehemalige indische Premierminister *Morarji Desai* (1896–1995). Beide waren Gujaratis. **Mahatma Gandhi** hatte es sich nach eigenen Worten „zur Mission gemacht", den Vegetarismus zu verbreiten, da er diesen als einen integralen Bestandteil seiner Philosophie des *ahimsa* betrachtete, des Nichtverletzens jedweder Lebewesen. *Morarji Desai* war ein glühender Anhänger *Gandhis* und folgte der gleichen Weltanschauung. Sein hohes Alter führte er auf seine schlichte vegetarische Kost zurück, als auch auf das tägliche Trinken des eigenen Urins. *Morarji Desai* war ein überzeugter Verfechter der Eigenharntherapie. Die Behandlung mit Eigenharn, oder *shivambu* („Shivas Wasser") auf Sanskrit, ist Bestandteil der alten indischen Heilkunde Ayurveda. Für diese Trinkgewohnheit erntete *Desai* selbst in seiner Heimat eine gehörige Portion Spott. Inder haben Verständnis für alle erdenklichen Nahrungsfimmel, aber das ging den meisten doch zu weit. Die wenigen Urintrinker, die Indien aufweist, sahen in *Morarji Desai* einen erleuchteten Wegbereiter und nannten ihn huldvoll *Shivambu Rishi,* den „Weisen der Urintherapie".

Maharashtrische Küche

Die zahllosen Restaurants in Mumbai bieten beinah ebenso **viele verschiedene Küchen** an, wie man Landsmannschaften in der Stadt zählt. Es gibt Gujarati- und Panjabi-Küche, die Udipi-Cuisine aus Karnataka, Seafood aus der Konkan-Region, Goanesisch, Parsi-Essen, vegetarische Sindhi-Kost, die Speisen der „North-West Frontier" (Pakistan/Afghanistan) und vieles mehr. Die Auswahl ist riesig, man kann ganz vorzüglich speisen. Es lohnt sich, ein paar Rupien mehr anzulegen, denn das Essen in Toprestaurants wie z. B. *Khyber* kann teuer, aber dafür auch ein lukullisches Erlebnis sein. Eventuell sieht man noch den einen oder anderen Bollywood-Star am Nebentisch.

Auffallend kurz kommt in Mumbai die **Küche Maharashtras,** obwohl 40 % der Bevölkerung Maharashtrier sind. Nur wenige, meist sehr einfache Restaurants, kredenzen diese Küche. Man muss regelrecht danach suchen. Mitte der 1990er-Jahre schickte sich die damalige Shiva-Sena-BJP-Koalitionsregierung in Maharashtra an, diesen Mangel zu beheben. In Mumbai eröffnete sie 250 *„Zunka Bhakar Kendras" (ZBK). Zunka Bhakar* ist das Standardgericht der Farmer in Maharashtra: *Zunka* ist eine Paste oder ein eingedicktes, würziges Curry aus Kichererbsenmehl; *Bhakar* ist ein *Chapati* (Fladenbrot aus ungesäuertem Teig), das aus verschiedenen Mehlsorten bereitet werden kann. *Kendra* bedeutet „Center". In den Centern sollte erstens arbeitslosen jungen Maharashtriern eine Anstellung geboten werden und zweitens sollte das Gericht für den Arme-Leute-Preis von nur einer Rupie verkauft werden. *Zunka Bhakar* wurde als nahrhafte, spottbillige Volksspeise propagiert, die kulinarische Rettung des kleinen Mannes in Maharashtra.

Voll fleischlos: Das Samrat Restaurant in Churchgate
ist besonders beliebt bei vegetarischen Gujaratis und Marwaris

Henkelmänner auf Rädern: der Service der dabba-walas

Jeden Mittag kann man sie an der Churchgate Station oder am Chhatrapati Terminus beobachten: Die „dabba-walas“, eilige Männer, die mit geübten Handgriffen ***Dutzende von Essensbehältern*** *auf lange, schmale Handkarren verfrachten. Kaum sind die Behälter aufgeladen, setzen sie die Handkarren in Bewegung und im Laufschritt schieben sie sie durch Mumbais verstopfte Straßen. Die Essensbehälter müssen so schnell wie möglich ihren hungrigen Empfängern zugestellt werden.*

Die „dabba-walas“ bieten einen ***einmaligen Service*** *in Indien. Jeden Tag sammeln sie in Haushalten das Essen ein, das die Hausfrauen für ihre in den weit entfernten Büros arbeitenden Männer gekocht haben. Das Essen wird in „dabbas“ gefüllt, metallene Henkelmänner, auf Englisch „tiffin box“ oder „lunch box“ genannt. Die „dabba-walas“ markieren die Büchsen mit farbigen Zahlen, Buchstaben und Zeichen, durch die ihre Kollegen genau erkennen, wohin das Essen geliefert werden soll. Das wiederum ist eine Kunst für sich. Durch ein ausgeklügeltes Verteilersystem - über die Vorortzüge und dann per Handkarren - kommen die „dabbas“* ***pünktlich zur Mittagspause*** *bei ihren Empfängern an.*

Das System war Ende des 19. Jh. eingeführt worden, um den strikten ***indischen Essgewohnheiten*** *gerecht werden zu können. Dadurch konnte nun jeder Arbeitnehmer genau mit dem Essen versorgt werden, das ihm seine Religion, Kaste oder seine Gewohnheiten vorschrieben. Zudem war es billiger als in einem Restaurant zu essen.*

Die Zunft beschäftigt 5000 „dabba-walas“, die ***täglich bis zu 200.000 Henkelmänner*** *anliefern. Es ist einer der effizientesten, zuverlässigsten Dienstleistungsbetriebe in Mumbai und die „dabba-walas“ sind merklich stolz auf ihre Arbeit.*

Der Plan war gut, er ging jedoch schon bald daneben. Zunächst wurden die Center nur treu gedienten Mitgliedern der *Shiv Sena* überlassen – die arbeitslosen Jugendlichen blieben draußen vor der Tür. Die *ZBK* befanden sich in den besten Geschäftslagen und waren potenzielle Goldminen. Somit wurde hier bald nicht nur *Zunka Bhakar* verkauft, sondern auch Pizzen und *dosas* (südindische Teigfladen) und das *Zunka Bhakar* wurde um ein Vielfaches teurer als die versprochene Ehrenrupie veräußert. Der Plan endete als Flop. 2007 beschloss die damalige, von der Congress-Partei gestellte Regierung des Bundesstaates, die Center zu schließen.

Somit ist es wieder schwierig, typisches, rustikales Maharashtra-Essen in Mumbai zu bekommen. Dazu eignen sich Städte wie Pune, Nasik, Kolhapur oder Nagpur besser. Eventuell erhält man *Zunka Bhakar* noch an einem der Essensstände direkt gegenüber dem Chhatrapati Shivaji Terminus, angrenzend an den Azad Maidan. Die meisten Büroangestellten, die dort Mittagspause machen, genehmigen sich aber eher ein Stück Pizza oder eine knusprige *dosa*. Rein vegetarisch, ist doch klar.

(K)ein Dach über dem Kopf: Unterkunftssorgen in der „Stadt aus Gold"

„Viele Jahre lang wurde (Colaba, d. A.) nur dazu genutzt, um dort Antilopen und andere Viecher zu halten, die den (d. A.: Speise-)Freuden der East India Company dienten."

J. Gerson da Cunha in *The Origin of Bombay* (1900), eine ältere Quelle über das heutige Touristen- und Geschäftsviertel Colaba zitierend.

Mietwucher und Obdachlose

Die Hotel- oder Wohnungssuche gehört zu den frustrierendsten Erlebnissen in dieser Stadt, in der jeder Quadratmeter pures Gold wert ist. Mumbai hat die höchste Bevölkerungsdichte der Welt (siehe Kap. „Menschenmagnet Mumbai") und Hotelzimmer und Wohnungen sind teurer als anderswo in Indien, meist sogar teurer als in wohlhabenderen Ländern. **Mumbais Mieten sind die sechsthöchsten der Welt,** nach Hongkong, Moskau, New York, Tokio und London. Leider aber ist Mumbai fernab davon, seinen Bewohnern die sechsthöchsten Einkommen der Welt zukommen zu lassen. Die Wohnqualität, die sich der durchschnittliche Bewohner mit seinem Einkommen erkaufen kann, ist somit am westlichen Standard gemessen schlecht bis miserabel.

Glücklich dürfen sich die Bewohner schätzen, die aufgrund eines rigorosen, aus sozialistisch angehauchten Zeiten stammenden **Mieterschutzgesetzes** nur ein paar Hundert Rupien Miete zahlen. Der *Bombay Rent Act* sah bis 1999 vor, dass die Mieten von Objekten aus der Zeit vor der Unabhängigkeit auf dem Niveau von 1947 eingefroren wurden. Das Gesetz war rechtlich lange umstritten und durchlief über zwanzig Änderungen. Diese führten zu einem leichten Anstieg der Mieten, der jedoch in keiner Weise den wahren Wert der Objekte widerspiegelt. Kein Wunder, dass so mancher Wohnungsbesitzer diese lieber leer stehen lässt, als sie für ein paar Rupien einem Mieter zu überlassen, den man zudem nur sehr schwer wieder loswerden kann. Ein „Mieter" *(tenant)* ist durch das Gesetz so gut abgesichert, dass er fast unkündbar ist. Ein entsprechender Prozess kann Jahre dauern und ist am Ende möglicherweise erfolglos. Hunderttausende von Wohnungen in Mumbai stehen daher leer – wo sie doch so dringend benötigt werden.

Um das Mietgesetz zu umgehen, bedient man sich häufig eines *Leave and Licence Agreements*. Dies ist eine **Abmachung zwischen Mieter und Vermieter,** die letzterem das Wohnrecht für 11 Monate garantiert, danach muss eine neue Vereinbarung getroffen werden – möglicherweise unter Aushandlung eines neuen, sprich höheren, Mietpreises. Der Vermieter kann die Abmachung allerdings mit einer Frist von einem Monat jederzeit kündigen. Der Mieter ist somit im legalen Sinne kein *tenant* und hat kaum Rechte.

Die Mieten oder Kaufpreise für Wohnungen und Häuser sind horrend. Eine **Slumhütte kann leicht 50.000 Rupien kosten** und der potenzielle Käufer muss beim lokalen *slum lord,* einem Gangsterboss, der den Slum beherrscht, erst einmal abklären, ob man ihn dort überhaupt haben will. Ein winziges Zimmer in einem der abbruchreifen *chawls* kostet ab 200.000 Rupien. Die *chawls* sind unansehnliche Großbauten mit eng gepackten Zimmern, vielleicht drei mal vier Meter klein, wie Waben in einem Bienenstock, grau, trist und vor sich hin verwitternd. Oft haust eine ganze Großfamilie in einem solchen Zimmer. Es gibt nur Gemeinschaftstoiletten auf den Fluren und zum Wasserholen muss man an einigen wenigen Wasserhähnen anstehen. Über mangelnde Nachbarschaftskontakte kann man sich nicht beklagen – man trifft sich Tag für Tag in den Warteschlangen, die sich hier und vor den Toiletten bilden.

Bei den hohen Wohnungspreisen ist es nicht verwunderlich, dass etwa 300.000 Menschen als sogenannte *pavement dwellers* **auf der Straße schlafen.** In Mumbai ist es relativ leicht, sich einen Broterwerb zu verschaffen, aber ein Dach über dem Kopf ist für Viele unerschwinglich. Dies ist wohl eines der größten Paradoxe in der Stadt. Von den ganz offensichtlichen Misslichkeiten abgesehen, birgt das Leben auf der Straße zudem Gefahren, die der glückliche Wohnungsinhaber nur aus der Zeitung kennt. Kämpfe um gute Schlafplätze sind nicht ungewöhnlich und es herrscht das Recht des Stärkeren. Häufig werden Pflastersteinschläfer von betrunkenen oder rücksichtslosen Autofahrern überfahren. 2002 fuhr der

Häuserdschungel: Wer sich keine der überteuerten Wohnungen leisten kann, muss auf der Straße oder in einer Slumbehausung schlafen

047kmu Foto: rk

Schauspieler *Salman Khan,* anscheinend angetrunken, in eine Gruppe Schlafender auf einem Bürgersteig in Bandra – einer von ihnen starb. Gelegentlich tauchen psychotische Serienkiller aus dem Dunkel der Nacht auf und töten *pavement dwellers.* Der berühmt-berüchtigste davon ist der sogenannte „Steinmann", der in den Jahren 1985–1987 dreizehn Menschen mit einem Stein den Schädel einschlug. Der „Steinmann" wurde zu einer Legende der Kriminalgeschichte, ähnlich wie Jack the Ripper in London. Er wurde nie gefasst.

In einer Wohnung lebt es sich weit sicherer als auf der Straße, zudem ist sie eine **gute Geldanlage.** Eine mehrere Jahre alte 90–100-m²-Wohnung in einem Vorort geht leicht für vier bis fünf Millionen Rupien an den Käufer und der Wert steigt beständig. 2006 wurde ein Apartment in Cuffe Parade zum damaligen Rekordpreis von 73.000 Rupien pro Quadratfuß verkauft (Wohnungsflächen werden in Indien in Quadratfuß gemessen). Auf den Quadratmeter umgerechnet kostete dieser somit etwa 11.500 Euro. Experten sagen Preise von bis zu 80.000 Rupien/Quadratfuß voraus.

Dabei ist nicht zu vergessen, dass Gebäude in Indien einem schnellen Verfall unterlegen sind. Vier oder fünf Jahre alte Häuser sehen oft zehnmal so alt aus, das Klima und die minderwertigen Baumaterialien lassen die Bauten frühzeitig altern. Andere Häuser sehen alt und heruntergekommen aus, weil man sie absichtlich nicht renoviert. Eine **Renovierung** würde nur die Aufmerksamkeit der Steuerinspektoren wie auch die der Mafia anlocken. Bei Gebäuden, deren Wohnungen mehreren Besitzern gehören, müssten alle gemeinsam für eine Renovierung Geld zusammenlegen – und da ist immer jemand, der das viele schöne Geld lieber für etwas anderes ausgibt, z. B. die anstehende Heirat der Tochter oder die Auslandsausbildung des Sohnes.

Selbst sehr teure Apartmentgebäude sehen nach ein oder zwei Jahrzehnten so aus, als hätten sie gerade einen Guerillakrieg oder eine Naturkatastrophe über sich ergehen lassen. Ich erinnere mich, wie ich einmal eine deutsche Frau und ihre kleine Tochter im Taxi vom Flugplatz in die Innenstadt mitnahm. Zuvor hatten wir rein zufällig nebeneinander im Flugzeug gesessen. Als das Taxi zu nächtlicher Stunde durch Mumbais graue Straßen raste, sah das kleine Mädchen, acht oder neun Jahre alt, bedrückt aus dem Fenster und fragte seine Mutter: „Mami, ist hier Krieg?" In der Tat wirkten weite Teile der Stadt wie Beirut oder Bagdad nach etlichen Kriegsjahren. Das kleine Mädchen kannte derartig heruntergekommene Stadtszenerien nur aus den ganz schlimmen Fernsehnachrichten.

Mumbais Stadtteile

Der Traum eines jeden Mumbaikars auf den Stufen der Erfolgsleiter war es bis in die jüngere Vergangenheit, irgendwann einmal ein Haus im **Prominentenviertel Juhu** zu besitzen. In Juhu leben zahlreiche Filmstars, allen voran *Amitabh Bachchan,* und ebenso viele betuchte Geschäftsleute. Die Nähe zum Meer, der lang gestreckte Strand und das relativ vorstädtische und ruhige Ambiente übten eine starke Anziehungskraft auf die Oberschicht aus. Juhus Stern ist jedoch im Sinken begriffen. Bei einer Befragung von 2300 Mumbaikars im Jahre 2007 kam Juhu nur noch auf einen mittelprächtigen siebten Platz.

Die beliebtesten Stadtteile waren (in absteigender Reihenfolge): Shivaji Park/Dadar, Lower Parel, Andheri, Worli, Bandra, King's Circle/Sion und Juhu. Ausschlaggebend für die Bewertungen waren vor allem Aspekte wie Zugang zu Schulen, Parks und Freizeitmöglichkeiten, generelle Infrastruktur, Sicherheit, medizinische Einrichtungen und die Erreichbarkeit von Hauspersonal.

Shivaji Park ist eine ruhige, mit relativ viel Grün gesegnete **Mittelklassegegend,** ihr Zentrum ist der Park, eigentlich nur eine große, offene Rasenfläche, benannt nach *Shivaji Bhosle,* dem kämpferischen Volkshelden der Marathas. Mumbais cricketverrückte männliche Jugend benutzt sie als Cricketübungsplatz. Viele der Einwohner in den umliegenden, relativ ruhigen Straßen sind Zuwanderer aus dem Hinterland von Maharashtra und aus südindischen Bundesstaaten. Es ist eine Hochburg der *Shiv Sena.* An europäischen Verhältnissen gemessen gibt es in Shivaji Park nichts, was einem als besonders anheimelnd oder wohnenswert auffallen würde. Es ist kein Beverley Hills oder St. Tropez. In Sachen Wohnqualität sollte man sich in Mumbai einen neuen Maßstab zulegen.

Relativ beliebt als Wohngegend sind heute auch Vororte wie Malad, Goregaon oder Jogeshwari, in denen fleißig Apartmentgebäude aus dem Boden gestampft werden. Hier im hohen Norden der Stadt ist noch Platz dafür, in den zentraleren Gebieten stehen die Gebäude seit Langem Schulter an Schulter. Die Vororte sind teilweise sehr modern geraten und zwischen den neuen Wohnblocks entstehen riesige Shoppingcenter und Hightechkinos. Der Nachteil ist jedoch die große Entfernung zu den Geschäfts- und Bürovierteln in Süd-Mumbai (ca. 40 km). Das mit Abstand schnellste Verkehrsmittel dorthin sind die überfüllten *local trains.* (Siehe Kap. „Mit Taxi oder Pferdekutsche".)

Mumbai wird durch den Mahim Creek, der durch den Stadtteil Mahim fließt, in **Süd-Mumbai und Nord-Mumbai** geteilt. Die südlichen Stadtteile – und dazu gehört auch Shivaji Park, wenn auch nur gerade soeben – gelten oft als das alte, „echte" Mumbai. Manche Bewohner des Südens betrachten sich als die „alteingesessenen", urbanen Mumbaikars und sehen auf die neueren Zuwanderer in den nördlichen, jüngeren Vororten ein wenig herab. Tenor: Geld haben sie vielleicht, aber keine Klasse.

Der **Mahim Creek,** die große Trennlinie, ist leider nur eine völlig verschmutzte Kloake und der Übergang von Nord nach Süd (oder umgekehrt) wird durch einen stechenden Gestank in der Nase begleitet. Südlich des Creeks liegt Mahim, nördlich davon Bandra, unterteilt in Bandra West und Bandra East, wovon Bandra West eine der begehrtesten Wohngegenden ist. Auch hier wohnen, ähnlich wie in Juhu, zahlreiche Bollywood-Stars. Es gibt Pläne, den Mahim Creek und die daran gelegenen noch verbliebenen Mangrovenwälder in ein sauberes, ökologisch-freundliches Freizeitareal zu verwandeln. Bis dahin wird aber noch viel stinkendes Schmutzwasser ins Arabische Meer fließen.

Wohnungssuche

Ausländer, die beruflich nach Mumbai abkommandiert und auf Wohnungssuche sind, werden sehr schnell mit der Wohnungsmisere konfrontiert werden. Unter einer Monatsmiete von 100.000 bis 150.000 Rupien wird für die meisten Fremden kaum Adäquates zu finden sein. Dabei liegt die Qualität der Wohnung mit aller Wahrscheinlichkeit unter dem, was man im Westen für denselben Preis bekommen würde. Das Preis-Leistungs-Verhältnis ist erschreckend schlecht und manche Ausländer, die ohne Familie anreisen, mieten sich lieber langfristig in einem Hotel ein.

In manchen teuren Wohnungen fällt regelmäßig für einige Stunden am Tag das Wasser aus. Die Bewohner behelfen sich, indem sie Wasser in große Plastiktanks abfüllen, mit dem man sich notfalls duschen kann. Die Wohnungssituation in Mumbai kann generell sehr deprimierend sein, aber vielleicht tröstet die Einsicht, dass über 90 % der Stadtbevölkerung unter weit schlechteren Bedingungen leben müssen als der privilegierte Ausländer. In vielen älteren Gebäuden oder auch Büros gibt es überhaupt **kein fließendes Wasser.** Diese Häuser werden dann von Wassertankern versorgt. Der Tanker fährt vor, dann heißt es „Wasser marsch" und aus einem Plastikschlauch wird Wasser in Behältnisse gepumpt. Oder das Wasser wird von *Bhishtis* (Wasserträgern) vom Tanker aus in Ziegenbälge gefüllt und diese werden dann in die Wohnungen gebracht; fünf Rupien pro Ziegenbalg. Auf diese Weise werden selbst die „Käfige" *(pinjre),* die Billigbordelle in der Falkland Road, mit Wasser versorgt. Die Bordelle haben zumeist kein fließendes Wasser, jedweder Reinigungsvorgang von Prostituierten oder Kunden findet mit dem brackigen Wasser statt, das mühsam per Tanker und Ziegenbalg angeliefert wurde.

Auf zahlreichen Hausdächern sind **Wassertanks** angebracht, dessen Inhalt man benutzen kann, wenn die öffentliche Wasserversorgung aussetzt. In vielen Häusern oder Büros muss das Wasser per Handkarren angeliefert werden. Die Karren, denen man überall im Straßenbild von Mumbai begegnet, sind mit einem 500-Liter-Tank ausgestattet. Der Karren selbst wiegt bis zu 200 Kilo – macht insgesamt 700 Kilo, die von zwei Leuten durch die Straßen befördert werden. Einer zieht, der andere schiebt. Es ist eine anstrengende Arbeit, eine, die die Mühen der oft bemitleideten Rikscha-Zieher in Kolkata – mit bestenfalls zwei Passagieren – beinah wie ein Kinderspiel aussehen lässt.

Mumbai ist ein urbanes Unikum, eine Stadt, in der **jeder Quadratmeter Boden ein Vermögen wert** ist und in der sogar Menschen für ein paar Quadratmeter umgebracht werden. Grundstücke sind ein heiß umkämpftes Gut unter Mumbais Gangsterbanden. Nicht selten werden Liegenschaften illegal von Kriminellen besetzt und der tatsächliche Besitzer hat es schwer oder es ist ihm gar unmöglich, sein Land zurückzubekommen. Die Gangster arbeiten oft mit Polizei und Lokalpolitikern zusammen, gegen sie anzugehen, ist ein beinah heroisches Unterfangen.

Oft bleibt der geschädigten Partei nichts übrig, als selbst Ganoven anzuheuern, um das Problem aus der Welt zu schaffen – sei's mit Gewalt oder Androhung derselben oder einer allerseits akzeptablen finanziellen Abmachung. Es gibt wohl nur wenige Städte auf der Welt, die eine Vokabel für den Begriff **„Vereinbarung mit einem Gangsterboss"** geschaffen haben. Mumbai ist eine solche Stadt. *Mandwali* heißt ein solches Abkommen im Mumbai-Slang. Besondere Umstände und Probleme erfordern eben auch ein besonderes Vokabular. Das Wort hat eine interessante Entstehungsgeschichte. Es ist abgeleitet vom Ort Mandwa an der Konkan-Küste, unweit von Mumbai. In den 1970er-Jahren trafen dort einmal die Schmugglerbosse *Haji Mastan* und *Sukkur Narayan Bakhiya* aufeinander, die beide für ihre Banden Schmuggelgut in Empfang nehmen wollten. Die Begegnung führte zu einem Streit, wer als erster seine Ware löschen konnte. Es ging um kostbare Minuten, denn jederzeit konnte die Polizei auftauchen. Der Streit wurde schließlich beigelegt und seither heißen Abmachungen oder Kompromisse mit Gangstern *mandwali,* eine Kurzform von *Mandwa-wali,* etwa „die Vereinbarung von Mandwa". Eine korrumpierte Form des Wortes lautet *mandoli.*

Hotels

Die horrende Raumnot erstreckt sich auch auf die Hotels. **Mumbais Hotels** sind schlichtweg überteuert, oft schamlos überteuert. In den Hotellisten des Tourismusamtes an der Churchgate Station werden Hotel mit Zimmern unter 3000 Rupien als *low budget* bezeichnet, was an sich schon eine Warnung sein dürfte. Hotelzimmer internationaler Klasse kosten von 15.000 Rupien aufwärts, unter 2000 Rupien bekommt man in einem besseren Stadtviertel kaum ein halbwegs wohnliches Zimmer. Für ein paar Hundert Rupien erhält man eine elendige Absteige, wahrscheinlich mit Kleingetier inklusive. Bei einem längeren Aufenthalt in Mumbai ist für die Unterkunft ein größerer Geldposten zurückzulegen. Man kann sehr billig essen, aber ein Dach über dem Kopf kostet ein kleines Vermögen. Es lässt sich mutmaßen, dass die hohen Preise zum Teil dadurch entstehen, dass die Hotelbetreiber **Schutzgebühren** oder Schmiergelder an lokale Gangster oder Staatsdiener zahlen müssen, um ungestört ihrem Geschäft nachgehen zu können. Diese Kosten werden auf die Gäste abgewälzt. In Mumbai sind die Tentakel der Unterwelt allgegenwärtig, wenn auch meistens unsichtbar.

Andere Kosten entstehen, da Stadt und Polizei nicht das tun, was sie tun sollten, nämlich für **Sauberkeit und Sicherheit** sorgen. Viele bessere Hotels stellen für ihren Straßenzug Wachmänner ein, die darauf achten, wer sich in der Straße bewegt, besonders nachts. Oder sie bezahlen Straßenreiniger, die den Unrat von den Wegen beseitigen, um den sich eigentlich die Stadtverwaltung kümmern sollte. Vor den Hotels am Ramchandani Marg, nahe dem Gateway of India, habe ich morgens oft beobachtet, wie privat angestellte Straßenkehrer die Fäkalien beseitigten, die die *pavement dwellers* über Nacht auf dem Gehweg zurückgelassen hatten.

Morgenmusik in Mumbai: der Werberuf der fleißigen Dienstleistungsanbieter

Wer in einem Apartment in einer der besseren Wohngegenden wohnt, wird jeden Morgen dieselbe „Hintergrundmusik" vernehmen können, eine Art Soundtrack der Stadt Mumbai. Im Morgengrauen sind es zunächst ***die zahllosen Krähen,*** *die überall in Mumbai das frühmorgendliche Geschehen akustisch untermalen. Es kräht an allen Ecken und auf allen Plätzen, aus Hunderten von Krähenkehlen. Sie begrüßen die aufgehende Sonne oder streiten sich mal wieder um ein paar Abfallreste und für jemanden, der sich in Mumbai zu Hause fühlt, ist das daraus resultierende Gezeter ein wohltuendes, heimatlich-vertrautes Geräusch. Es gehört zum frühen Morgen wie das Morgenrot.*

Kurz nach den Krähen machen sich die ersten Dienstleistungsanbieter lauthals bemerkbar. Apartmentsiedlungen und ihre oft relativ wohlhabenden Bewohner bieten zahllosen Zuwanderern Brot und Arbeit. Als erstes kommt vielleicht ***der Milchmann,*** *der „dudh-wala", meist ein Zuzügler aus Uttar Pradesh, der aus voller Brust seine Ware anbietet. „Duuuudh, duuuudh ...!", „Milch!", hallt es zwischen den Wänden der Gebäude hin und her. Hat der Milchmann feste Kunden, so begibt er sich zu deren Apartmenttür, andernfalls kommen die Hausfrauen hinunter, um die Milch für den Morgentee ihrer Ehegatten einzukaufen. Das Leben beginnt sehr früh in Mumbai, denn der Weg zur Arbeitsstelle ist weit - so ist es vielleicht erst 6 Uhr oder 6.30 Uhr, wenn der Milchmann zur nächsten Reihe von Apartments weiterzieht. Zur Fortbewegung dient ihm ein Fahrrad, an dessen Lenker beiderseits die Milchkanister hängen. Allein das Geklapper der blechernen Milchkanister verrät sein Kommen. Je später der Morgen, desto metallischer - leerer - klingt es.*

Als nächster erscheint vielleicht der „dhobi", ***der Wäscher,*** *ebenfalls per Fahrrad, Marke „Hercules". „Dhobi, dhobi!", schallt es nun zwischen den Apartmentgebäuden. Der Wäscher ruft und die Stammkunden wissen nun was zu tun ist - entweder hinuntergehen, dem „dhobi" die schmutzige Wäsche überlassen oder aber er kommt, wenn man auf gutem Fuße mit ihm steht, hinauf an die Wohnungstür. Die schmutzigen Kleidungsstücke werden schnell gezählt, in ein großes Tuch gepackt und abtransportiert. Eine Quittung gibt es meist nicht - man kennt und vertraut sich. Ein „dhobi", der mit der Wäsche seiner Kunden davonliefe wäre ein dummer „dhobi", quasi ein kommerzieller Selbstmordattentäter.*

Mittlerweile ist es vielleicht 7 oder 8 Uhr. „Nariyal, nariyal!", ruft nun **der Kokosnussverkäufer,** *der gerade seinen Karren voll mit grünen Kokosnüssen („nariyal") in die Siedlung rollt. Auf dem Karren fährt er über hundert Kokosnüsse umher, dass sie ihm nicht herunterkullern ist eine Meisterleistung an Stapeltechnik.*

Ein wenig später kommt möglicherweise der „chaku-tez" oder „Messerscharf". Dies ist der gute alte **Messerschleifer,** *der ebenfalls per Fahrrad anrollt und natürlich seine altertümliche Schärfereimaschinerie mitgebracht hat – ein Gestell mit einem grauen Schleifstein darin, den er per Pedalen zu schneller Drehung treibt, ganz ähnlich wie bei einer alten Nähmaschine. „Chaku-teeeezzzzz!", ruft er mehrfach in die Wohngegend und das „tez" klingt scharf wie ein Skalpell. Nomen est omen. Die Hausfrauen, deren Messer oder Scheren ein wenig in die Jahre gekommen sind, eilen hinunter aus ihren Wohnungen. Die Klingen werden an den Schleifstein gesetzt, die Funken sprühen und in wenigen Minuten sind die Messer so scharf, als kämen sie gerade aus dem Metallwarenladen an der Ecke – da, wo der Marwari-Geschäftsinhaber heute vergeblich auf Kunden wartet.*

Ist Meister Messerscharf ums Eck verschwunden, übernimmt möglicherweise gleich der „mochi" das Feld, **der Schuster,** *der sich dem ausgetretenen Schuhwerk des Viertels widmet. „Mooooochiiii!", intoniert er mit vollster Kraft und es klingt wie eine heroische Kriegserklärung an alle zerschlissenen Lederschlappen dieser Welt. Wenn die Ledersohle nicht mehr zu retten ist, wird einfach ein Stück aus einem alten Autoreifen in die rechte Form geschnitten und flugs unter den Schuh genagelt. So ist das Leben des Laufwerks noch einmal um einige Hundert Kilometer verlängert.*

So spielt es sich jeden Morgen ab, meist in unabänderlicher, wunderbar-vertrauter Reihenfolge. Je nach Wohngebiet kann die Reihenfolge natürlich eine gänzlich andere sein, die Routine an sich bleibt aber jeweils meist gleich. Trotz allem Chaos in Mumbai geht vieles doch auch seinen gewohnten, verlässlichen Gang.

Die Rufe der fleißigen Dienstleistungsanbieter sind eine unüberhörbare Hintergrundmusik in vielen Wohngegenden – und oft erschallen sie so pünktlich, dass man seine Uhr danach stellen kann. Wenn der Kokosnussverkäufer einmal ausbleibt, vielleicht weil er gerade dringend zu seiner Frau in das Dorf in Kerala musste, kommt man durcheinander, der gewohnte Tagesablauf ist gestört und so mancher Bewohner wird verwundert auf die Uhr sehen: Eigentlich brauche ich ja keine Kokosnuss, aber wo bleibt denn heute der „nariyal-wala" ...? Stimmt was nicht ...?

Leider bekommt man für sein Geld oft weder eine angemessene Zimmerqualität noch guten Service. Die **Hotelbewertungen** auf der Website www.tripadvisor.com spiegeln die Situation recht akkurat wider – gut drei Viertel der Hotels in Mumbai bekommen sehr schlechte Noten: Manche werden mit Attributen wie „Höllenloch" bedacht oder es wird ausdrücklich vor ihnen gewarnt („Unter allen Umständen meiden!").

Die Auswahl und Buchung von Hotels ist somit eine der größten Hürden vor einem Mumbai-Aufenthalt. Beides will wohlbedacht sein. Hier eine **Schritt-für-Schritt-Anleitung,** wie man am besten vorgeht:

1. Einen guten **Reiseführer** zulegen und sich auf Internetseiten wie www.tripadvisor.com über die vorhandenen Hotels informieren. Wenn möglich auch Auskünfte von Leuten mit Mumbai-Erfahrung einholen.
2. Aus den Hotels eines auswählen und buchen. Es ist nicht ratsam, ohne **Buchung** nach Mumbai zu fahren. Oft sind die Hotels belegt und ohne Buchung muss man eventuell in einem Hotel übernachten, das weit über dem geplanten Budget oder in einem ungünstigeren Stadtteil liegt. Ganz problematisch ist es, wenn man spätabends eintrifft.

Auch die Jahreszeit spielt eine Rolle, je nach Saison sind die Hotels unterschiedlich gut belegt. Die **touristische Hauptsaison** erstreckt sich von Mitte/Ende Oktober bis Februar. Im März und April ist es dann etwas einfacher, ein Zimmer zu bekommen, sehr gut sieht es im sehr heißen und feuchten Mai aus, in dem sich kaum noch ein Tourist nach Mumbai verirrt.

In der **Regenzeit** von Juni bis September sind die Hotels voll mit Touristen aus arabischen Ländern, die sich an den Wassermassen ergötzen. Die meisten Araber reisen mit lärmenden Großfamilien an und mit der Ruhe im Hotel – sofern sie zuvor vorhanden war – ist es oft vorbei. Das Hotelpersonal hat nicht viel Gutes über ihre Gäste aus Vorderasien zu berichten, andererseits ist man dankbar, dass sie die Regenzeit überbrücken helfen, in der sich kaum westliche Touristen sehen lassen. Viele indische Rezeptionisten sprechen ein passables Arabisch. Zum Ende des Monsuns fliegen die Araber wieder gen Heimat. Mitte September bis Mitte/Ende Oktober ist – ähnlich dem Mai – ein weiterer „Puffermonat", mit wenigen Touristen und relativ leeren Hotels.

Die **Buchung** sollte am besten per E-Mail oder Fax *und* gleichzeitig per Telefon absolviert werden. Bei der telefonischen Buchung sollte man unbedingt nach dem Namen der Person fragen, die die Buchung

Herberge aus der Kolonialzeit:
das Grand Hotel in Ballard Estate

entgegennimmt (sehr wichtig!). Den Namen aufschreiben! Dazu sollte man den exakten Preis ausfindig machen, d.h. den Nettopreis nach allen Steuern und Bedienungsgebühren etc. Möglichst keine Vorzahlungen leisten und nicht die Kreditkartennummer angeben!

3. Trotz obiger Buchung sollte man aus dem Reiseführer oder aus dem Internet ein oder zwei Hotels als **potenzielle Alternativen** auswählen, denn ... siehe Punkt 4.
4. Am Tag vor der Ankunft noch einmal das Hotel anrufen und bestätigen, dass man am nächsten Tag eintrifft. Das gilt besonders, wenn man erst spätabends ankommt. In vielen Hotels, besonders der Unter- und Mittelklasse, **bedeuten Buchungen nicht allzu viel.** Falls morgens ein anderer Gast an der Rezeption steht und ein Zimmer verlangt (und besonders Inder können sehr energisch etwas verlangen!), wird das gebuchte Zimmer oft einfach weggegeben. Man will sicher sein, dass die Räume alle belegt sind und was man hat, das hat man! Die Buchung lässt sich urplötzlich nicht mehr auffinden, man weiß von nichts. Aus diesem Grunde ist der Name der Person wichtig, die die Buchung entgegengenommen hat (s.o.). Am Telefon nach dieser Person fragen.

Ein weiterer Grund dafür, dass Buchungen oft nicht eingehalten werden, ist **unlauteres Geschäftsgebaren** seitens des Personals: Die Rezeptionisten machen die Preise häufig selbst und führen nicht alle Einnahmen an das Hotel ab. So stocken sie ihre mageren Gehälter auf. Falls sie also einen Gast finden, der mehr zu zahlen bereit ist als der, der vorgebucht hat, vergeben sie das Zimmer lieber an ersteren, denn der Überschuss geht in ihre eigenen Taschen. *Yeh hai Bombay, meri jaan!* („So ist Bombay eben, meine Liebe!") Ich kenne Hotels selbst in der Preisklasse von 3000 bis 5000 Rupien, die auf diese dubiose Art verfahren. Im Hotel sollte man sich einmal die *tariff card* zeigen lassen, auf der die Zimmerpreise angegeben sind. Viele Hotels behaupten, keine zu besitzen.

048kmu Foto: rk

Der Rezeptionist eines Mittelklassehotels verdient ca. 3000 bis 5000 Rupien im Monat, das ist weniger, als die Hotelzimmer *pro Tag* kosten.

Den großen Reibach macht der Besitzer, der einerseits Hungerlöhne zahlt, andererseits aber Luxuspreise für seine Zimmer kassiert. Ein *Room Boy* bekommt 1800 bis 2000 Rupien im Monat. Der Hotelbesitzer zahlt die niedrigen Gehälter in der Erwartung, dass die Gäste dem Personal ohnehin ein Trinkgeld überlassen werden. Er selbst ist zu knauserig, einen vernünftigen Lohn zu zahlen, denn er weiß, dass er damit durchkommt: Der indische Arbeitsmarkt ist voll von Arbeitsuchenden, die sich für 2000 Rupien im Monat gern abrackern würden: Für jeden Zimmerjungen, der seinen Job aufgibt, finden sich sofort zwanzig andere, die ihn ersetzen wollen.

Der Vorteil bei den etwas flexiblen Preisen ist, dass man oft **um den Hotelpreis feilschen** kann (bei Unterklasse bis Drei- oder Viersternehotels). Das gilt besonders bei längeren Aufenthalten und in touristenarmen Monaten. Für längere Besuche gibt es auch Service-Apartments zu mieten, diese sind aber genauso teuer wie Viersternehotels (ab ca. 5000 Rupien/Tag).

Im September, zum Ende der Regenzeit, werden in den meisten Hotels die Preise erhöht. Das passiert nun unablässlich bereits seit vielen Jahren und die Frage ist: Wie viel teurer können die Zimmer noch werden? Die Antwort weiß nur *Mumbadevi* – aber die kann ja bekanntermaßen nicht sprechen.

Mit Taxi oder Pferdekutsche: mobil im Verkehrsgewühl

„Es gibt kein Glück für denjenigen, der nicht reist. Der beste Mensch wird zum Sünder, wenn er immer mit denselben Leuten zusammenlebt. (Der Gott, d. A.) Indra ist der Freund der Reisenden. Deshalb reise!“

Aus der *Aitareya Brahmana,* ca. 600 v. Chr.

Die Vorortzüge

Jeden Tag sind Millionen von Mumbaikars in Verkehrsmitteln unterwegs. Allen voran stehen die altersschwachen Vorortzüge oder *local trains,* die im Großraum Mumbai **täglich bis zu sieben Millionen Passagiere** befördern. Es ist, als würde die gesamte Bevölkerung der Schweiz in ein paar Hundert Blechbüchsen gesteckt und einige Kilometer umhergefahren werden. Das ist eine verkehrstechnische Katastrophe – und eine physische Qual.

Morgens gegen 9 und 10 Uhr, vor Arbeitsbeginn, entleeren sich in den Endbahnhöfen Churchgate Station und Chhatrapati Terminus die Züge und ein riesiges Heer von Arbeitnehmern strömt hinaus in die Straßen. Wer in Gegenrichtung läuft, muss sich hindurchkämpfen, als wäre er im Meer einer übermächtigen Strömung ausgesetzt.

Zu den Hauptstoßzeiten sind Mumbais Vorortzüge mit mehr als ihrer dreifachen Kapazität ausgelastet. Jemand hat errechnet, dass sich in der Rushhour zwölf Passagiere einen Quadratmeter Bodenfläche teilen müssen. Die Körper der Fahrgäste passen sich durch Wenden und Biegen in jede mögliche Körpernische der Nachbarpassagiere ein, man steht Schuh an Schuh, Hemd an Hemd. Es ist ein Wunder, wie adrett die meisten Angestellten aussehen, bedenkt man, unter welchen Bedingungen sie ins Büro gelangen. Viele Arbeitnehmer verbringen ein, zwei oder mehr Stunden in den Zügen, eine Tortur, die die meisten Mitteleuropäer nach ein paar Tagen einem Nervenkollaps nahebringen würde. Der Mumbaikar erträgt sie mit stoischer Gelassenheit.

Muss man irgendwo entlang der Strecke aussteigen – nicht an den Endpunkten, wo alle aussteigen –, hat man sich an unzähligen Körpern vorbeizuzwängen, bevor man zur Tür gelangt. In diesen Momenten wünscht man sich, so schmal wie ein Blatt Papier zu sein, aber selbst das würde nicht unzerknittert durchkommen. Ist man endlich an der Tür, so erstürmen schon die einsteigenden Passagiere den Zug und es bedarf einiger Ellbogengewalt, nicht zurück in den Waggon gedrängt zu werden.

In der Hauptverkehrszeit ist eine Fahrt in einem *local train* eine **Lektion im Überlebenstraining.** Dabei ist es gleichgültig, ob man in der billigen 2. Klasse fährt oder der erheblich teureren 1. Klasse. Auch die Wagen der 1. Klasse sind nicht merklich leerer oder komfortabler. Man sitzt auf Holzpritschen oder steht im Gang, nach einem der metallenen Haltegriffe hangelnd. Die Waggons sind generell so alt und abgenutzt, dass sie in Mitteleuropa bestenfalls zu Viehtransporten benutzt würden. Doch würde in Europa Vieh so eng zusammengepfercht wie die Zugpassagiere in Mumbai, würden die Tierschützer auf die Barrikaden gehen und das Frachtunternehmen würde wegen Tierquälerei verurteilt werden. Im Eisenbahnerjargon nennt man die dicht gedrängte Menschenmasse *super dense crush load,* „superdichte Zerquetschlast“ – eine physikalisch-nüchterne Umschreibung für albtraumhafte Zustände. Eigentlich müsste man sie *„superdensecrushload“* nennen, denn Zwischenräume sind nicht existent.

Die Enge ist günstig für Schwarzfahrer, denn durch die Menschenmenge kann sich auch ein Fahrtkartenkontrolleur kaum zwängen. Stattdessen fangen sie gern aussteigende Passagiere auf den Bahnsteigen ab und prüfen dort die Tickets.

049kmu Foto: rk

Zahlreiche Passagiere verbringen die Fahrt draußen **auf den Trittbrettern der Züge.** Meist sind es junge Männer, die sich für die Dauer der Reise wie Filmhelden fühlen, die in den Sonnenuntergang reiten. Mit einer Hand halten sie sich am Zug fest, die andere hängt leger an ihrer Flanke herab und man beugt sich etwas seitwärts vom Waggon weg, um im Fahrtwind die Haare wehen zu lassen. Das sieht *bindaas* oder „cool" aus, ist aber russisches Roulette: Häufig rutschen Passagiere ab und geraten unter den Zug oder ihr Kopf wird an plötzlich auftauchenden Masten zerschmettert. Manche sitzen auf den Dächern und werden von herunterhängenden Elektrokabeln elektrisiert. Jedes Jahr kommen 4000 Menschen im Mumbaier Bahnverkehr ums Leben.

Unter den Opfern sind auch viele **Slumbewohner,** die sich entlang der Gleise ihre Hütten errichtet haben. Frühmorgens kann man aus den Zugfenstern beobachten, wie sie entlang der Gleise ihre Notdurft verrichten. Manche sitzen dabei in trauter Familienrunde und halten während des Geschäftes einen fröhlichen Schwatz. Für die Slumbewohner sind die Gleise ihre Toilette und ihr privater Hinterhof. Diesen Hinterhof müssen sie mehrmals täglich überqueren, denn möglicherweise wohnen auf der anderen Seite der Bahnschienen ihre Anverwandten oder man hat Besorgungen zu erledigen und nimmt die Abkürzung über die Gleise. Die Züge, die beinah im Minutentakt an den Slumhütten vorbeirattern, zermalmen regelmäßig unachtsame Gleiswandler.

Die Slumbewohner, selbst Eindringlinge auf fremdem Eigentum, betrachten die Züge als dreiste Invasoren in ihre Privatsphäre und wenn einer ihrer Nachbarn überfahren wurde, macht sich der Unmut oft gewaltsam Luft. Häufig schleudern die Gleisanrainer Steine gegen die Züge. In einigen Fällen wurden auch mit Säure gefüllte Glasbirnen geworfen. Einige Passagiere verloren dadurch ein Auge oder wurden anderweitig verletzt. Als Verteidigungsmaßnahme ließ die Bahnbehörde **Gitter vor die Zugfenster** setzen.

Die heute mehrfach vergitterten Fenster, so unansehnlich sie auch sind, können Aufschluss über soziale Verhaltensmuster der Mumbaikars geben, sie erzählen ein wenig Kultur- oder Sozialgeschichte: Früher stiegen eilige Passagiere oft durch die Fenster ein- und aus, denn das ging schneller, als sich bis zur Tür durchzuboxen. Ein Mumbaikar verschwendet keine kostbaren Sekunden, ein anderer kommt ihm sonst zuvor. Also kletterte man schon durchs Fenster hinein, bevor der Zug überhaupt zum Stehen gekommen war. Um den Kletterern entgegenzuwirken, brachte die Bahnverwaltung vor den Fenstern acht horizontale, eng gesetzte Eisenstäbe an. Die Stäbe verhindern auch, dass beim Einrollen der Züge Passagiere ein kleines Gepäckstück oder ein Taschentuch durch das Fenster auf einen Sitz werfen, um ihn so zu „reservieren". Dies ist in ganz Indien üblich. Inder sind daran gewöhnt, sich nach vorne zu drängen und mit allen Mitteln schneller zu sein als andere, denn die Ressourcen sind begrenzt, die Infrastruktur hat nicht Platz für alle.

Nachdem es ab den 1980er- und 1990er-Jahren oft zu Verletzungen durch die Steinwerfer gekommen war, mussten die Fenster weiter vergittert werden. Vor die acht Eisenstäbe wurde ein engmaschiges, eisernes Wabennetz geschweißt, das die meisten Steine, außer Kleinschrot, abhalten kann. Der Zugpassagier in Mumbai blickt somit durch ein Fenster, das auch in einem Hochsicherheitsgefängnis nicht fehl am Platze wäre. Die Steinwerfer müssen nun auf die Passagiere zielen, die ungeschützt in den offenen Waggontüren stehen. Die Türen bleiben auch während der Fahrt geöffnet.

Gelegentlich sind die Vorortzüge **Schauplätze von Straftaten.** Taschendiebstähle kommen relativ häufig vor, gewaltsame Räubereien sind aufgrund der meist zahlreichen Passagiere jedoch rar. Im Jahre 1998 kam es zu einem Raub, der die Stadt erschütterte. Ein Drogensüchtiger hatte sich in eines der speziellen Frauenabteile begeben, in dem sich zu jenem

Prachtbahnhof: Der aus der Kolonialzeit stammende Chhatrapati Shivaji Terminus, besonders schön anzusehen am späten Nachmittag

Zeitpunkt nur wenige Frauen aufhielten. Im Abteil bedrohte er die 20-jährige Studentin *Jayabala Ashar* und machte Anstalten, ihr die Umhängetasche zu entreißen. Die Studentin wehrte sich, woraufhin sie der Drogensüchtige aus dem Zug stieß. *Jayabala* geriet unter die Räder des Zuges, sie zerquetschten ihre Beine. Stundenlang lag sie schwer verletzt neben den Gleisen, bis ihr endlich jemand zu Hilfe kam. Bewohner aus den umliegenden Slumsiedlungen hatten sie zuvor lediglich mit Eimern von Wasser übergossen – anscheinend um sie zu reanimieren. *Jayabala Ashar* überlebte, verlor aber beide Beine. In ihrer Umhängetasche, der potenziellen Beute des Räubers befanden sich lediglich 80 Rupien (1,30 Euro) und zwei Schulbücher.

Die Bevölkerung war über die Geschehnisse entsetzt: Erstens, weil ein offensichtlich halbverrückter Drogensüchtiger am helllichten Tage ungehindert ein Frauenabteil betreten konnte. Zweitens, weil keine der Frauen im Abteil den Mut aufgebracht hatte, der Studentin zu helfen. Drittens, weil es die Frauen nicht einmal für nötig hielten, im nächsten Bahnhof die Behörden zu informieren. Viertens, dass es Stunden dauerte, bis jemand *Jayabala* zu Hilfe kam. Das Ereignis gab viel Anlass sowohl zur Selbstreflexion als auch zu einer groß angelegten Spendenaktion – was jedoch nicht bedeutet, dass etwas Ähnliches morgen nicht wieder geschehen kann. Es kann. Jederzeit. Glücklicherweise sind Begebenheiten wie diese eine seltene Ausnahme, wären sie alltäglich, so würden sie bald nicht mehr sonderlich beachtet werden.

Plätze nahe den Fenstern oder den offenen Türen sind aufgrund des erfrischenden Luftzugs sehr beliebt und so mancher Fahrgast verteidigt seinen luftigen Platz mit ein paar Knuffen aus dem Armgelenk. Im Gedränge in der Abteilmitte ist es heiß und stickig. An der Decke der Abteile hängen zwar rostige Ventilatoren, doch sie funktionieren nicht alle, und Vorortzüge mit Klimaanlage gibt es noch nicht.

In naher Zukunft sollen von Privatfirmen betriebene, **moderne Züge mit Klimaanlage** eingesetzt werden. Dies wird Mumbaikars mit gehobenerem Einkommen erlauben, unter menschenwürdigeren Verhältnissen zum Arbeitsplatz zu pendeln. Ein Pilotprojekt ist für die 32 km lange Strecke Churchgate–Borivli geplant.

Für einen Europäer kann eine Fahrt in einem Vorortzug, besonders zur Rushhour, ein kleines Abenteuer sein – oder auch eine Offenbarung. Kaum ein anderes Erlebnis in Mumbai bringt einem die **Hauptprobleme der Stadt** so nahe vor Augen wie eine Fahrt in den überfüllten Zügen. Überbevölkerung, Aggression, Ellbogenmentalität, Anpassung, Gleichgültigkeit, Resignation, Überlebenswille, zahlreiche kleine Akte der Menschenfreundlichkeit, eine kollabierte Infrastruktur – alle diese Elemente vereinigen sich in den Vorortzügen zu einer Art hochkonzentriertem Mumbai. Jeder, der Mumbai tatsächlich kennenlernen will, sollte mindestens eine Fahrt zur Rushhour absolvieren.

Am besten beginnt man vielleicht mit einer einfachen Lektion und fährt, wenn **die Abteile relativ leer** sind. Dazu eignen sich am besten Züge, die aus Mumbai *hinausfahren,* wenn die Arbeitnehmer in die Stadt *hineinfahren.* Wer von Churchgate oder Chhatrapati Terminus gegen 10 Uhr Richtung Norden fährt, findet beinah leere Abteile vor, zumindest am Anfang der Fahrt. Nach ein paar Stationen füllen sich die Abteile allmählich. Kehrt man dann am frühen Nachmittag wieder in die Innenstadt zurück, sind die Züge zwar schon voller, aber der Andrang ist noch erträglich. Sonntags sind die Züge generell relativ leer, vor allem morgens. In der 1. Klasse kann man sich dann beinah einsam fühlen. Wer die Rushhour erleben will, sollte sich gegen 17 oder 18 Uhr in das Heer der Arbeitnehmer einreihen, die von Churchgate oder Chhatrapati Terminus zurück in die Vororte fahren. Danach weiß man, wie es sich anfühlt, ein hilfloser, anonymer Teil der „superdichten Zerquetschlast" zu sein.

Busse

Eine mögliche Alternative zu den Zügen sind die etwa 3400 Busse der Verkehrsgesellschaft BEST. Diese befördern täglich etwa **fünf Millionen Passagiere.** Die Busse quälen sich jedoch relativ langsam durch Mumbais verstopften Straßen und für jemanden, der vielleicht 30 oder 40 km von seinem Arbeitsplatz entfernt wohnt, kommen sie kaum in Frage. Bei kürzeren Strecken aber erfüllen sie gute Dienste.

Die Busse sind nach englischem Vorbild rot gestrichen, ein Teil von ihnen sind gute alte Doppeldeckerbusse, so wie man sie aus London kennt. In Mumbai wurden sie 1937 eingeführt und nach althergebrachter Methode mit Schaffnern besetzt. Auch in den Bussen sind gelegentlich Kontrolleure unterwegs und so mancher Passagier klemmt sich das zusammengerollte Ticket hinters Ohr, um es nicht zu verlieren.

Taxis

In Mumbai fahren ca. 55.000 Taxis, die preiswert genug sind, dass man nicht auf Bus oder Bahn zurückgreifen muss, wenn man es nicht will. Der einzige Vorteil der Züge ist, dass sie auf langen Strecken schneller sind als Taxis.

Die üblichen Taxis sind schwarz und haben ein gelbes Dach; die wenigen mit Klimaanlage ausgestatteten Wagen sind blau. Die meisten Taxis in

Mumbai sind alte, in Indien hergestellte Fiat-Modelle, die alle mit *LPG (liquefied petroleum gas,* Flüssiggas) fahren. Früher wurden sie mit Diesel betrieben, was heute für Taxis jedoch verboten ist. Das Ergebnis der Umstellung war ein deutlicher Rückgang der Luftverschmutzung. Den Fahrern kam die Neuerung nicht ungelegen, denn Gas ist billiger als Diesel. Ein Nachteil ist, dass es nur relativ wenige Gastankstellen gibt, vor denen sich oft lange Warteschlangen von Taxis bilden. Wer täglich mehrmals mit dem Taxi fährt, wird diese bald kennenlernen, denn die Fahrer müssen oft nachtanken. Da das Geld knapp ist, tanken sie immer nur so viel, wie sie sich gerade leisten können oder wie sie für diesen Tag brauchen.

Die meisten Taxis sind unbequem und eng und bei manchen ist das Dach so niedrig, dass der Kopf daran anstößt. Indische Autos sind in erster Linie nach Sparprinzipien gebaut, nicht nach Komfort. Sehr sauber sind viele Taxis auch nicht: Wer ein weißes Kleidungsstück trägt, wird sich nach einiger Zeit möglicherweise über merkwürdige Flecke wundern ...

Der auffälligste Bestandteil eines Taxis sind die alten mechanischen **Taxameter,** die links außen vor der Frontscheibe angebracht sind. Die Taxameter wurden in den 1970er-Jahren eingeführt und können nicht neu geeicht werden. Das heißt, dass der Grundpreis heute wie vor über einem halben Jahrhundert lediglich 1 Rupie beträgt, von dort tickt das Taxameter langsam mit jedem Kilometer weiter. Die Fahrpreise sind in den letzten Jahrzehnten allerdings um Einiges gestiegen und so muss die tatsächliche Gebühr am Ende der Fahrt von einer *tariff card* abgelesen werden, einer Art **Konvertierungstabelle.** Aus der einen Rupie werden dann ganz plötzlich 13 Rupien. Manche Fahrer geben vor, keine Umrechnungstabelle zu besitzen und erfinden einfach einen überhöhten Fahrpreis. Per Verordnung *müssen* sie allerdings eine Tabelle haben und diese auf Verlangen auch vorzeigen. Am besten ist es, sich selbst eine *tariff card* zu besorgen und diese im Notfall unter viel schauspielerischer Dramatik triumphierend hervorzuholen. Die Tabellen werden oft von Kindern an Straßenkreuzungen verkauft, vor allem wenn die Preise gerade mal wieder gestiegen und neu gedruckte Tabellen im Umlauf sind. Oder man kann einem Fahrer einen kleinen *bakshish* in die Hand drücken und ihn bitten, eine Fotokopie von der Tabelle machen zu dürfen. Wahrscheinlich wird er sagen *„no problem!"*. Die meisten Taxifahrer stammen aus dem Bundesstaat Uttar Pradesh und sind – nach meinen eigenen Erfahrungen – viel besser als ihr

Taximiete: Vor der Fahrt muss der Taxameter von Hand nach rechts gedreht werden, in die Position „meter down"

Ruf. In Mumbai werden sie oft als tumbe Dorfrüpel hingestellt, aber daraus spricht wohl der indische Hang zu Vorurteilen. Landsleuten aus anderen, fremden Regionen wird selten etwas Gutes nachgesagt. Die Zuwanderer aus Uttar Pradesh ihrerseits lassen kaum ein gutes Haar an den Maharashtriern, in deren Mitte sie leben.

050kmu Foto: rk

Die **Taxis mit Klimaanlage** haben moderne elektronische Taxameter, die gleich den korrekten Fahrpreis anzeigen. Dieser ist allerdings höher als in den normalen Taxis. Klimaanlagen in Taxis sind eine wunderbare Einrichtung, wenn sie denn auch eingeschaltet werden. Manche Taxifahrer versuchen zu sparen und stellen die Anlage aus. Eine Schelte ist in diesem Fall durchaus angebracht, denn schließlich bezahlt man für die gekühlte Luft.

Sparen ist generell die Parole indischer Auto- oder Taxifahrer. An roten Ampeln wird der Motor abgestellt, um nicht unnötig Benzin oder Gas zu verbrauchen. Schaltet die Ampel auf Grün, wird der Motor wieder angestellt und Dutzende von Motoren stottern und husten sich zurück ins Leben. Es ist fraglich, ob man mit dieser Methode tatsächlich Brennstoff spart; sie sagt aber sicherlich etwas über die Betreiber und deren Umfeld aus: Inder sind gewohnt, an allen Ecken und Enden zu knausern, sei's aus tatsächlicher Not oder wegen der ständigen Konfrontation mit Bedürftigkeit und der allgemeinen finanziellen Ungewissheit.

Die meisten Taxifahrer richten sich einen kleinen **Götterschrein am Armaturenbrett** ein. Es werden kleine Heiligen- oder Götterfiguren angebracht, die mit Blumen geschmückt und vielleicht einem Räucherstäbchen versehen werden. Ein umsichtiger Fahrstil würde zwar manche Unfälle verhindern helfen, der allerbeste Schutz aber sind die Götter und Göttinnen. *Ganesh* oder *Lakshmi* sind somit häufige Fahrtbegleiter, ebenso wie der Heilige *Sai Baba* (1838–1918) aus Shirdi in Maharashtra. Christliche Fahrer kleben sich ein Bild von *Jesus* oder *Maria* ans Handschuhfach oder pinseln einen segenbringenden Spruch an den Wagen. Einer der besten, den ich gesehen habe, lautete – sehr beruhigend – *„Jesus Is My Co-Pilot"*.

Moslemische Fahrer malen sich die heilige Zahl 786 ans Armaturenbrett. Die Zahl soll die Summe aus den Worten *Bismillah ir-Rahman ir-Ra-*

him („Im Namen Allahs, des Allmächtigen und Gnadenvollen") sein, mit denen der Koran beginnt. Im Arabischen werden den Buchstaben bestimmte Zahlen zugeschrieben. Die Zahl 786 gilt generell als Glück bringend und jeder indische Filmfan kennt den Film *Deewar,* in dem *Amitabh Bachchan* einen Hafenarbeiter mit der Registriernummer 786 spielt. (Siehe auch das Kap. „Kampf mit Bomben und AK-56".) Die Nummer trägt er am Arm auf einem *billa,* einem Metallabzeichen. Sie deutet darauf hin, dass er unter göttlichem Schutz steht und sich Einiges herausnehmen kann – solange er die Plakette nicht ablegt. Am Ende ereilt ihn aber das Schicksal doch.

Eine Art Mini-Taxis sind die sogenannten **Motor-Rikschas** oder Auto-Rikschas – kleine dreirädrige Gefährte, in denen man so eben zwei Passagiere quetschen kann, bestenfalls drei, wenn man Vorortzug-Standard ansetzt. Die Motor-Rikschas dürfen nur in Nord-Mumbai verkehren – nördlich des Mahim Creek –, denn sie sind langsam und behindern den Verkehr. Auch der Preis der Motor-Rikschas wird mit einer Umrechnungstabelle errechnet. Einer von Indiens berüchtigsten Serienmördern ist der Auto-Riksha-Fahrer Shankar, Spitzname *Auto Shankar.* 1988–1989 brachte er sechs Menschen um. Viele der Auto-Rikscha-Fahrer sind derbe Haudegen, aber ein zweiter *Shankar* ist nicht so schnell zu erwarten.

Pferdekutschen

Es gibt aber auch noch eine unmotorisierte Fahrzeugart in Mumbai: Die *tongas* oder Pferdekutschen. Diese sind ein Relikt aus der Kolonialzeit, in der man sie noch schön altmodisch-britisch *victoria* nannte. Die *tongas* stehen am Gateway of India bereit, um von dort Touristen zu **Stadttouren** herumzukutschieren. Das ist ganz vergnügsam: Man sieht die wichtigsten Sehenswürdigkeiten in den nahe gelegenen Stadtteilen und kann beobachten, wie im langsamen Trab Pferdeäpfel aus dem Hinterteil kullern und das Straßenbild verschönern. Wären es Kuhfladen, so würden sie von irgendeinem bitterarmen Menschen aufgesammelt, getrocknet und dann verkauft werden. Vor einigen Hindu-Tempeln in Mumbai werden zu diesem Zweck getrocknete Kuhfladen als rituelles Brennmittel an Tempelgänger veräußert. Die „besten" Fladen sind graubraun, sie sind nicht mit anderen Substanzen vermischt und kosten ein paar Rupien pro Stück.

Pferde genossen in der altindischen Gesellschaft zwar hohes Ansehen und ihnen ist es zum Teil zu verdanken, dass die Arier militärisch so erfolgreich waren und Indien erobern konnten, aber zur Heiligkeit wie bei „Mutter Kuh" hat es nie gereicht – sehr zum Leidwesen der heutigen Straßenkehrer.

Zwischen Bollywood-Schwof und Mauerhocken: Unterhaltung in Mumbai

„Paisa phek, tamasha dekh!" (Schmeiß' mit Geld umher, dann gibt's auch 'nen Riesenspaß!)

Indische Redewendung (Hindi).

Wie wohl überall, wird die Wahl der Freizeitaktivität auch in Mumbai hauptsächlich durch drei Faktoren bestimmt: die Fülle des Geldbeutels, den sozialen Stand und den Ausprägungsgrad des Amüsiertriebs.

Da in Mumbai die Einkommen der unterschiedlichen Gesellschaftsschichten so krass auseinanderklaffen wie in kaum einer anderen indischen Stadt, gehen auch deren Freizeitaktivitäten extrem weit auseinander. Es ist kein Problem, in einem der teuren Nachtklubs Zehntausende von Rupien auszugeben, wenn man nur das „Richtige" auf der Wein- oder Champagnerkarte antippt. Am unteren Ende der sozialen Skala muss man sich jedoch mit Unterhaltungsmöglichkeiten begnügen, die nichts oder beinah nichts kosten.

Nicht jeder, der viel Geld hat, gibt auch viel aus. Indien ist ein Land, in dem einem jeden Tag deutlich demonstriert wird, wie elendig es sein kann, wenn man mittellos dasteht. Viele Menschen halten deshalb ihren Geldbeutel eng verschlossen, wenn es um „unnötige" Ausgaben wie solche zur Freizeitgestaltung geht. So manch wohlhabender Geschäftsmann lebt ein **bescheidenes Privatleben,** isst nur selten in Restaurants (Vorwand: Meine Frau kocht am besten!) und gibt generell nicht mehr Geld aus als erforderlich. Manch wohlhabender Mitbürger lebt in *Gandhi* ähnlicher Genügsamkeit.

Ich werde nie den Besuch bei einem reichen Edelsteinhändler in dessen Haus am Marine Drive vergessen, einer der teuersten Wohngegenden Mumbais: Der Mann öffnete mir einen mehr als mannshohen, breiten Stahlschrank und zeigte mir seine Sammlung exquisiter Edelsteine – Diamanten, Rubine, Saphire, Topase, alles, was der Erdboden an geballtem Reichtum zu geben vermag. Es müssen mehrere Dutzend Kilo Edelsteine gewesen sein, die da hinter einer grauen Stahltür verborgen waren, ein funkelndes Vermögen in einem klapprigen alten Stahlschrank. Der Mann war offensichtlich vielfacher *crorepati,* jemand, der Abermillionen Rupien sein Eigen nennt. Aber: Während unseres Gesprächs saßen wir auf einem zerschlissenen, etwa dreißig Jahre alten Sofa, dessen herausstehenden Sprungfedern ich vergeblich mit meinem Hinterteil zu umsitzen versuchte. Die glühende Mittagssonne drang durch verschmierte, gräuliche Fens-

053kmu Foto: ck

terscheiben, die an manchen Stellen angebrochen waren. Die Tasse, aus der ich den vom Hausdiener servierten Kardamomtee trank, hatte einen Sprung und stammte offenbar aus der Zeit kurz nach der indischen Unabhängigkeit. Die Wohnung war einfacher eingerichtet als die der meisten Arbeiter in einem westeuropäischen Land. Beinah hätte ich meinen Gastgeber bemitleiden können.

Es ist eine vertrackte Mischung aus Bescheidenheit, Geiz, Tiefstapelei, Genügsamkeit, Sparsamkeit, asketenhafter Enthaltsamkeit und noch einmal Geiz, die viele reiche Bewohner Mumbais – vor allem solche mit „altem Geld" – dazu bewegt, ihre persönlichen Ausgaben auf sehr niedrigem Niveau zu halten. Steht eine Heirat an und es muss groß gefeiert werden, werden oft Millionen verpulvert, aber das ist eine andere Geschichte – gewissen sozialen Zwängen kann man nicht aus dem Wege gehen.

Viel Geld hingegen geben **die jungen Neureichen** aus. Es gibt eine große Zahl jüngerer Leute, die ihr Geld in der Wirtschaft, an der Börse oder in der Unterhaltungsindustrie verdienen – in der Film- und Musikbranche und beim TV –, die fröhlich mit den Geldscheinen förmlich um sich werfen. Man trifft sie in den teuren Nachtklubs oder Discos. Bis zum Jahre 2025 werden sich die Ausgaben indischer Konsumenten vervierfacht haben, nicht zuletzt, weil die sehr zahlreichen jüngeren Leute weniger dem Sparen zugetan sind als ihre Väter und Großväter. Indien wird Deutschland dann an Konsumkraft überflügelt haben. *Crorepatis,* die ihr Geld horten und sich nicht einmal ein sitzfreundliches neues Sofa gönnen, werden immer seltener werden. Die Freizeitmöglichkeiten werden rapide ansteigen.

Als Ausländer kann man sich leicht den Mumbaikars anschließen und sich in Vergnügen stürzen, ob teuer oder kostenlos. Hier einige Vorschläge:

Girls, Geld und Girlanden: die Dance Bars

Ein reines Männervergnügen sind die *dance bars,* in denen grell geschminkte, wie Bollywood-Statistinnen gekleidete Tänzerinnen zu Filmmusik oder indischer Popmusik auftreten. Diese Bars sind das moderne **Pendant zu den kothas aus früheren Jahrhunderten,** Einrichtungen zwischen Musikhalle und Bordell, vor allem in Nordindien, in denen Tanzmädchen wohlhabende Sponsoren unterhielten. Das Leben eines solchen Tanzmädchens ist in dem Film *Umrao Jaan* portraitiert (1981; Neufassung 2006).

Heute sind die wenigsten dieser Tanzbars in Mumbai Bordelle. Möglicherweise kommt es zu gewissen Abmachungen zwischen Gast und Tänzerin, aber das ist deren Privatsache. In erster Linie bieten die Tanzbars aufreizende Unterhaltung für nicht immer ganz nüchterne Männer. Viele der Gäste sind wohlbetuchte Geschäftsleute (aber auch Mitglieder der Unterwelt), die die Mädchen mit Geld überhäufen – im wahrsten Sinne des Wortes. Gefällt einem Gast eine junge Frau oder ihr Tanz besonders, streut er Geldscheine über ihrem Kopf aus oder hängt ihr eine Girlande aus Geldscheinen um den Hals. Wichtig ist, dass man die Mädchen dabei nie berührt.

Die Summen, die die Gäste den Mädchen spendieren, können erheblich sein: Gewiss öffnet der Alkohol so manche Börse, die ansonsten sorgsam vom Sonnenlicht ferngehalten wird. Den bisherigen Spendierrekord hält *Abdul Karim Telgi* (geb. 1961), der in einer Nacht fast zehn Millionen Rupien in einer Tanzbar in Mumbai gelassen haben soll. *Telgi* ist ein Betrüger, der sich im mittlerweile legendären *Stamp Paper Scam* angeblich bis zu 330 Mrd. Rupien (über 5 Mrd. Euro) ergaunert hatte. Niemand kennt die genaue Summe. Das oben genannte Papier wird für Marken benutzt,

Ruhe vor dem Sturm: Morgens geht's im Cafe Ideal geruhsam zu, abends werden die Shishas herumgereicht und das Bier fließt in Strömen

die staatlichen indischen Dokumenten aufgeklebt werden. Derzeit kann *Telgi* allerdings höchstens Mäuse und Mithäftlinge tanzen lassen. Er sitzt eine 13-jährige verschärfte Haftstrafe ab.

2005 wurden die **Tanzbars von der Regierung Maharashtras geschlossen,** da sie angeblich Brutstätten des Verbrechens und der Unmoral sind. 75.000 Tänzerinnen und 400.000 weitere Angestellte wurden auf einen Schlag arbeitslos, woraus ein Anstieg der Kriminalität in Mumbai resultierte. 2007 erklärte der Oberste Indische Gerichtshof das Verbot für nicht verfassungsgemäß, das Tauziehen geht aber derzeit noch weiter.

Das Auffinden der *dance bars* ist nicht immer ganz einfach. Meist haben sie unscheinbare Eingänge, die seit dem offiziellen Verbot zudem erst einmal verschlossen sind. Nur die nach Außen dringenden Klänge von Filmmusik verraten, was hinter der Tür liegt. Die meisten Taxifahrer in Mumbai kennen einige der Bars und wer (männliche) Bekannte in Mumbai fragt, wird sicher ebenfalls fündig werden.

Lounge Bars & shisha bars: blubbernde Wasserpfeifen und New-Age-Musik

Ganz „in" bei jüngeren, gut betuchten Leuten sind die **Lounge Bars,** eine Mischung aus Restaurant, Bar und Disco, in der typische *lounge music* gespielt wird. Das ist eine Art Trance- oder New-Age-Musik, gemischt mit klassischen indischen Melodien oder pakistanischen *ghazals* – eine sehr hypnotische Mischung, an die man sich vielleicht erst gewöhnen muss. Wer Kostproben benötigt, wird in Mumbais CD-Läden wie „Planet M" und „Rhythm House" fündig werden. Man schaue nach Namen wie *Karsh Kale, Karunesh* oder *Midival Punditz.* Auch der Wohlfühl-Guru *Deepak Chopra* mischt bei der Lounge-Welle mit *(„Deepak Chopra & Friends").*

Die Lounge Bars sind nicht billig und finden sich vor allen in den besseren Stadtteilen wie Juhu, Bandra und Colaba. Zur Musik werden Speisen diverser Küchen serviert. Das können neu aufgepeppte indische Klassiker sein – der gute alte *dal fry* im poppigen New-Age-Gewand – oder aber auch mexikanische, chinesische oder thailändische Gerichte.

Das **Publikum in den Lounge Bars** ist in der Regel nicht so kontaktfreudig wie das in einem schummrigen Hinterhof-Schnapsausschank, viele Gäste scheinen zunächst ihren Status demonstrieren zu wollen. Wenn der Alkohol erst einmal richtig fließt, kann sich diese Barriere aber so schnell auflösen wie eine Leiche im Säurebad. Wie überall auf der Welt können stark alkoholisierte Gäste unberechenbar sein. Indische Männer haben den Ruf, dem weiblichen Geschlecht im angetrunkenen Zustand besonders hartnäckig und plump nachzustellen und ein „Lass-mich-in-Ruhe" als ein „Ich-steh'-auf-dich" zu interpretieren. Die in der prüden Gesellschaft unterdrückten Bedürfnisse werden nach Alkoholgenuss recht deutlich geäußert. Weibliche Umsicht, Schlagfertigkeit (möglichst verbal), Vorsicht und notfalls der Rückzug sind gute Verteidigungsstrategien.

Bekannte Namen in der Lounge-Bar-Szene sind derzeit *Indigo, Zenzi, Vie Lounge* und *Bed Lounge* – aber das kann sich so schnell ändern wie Mumbais Himmel in der Regenzeit.

Eine andere, sehr beliebte Art von Bars sind die **shisha bars.** *Shisha* ist das arabische Wort für Wasserpfeife. Auf Hindi würde man *huka* sagen, aber das Konzept der *shisha bar* ist importiert. Indien hat zwar seine eigene Wasserpfeifenkultur (vor allem in Haryana und Panjab), aber bei den jungen Leuten kommen das Shisha-Rauchen vor allem an, weil es modern, ausländisch und exotisch wirkt. In den *shisha bars* wählt man zwischen verschiedenen Sorten von aromatischem Tabak – sei's mit Apfel- oder Honiggeschmack – und los geht die Pfeife.

Der Trend dieser Bars begann mit dem Lokal Mocha an der Veer Nariman Road nahe Churchgate Station, das mittlerweile mehrere Zweigstellen hat. Auch andere Bars haben sich mit *shishas* ausgestattet und es wird in allen erdenklichen Aromen gepafft. Das Publikum in den *shisha bars* besteht oft aus Collegestudenten oder anderen jungen, relativ wohlhabenden Leuten.

Die **Veer Nariman Road** war von den 1950er- bis 1970er-Jahren das Unterhaltungszentrum der Stadt. Damals hieß sie noch Churchgate Street. In mehr als einem halben Dutzend Restaurants und Klubs spielten Jazz- oder Schnulzenbands auf. Gruppen wie *Three Guys and a Doll* und das legendäre goanesische Duo *Chris Perry & Lorna* schlugen dort die Zuhörer in den Bann. Da, wo heute das Mocha ist, befand sich früher das bekannte Berry's, ein Restaurant und Nachtklub mit Livemusik.

Einzig übrig geblieben aus jener Epoche ist das so antiquiert-britisch benannte Gaylord Restaurant, gegründet 1947. Sein unübersehbares Retro-Ambiente ist ein Vermächtnis der guten alten, swingenden Zeit. Das Vorzeigegericht des Restaurants, *Chicken à la Kiev,* ist heute noch genauso populär wie in den Anfangstagen.

Chowpatty Beach: Snacken und Schwatzen zu Feierabend

Mumbai hat nur wenige Parks, in denen man etwas Freizeit verbringen könnte und von denen sind die meisten nicht sehr ansehnlich. Der angenehmste ist noch Pherozeshah Mehta Gardens, besser bekannt als Hanging Gardens, ein an den Malabar Hill gebauter, „hängender" Park.

Der Ort, wo man sich nach Feierabend oder am Wochenende entspannen kann, ist der **Chowpatty Beach,** gelegen in einer sanften Kurve am Arabischen Meer. Das Wasser am Strand ist – wie überall im Bereich von Mumbai – aufgrund von ungeklärten Abwassern nicht zum Schwimmen geeignet, was einige Straßenjungs allerdings nicht von einem Bad abhält. Kein Bürger aus besserer Schicht würde erwägen, hier ins Meer zu steigen. Die Hauptattraktion von Chowpatty ist der offene, weite Strand mit wunderbarem Panoramablick auf die Hochhäuser von Nariman Point und Walkeshwar und – mindestens genauso wichtig – die zahlreichen Essensbuden.

Hier snacken die Mumbaikars **die typischen Mumbai-Snacks** wie *Bhel Puri* oder *Pav Bhaji. Bhel Puri* sind kleine aufgeblähte Teigballen, die mit einer Mischung aus kleingeschnittenen Tomaten, Mangos, Gurken, Kartoffeln und anderen Zutaten in einer Tamarind-Soße serviert werden. *Pav Bhaji* besteht aus einer Art Brötchen, das in Butter gebacken und mit einem dicken Brei aus Tomaten, Kartoffeln und anderen Gemüsen bestrichen wird. Das klingt nicht unbedingt nach Haute Cuisine, schmeckt aber ausgezeichnet. Andere Stände bieten Eiscreme, bunte Limonaden (bzw. Farbstoff mit etwas Limonade darin!) und *paan,* die beliebten Betelmischungen. Etwas weiter Richtung Inland vom Strand wird eine besondere Betelmischung verkauft, die „Bettbrecher" *(palang-tor)* genannt wird. Sie beinhaltet geheime Substanzen, die aphrodisierende Wirkung haben sollen. Dafür kostet sie auch etwas mehr.

Es ist extrem leicht am Chowpatty Beach **mit Einheimischen ins Gespräch** zu kommen – *nicht* mehrmals von wildfremden Leuten angesprochen zu werden, ist wahrscheinlich unmöglich. Ansprechhemmungen kennen Mumbaikars kaum. Oft ergeben sich so spontane Einladungen, aus denen lange Freundschaften werden können. So mancher „Ansprecher" überreicht gleich seine Visitenkarte und bittet, doch mal vorbeizuschauen. Diese Einladung ist meistens tatsächlich so gemeint, es sind keine leeren Worte. Man sollte offen für die Angebote sein, die wenigsten Leute, die sie aussprechen, haben böse Absichten. Übermäßige Paranoia ist fehl am Platz, aber man sollte natürlich seinen vernünftigen Menschenverstand bewahren. Oft sind die Ansprechenden einfach neugierig und wollen einen kurzen, freundlichen Schwatz halten. **Reden und Essen,** das sind wohl die beliebtesten Freizeitaktivitäten des Mumbaikars und am Chowpatty Beach bietet sich eine perfekte Gelegenheit, beides miteinander zu kombinieren.

Leutegucken: Mauerhocken am Marine Drive

Viele Bewohner Mumbais versammeln sich abends am Marine Drive, der Uferpromenade am Arabischen Meer, oft etwas abgehoben auch *The Queen's Necklace* genannt. Dies ist eine Anspielung auf die Lichter am Marine Drive und die sanfte Biegung der Straße. Den „Halsketteneffekt" sieht man am besten von den oberen Stockwerken des nahegelegenen Hilton Towers Hotels, man sollte aber nicht zu viel erwarten.

Jeden Abend hocken sich Tausende Mumbaikars auf die Mauer, die den Bürgersteig vom Meer trennt. Manche kommen zu einem romantischen Stelldichein – viele aber sind einfach da, um zu gucken, was die Anderen so machen. Der Marine Drive ist **ein ausgezeichneter Platz, um Leute zu beobachten:** Das ganze schillernde Mosaik, das Mumbais Bevölkerung ausmacht, zieht an einem vorbei. Da sind die etwas älteren, dickleibigen Matronen, die unter dem teuren Sari Sportschuhe tragen und rigoros ihre vom Hausarzt verordneten Bewegungseinheiten ablaufen. Ältere Parsen-Männer gehen vorbei, zu erkennen an der traditionellen Parsen-Kappe, kränkelnd aussehend und gebeugt, sie unterhalten sich im besten *Queen's English.* Hausdiener führen die Hunde ihrer feinen Herrschaften aus, die

Strand und Skyline: Die Hochhäuser von Nariman Point
bilden eine moderne Kulisse zu Mumbais beliebtestem Strand

das niemals selbst tun würden, und man sieht den Tieren an, dass sie besser ernährt werden als manch ein Stadtbewohner. Männer aus dem Hinterland von Mumbai, mit *dhoti* bekleidet und eine Gandhi-Kappe auf dem Kopf tragend, schlendern gut gelaunt vorbei und freuen sich, endlich die berühmte Straße zu sehen, die sie bisher nur aus Filmen kannten.

Am Marine Drive versammelt sich jede Klasse und Gattung von Mumbaikars. Es ist, als hätte jede Schicht eine Abordnung entsandt. Mit von der Partie sind auch die Eunuchen, die hier abends oft betteln. Als **Ausländer** ist man die weithin sichtbare Zielscheibe, die in verstärktem Maße Bettler und fliegende Händler anzieht. Wie immer, wenn man nichts geben oder kaufen will, sollte man einfach durch die Betreffenden hindurchsehen und die Situation stumm „aussitzen“. Um ganz deutlich zu machen, dass man in Ruhe gelassen werden will, kann man mit der Hand eine Art schlenkernde oder fortweisende Bewegung machen. Diese bedeutet etwa „du kannst jetzt ruhig weitergehen“ oder „geh' mal lieber“. Die **beiseiteschiebende Geste** wird oft noch von einem abweisenden, kurzen und scharfen Zungenschnalzen verstärkt. Das bedeutet so viel wie „Ach, Mensch, lass mich in Ruhe, hier verschwendest du deine Zeit.“ Und es wirkt meist sofort. Das sind täglich zu beobachtende Andeutungen und gar nicht so unhöflich, wie sie auf einen Europäer vielleicht wirken mögen. Der Inder ist in diesem Fall sehr direkt und versteckt sich nicht hinter einer höflichen, aber unehrlichen Floskel.

Bollywoods Kinos: von der Bretterbühne zum Multiplex

In den letzten Jahren ist die Kinolandschaft in Mumbai einer kleinen Revolution unterzogen worden. Allein zwischen 2002 und 2007 wurden **dreißig kleine Filmtheater geschlossen,** stattdessen sind einige sogenannte Multiplexe aus dem Boden geschossen. Multiplexe sind hochmoderne Kinopaläste, bestehend aus vier oder fünf Vorführsälen, die in Technik und Komfort in keiner Weise den Kinos im Westen nachstehen. Vorbei die Zeit, in der man sich den neuesten Bollywood-Hit in einer abbruchreifen alten Flimmerbude anschauen musste, in der die Sitze von Generationen von Holzwürmern durchbohrt waren und die eine oder andere aufgeschreckte Ratte durch die Reihen flitzte.

Die neuesten Bollywood-Filme sieht man sich am besten in einem dieser Multiplexe an, so z. B. Inox, Metro Adlabs, Fame Adlabs, PVR Juhu oder den Kinos der Cinemaxx-Kette. Heutzutage werden auch die **Premieren** in den Multiplexen abgehalten und wenn die durchschnittlichen Mumbaikars auch nicht dazu eingeladen sind, so stehen sie doch zu Hunderten draußen und hoffen einen Blick auf die eintreffenden Stars zu erheischen. Über Premieren informiere man sich in der lokalen Presse, sie finden in der Regel donnerstags oder freitags statt.

Vor der Filmvorführung wird auf der Leinwand eine wehende indische Flagge gezeigt und **die Nationalhymne wird gespielt.** Dabei steht das Publikum respektvoll auf. Würde sich ein Ausländer dabei nicht erheben, würde dies zumindest als grobe Unhöflichkeit, eventuell sogar als bewusste Provokation aufgefasst. Die Missachtung – oder *vermeintliche* Missachtung – von Nationalflagge oder -hymne hat in Indien schon Massentumulte ausgelöst. Symbole haben in Indien einen hohen Stellenwert. Zwar ist nicht jeder Mumbaikar mit dem Abspielen der Nationalhymne in den Kinos einverstanden, aber es ist eine Verordnung der Regierung Maharashtras und die Kinobetreiber haben sich daran zu halten.

Die **Eintrittspreise** in den Multiplexen sind am Landesniveau gemessen sehr hoch: zehnmal so hoch wie in den billigsten Unterklassekinos und dreimal so hoch wie in den Mitteklassekinos. Nur die oberen zehn Prozent Besserverdienenden können sich einen Besuch in den Multiplexen erlauben, die durchschnittliche Auslastung liegt daher bei nur ca. 40 %.

Als Kontrastprogramm zu den schnieken Multiplexen empfiehlt sich der **Besuch in einem althergebrachten Kino,** wie z. B. das Edward Theatre in der Kalbadevi Road. Dies ist eines der besseren alten Traditionskinos der Stadt. Es stammt aus dem frühen 20. Jh. und war wie alle frühen Kinos in Mumbai zuerst ein Theater und dann ein Stummfilmkino. Unter der Bühne befindet sich noch heute eine Kurbelanlage, mit deren Hilfe während der Theatervorstellungen wie durch ein Wunder Requisiten vor den Augen der Zuschauer erschienen. Auf ein Stichwort hin wurde eine Klappe im Bühnenboden geöffnet und die Helfer unter der Bühne mussten mit aller Kraft die große Kurbelwinde drehen, um eine Plattform mit der Requisite hochzuhieven. Da tauchte so manches Mal ein rettender Gott aus der Tiefe auf oder ein grausamer *rakshas,* ein Dämon. Die „special effects" waren für damaligfe Zeiten hochmodern und der durchschnittliche Bambaiya von 1925 war mit Sicherheit tief beeindruckt.

Noch heute arbeitet man in alten Kinos wie dem Edward mit einfachster Technik. Im Vorführraum stehen zwei Projektoren aus den 1920er-Jahren und die Projektionisten beten vor der ersten Darbietung des Tages zu einem kleinen Götterbildnis, dass die Geräte auch allzeit gut schnurren und die Vorstellung überstehen mögen. Trotzdem werden die Projektoren vorher natürlich noch einmal durchgecheckt und innen wie außen gewissenhaft geputzt.

Die **Etikette** in einem einfachen Arbeiterkino wie dem Edward Theatre ist eine gänzlich andere als in den Multiplexen. Während es in letzteren

052kmu Foto: rE

sittsam und geordnet zugeht und bestenfalls das Popcorn verhalten raschelt, so nimmt man im Billigkino hörbaren Anteil am Leinwandgeschehen. Man pfeift, johlt, schreit und flucht und wenn einmal der Strom ausfallen sollte, *Ganesh* verhüt's, dann „bestraft" man eben das Inventar dafür. Möglicherweise werden einige Sitze in destruktiver Weise bearbeitet oder man wirft seine alten Gummisandalen in Richtung Leinwand. Mit schmutzigem Schuhwerk lässt sich Ungehaltenheit immer gut ausdrücken: Auf dem Land hängt man Leuten, die sich böse danebenbenommen haben, zur Strafe eine *chappal-mala* um den Hals, eine Kette aus alten Sandalen. Ein Besuch in einem Kino wie dem Edward kann ein denkwürdiges Erlebnis sein. Mitjohlen ist Ehrensache.

Ähnliche Kinos mit noch etwas derberem Publikum finden sich um das Nordostende der Falkland Road herum. Am vollsten sind sie sonntags, wenn viele Arbeiter ihren freien Tag haben. Vor den Eingängen drängen sich Besucher in langen, ungeduldigen Warteschlangen und der grimmige Türsteher sorgt mit einem *lathi,* einem hölzernen Schlagstock, für Ordnung. Wer zu sehr drängt und schubst, macht schmerzhafte Bekanntschaft damit. Manche Kinogänger sehen sich zwei oder drei Filme hintereinander an, denn **im Kino ist es angenehmer als zu Hause im engen Schmuddelzimmer,** das man sich mit mehreren teilen muss. Manche Mieträume sind so überbelegt, dass man darin nur wohnen kann, weil die Mieter Schichtarbeiter sind – sind die einen bei der Arbeit, können die anderen in Ruhe schlafen. Dass das indische Kino der Realitätsflucht dient, ist allseits bekannt, in diesem Falle aber lindert es auch die Auswirkungen der Wohnungsnot. Wenn manche Leute genüsslich im Kino schlafen, bedeutet das nicht unbedingt, dass der Film langweilig ist.

Laughter Yoga: herzhaft Lachen ist er(n)ste Pflicht

Es ist dem **Arzt Dr. Madan Kataria** aus Mumbai zu verdanken, dass man morgens möglicherweise von einer Gruppe von Leuten geweckt wird, die aus vollem Halse lachen. Sich sogar biegen vor Lachen. Die lachen wie ein Haufen Verrückter.

Dr. Kataria war zu dem Schluss gekommen, dass „Lachen die beste Medizin" ist und gründete 1995 in Mumbai den ersten **Lach-Klub.** Heute gibt es allein in Mumbai siebzig solcher Klubs, in ganz Indien sind es mittlerweile 450 und die Schallwellen des Gelächters erreichen inzwischen auch das Ausland.

Das Ganze läuft ganz informell ab: Jeden Morgen treffen sich an vorbestimmten Plätzen – an Straßenecken, in Parks oder Büros – Gruppen von Teilnehmern, die sich 15–20 Minuten lang durch diverse Formen des Lachens exerzieren. *Laughter Yoga* nennt *Dr. Kataria* diese Therapie, die jedwede Negativität für den anzugehenden Tag im Keim ersticken soll. Der abgebaute Stress dürfte sich natürlich auch förderlich auf den allgemeinen Gesundheitszustand auswirken. Bei den Lach-Klubs kann jeder mitmachen, einfach dazustellen und mitjohlen.

Die Lacher versammeln sich gegen 6 Uhr morgens, so z. B. am Gateway of India oder ein paar Hundert Meter weiter südlich am Radio Club, schräg gegenüber dem Sea Palace Hotel oder Strand Hotel.

Dr. Kataria hat mittlerweile seinen Job am Jaslok Hospital aufgegeben und ist nun Vollzeit-Lach-Aktivist. Egal was man von seiner Methode hält – als waschechter Mumbai-Charakter hat er sich einen bleibenden Namen geschaffen.

Geduldige Hockstellung: „Daroga" („Der Wachtmeister") heißt der Film, auf dessen Beginn dieser Kinogänger wartet

030kmu Foto rk

ANHANG

Zaghafter Flirt am Marine Drive: Küssen und andere Zärtlichkeiten sind hier offiziell verboten

Glossar

- **Adda** – eine (Stamm-)Kneipe, Pinte, Treffpunkt, oft mit einem Hauch von Unterwelt oder Verruchtheit behaftet
- **Agiary** – ein Feuertempel der Parsen; in Mumbai gibt es insgesamt 44 Feuertempel.
- **Andhra Pradesh** – Bundesstaat in Südindien, kurz A. P., mit Hauptsprache Telugu
- **Angrez** – Hindi und Marathi für einen Engländer, womit aber auch jeder beliebige weiße Ausländer gemeint sein kann. Die weibliche Form ist *angrezin*.
- **Arrack/Arrak** – von Arab. *araq*, „Ausdünstung", aus vergorenem Palmsaft destilliertes alkoholisches Getränk. Das türkische Wort *Raki* ist damit verwandt.
- **Assam** – Bundesstaat im Nordostindien; der offizielle Name wurde 2006 in Asom umgewandelt, da der Name Assam als ein Relikt der britischen Kolonialzeit betrachtet wurde. In Wirklichkeit aber war der Name Assam schon Jahrhunderte vor dem Erscheinen der Briten in Gebrauch.
- **Atash Behram** – wörtl. „siegreiches Feuer", das heiligste Feuer der Parsen, dem in bestimmten Feuertempeln gehuldigt wird, in Mumbai gibt es vier *Atash Behram*. Es setzt sich aus 16 verschiedenen Feuern zusammen, z. B. aus dem Feuer eines Blitzes, dem Feuer einer Leichenverbrennung und dem Feuer eines Brennofens.
- **Auto/Auto-Rikscha** – Motor-Rikscha
- **Bachchan, Amitabh** – der bekannteste indische Schauspieler und zugleich der wohl populärste lebende Inder, geb. 1942 in Allahabad, wohnhaft in Mumbais Stadtteil Juhu
- **Bakshish** – eine milde Gabe, ein Trinkgeld oder ein Bestechungsgeld
- **Bambaiya** – lokale Bezeichnung für einen Bewohner von Bombay/Mumbai
- **Bandra (West)** – wohlhabender Stadtteil in Nordwest-Mumbai, Wohnsitz vieler Schauspieler/innen, z. B. Shah *Rukh Khan, Salman Khan, Sanjay Dutt, Jackie Shroff, Preity Zinta, Rekha Ganeshan*. Die östliche Hälfte von Bandra, Bandra East, ist ein Mittelklasseviertel.
- **Baza(a)r** – ein Markt
- **BEST** – *Brihanmumbai Electric Supply & Transport Undertaking*, Mumbais städtische Strom- und Transportgesellschaft, gegr. 1873 als *Bombay Tramway Co. Ltd.*
- **Bhangi** – Kastenlose, die traditionell „unreine" Arbeiten verrichten, in Indien werden sie auch *sweepers* genannt, da sie unter anderem zur Straßenreinigung herangezogen wurden (*to sweep* = fegen).

- **Bharat** – die einheimische Bezeichnung für Indien, der offizielle Name des Landes lautet *Bharat Yuktarashtra,* „Vereinigtes Indisches Reich".
- **Bhendi Bazaar/Bhindi Bazaar** – Markt- und Geschäftsviertel in Süd-Mumbai, hauptsächlich von Moslems bewohnt
- **Bhikhari** – ein Bettler, eine elende Person
- **Bhojpuri** – rustikaler Dialekt des Hindi, oft auch als separate Sprache angesehen, hauptsächlich gesprochen im östlichen Teil von Uttar Pradesh und dem westlichen Bihar, die Heimatregionen vieler Zuwanderer in Mumbai
- **Bihar** – notorisch gesetzloser und rückständiger Bundesstaat in Nordindien. Mumbai hat einen hohen Anteil an Migranten aus Bihar.
- **BJP** – *Bharatiya Janata Party,* „Indische Volkspartei", fundamentalistisch-hinduistisch geneigte Partei, stellte 1998–2004 Indiens Regierung
- **Bohras** – islamische Sekte, Untersekte der Ismailiten, vor allen in Mumbai und Gujarat, deren Mitglieder zumeist Geschäftsleute sind. Die Bohras waren ursprünglich Hindus aus der Vaishya-Kaste in Gujarat, sie traten später zum Islam über.
- **Bollywood** – Bezeichnung für Mumbais Filmindustrie, eine Wortkombination aus Bombay und Hollywood, zum ersten Mal verwendet 1976. Bis vor wenigen Jahren noch mit spöttischem Beiklang behaftet, wird der Ausdruck jedoch zunehmend zu einem respektierten Markenzeichen. Die Bezeichnung wurde 2003 zuerst im *Oxford English Dictionary* und später auch in andere Wörterbücher aufgenommen.
- **Bombay Duck** – getrockneter Bummalo-Fisch *(Harpodon nehereus),* eine Fischspezialität. Der *Bombay Duck* ist in den Gewässern von Mumbai bis Gujarat und in geringerem Maße vor West Bengal heimisch.
- **Bombay Stock Exchange (BSE)** – der älteste Aktienmarkt Asiens, gegr. 1875, mit Sitz im Stadtteil Fort an der Dalal Street
- **Boot-polish-wala/wallah** – ein Schuhputzer
- **Brahmanen** – die höchste, privilegierteste Kaste im Hinduismus, traditionell die Kaste der Priester und Schriftgelehrten
- **Brihanmumbai Mahanagar Palika** – die Stadtverwaltung von Groß-Mumbai
- **Chakka** – Slang für einen Hijra
- **Chanda** – wörtl. „Beitrag", euphemistischer Ausdruck für Schutzgelder, die Mitglieder der *Shiv Sena* oder anderer Organisationen erpressen
- **Chapati** – Fladenbrot aus ungesäuertem Teig
- **Chaprasi** – ein Botengänger oder Bediensteter, von *chapras,* einem metallenen Abzeichen, einer Plakette
- **Chawl** – ausgedehnte, meist mehr oder weniger verfallene Wohnblocks mit engen Einzimmerwohnungen und Gemeinschaftstoiletten

- **Chhatrapati Shivaji International Airport** – Mumbais internationaler Flughafen, im Stadtteil Sahar im Norden der Stadt gelegen
- **Chhatrapati Shivaji Terminus** – der offizielle Name von Victoria Terminus Station, gebaut 1888, Mumbais imposantestes Bauwerk aus der Kolonialzeit. Die meisten Mumbaikars nennen den Bahnhof trotz des offiziellen Namenswechsels immer noch V. T. (Station).
- **Chowk** – ein Platz, Hof
- **Chowpatty Beach** – Strand am Nordende des Marine Drive, beliebtes Ausflugsziel vieler Mumbaikars an Wochenenden oder zum Feierabend
- **Colaba** – wohlhabender Stadtteil in Süd-Mumbai, mit vielen Hotels, *Guest Houses* und Geschäften, zumeist die erste Anlaufstelle von westlichen Touristen in Mumbai
- **Crore** – indische Zähleinheit, sprich *kror;* 10 Millionen Rupien
- **Crorepati** – jemand, der mindestens 10 Millionen Rupien besitzt, von *crore.* Die indische Version des TV-Quiz „Wer wird Millionär?" heißt *Kaun Banega Crorepati?,* „Wer wird Crorepati?"
- **Dabba-wala/-wallah** – wörtl. „Büchsenträger", Berufsstand, dessen Mitglieder Essensbehälter *(dabba)* mit Gerichten, die von den Ehefrauen der Empfänger bereitet wurden, in Büros anliefern
- **Dal** – eine Art Linsenbrei aus gelben oder schwarzen Linsen, indisches Standardgericht
- **Dalal** – Hindi und Marathi für einen Händler, Mittelsmann, oder auch Zuhälter
- **Dargah** – Pers. für „Pforte", das Grabmal eines moslemischen Heiligen
- **Deshi** – umgangssprachlich für in Indien produzierten, billigen Schnaps, auch *country liquor,* wörtl. etwa „Landgemachter"
- **Devanagari** – Schrift, in der Sanskrit, Hindi, Marathi und Nepali geschrieben werden
- **Dhobi** – ein Wäscher
- **Dhobi Ghat** – die Ufertreppen an Flüssen, an denen die *dhobis* waschen, auch spezielle Waschparzellen für *dhobis,* wie z. B. im Stadtteil Mahalakshmi
- **Dhoti** – ein von Männern getragenes traditionelles Wickelgewand
- **Diwali** – hinduistisches „Fest des Lichtes", das den Sieg von Gut über Böse symbolisiert. Es findet entweder in der zweiten Oktoberhälfte oder der ersten Novemberhälfte statt.
- **Don** – ein Gangsterboss
- **Dry days** – (Feier-)Tage, an denen kein Alkohol ausgeschenkt werden darf
- **Fort** – Stadtteil in Süd-Mumbai, mit zahlreichen Büros und dem *Bombay Stock Exchange*

- **Gali/Galli** – eine Gasse
- **Ganesh/Ganesha** – der hinduistische Elefantengott, der Gott des Wohlstandes und des Gelingens, Mumbais beliebteste Gottheit
- **Ganesh Chaturthi** – Mumbais wichtigstes, neun Tage dauerndes Hindu-Fest, zu dessen Höhepunkt am letzten Tag Tausende von Ganesh-Figuren im Meer versenkt werden. Es findet üblicherweise im September statt und markiert das Ende der Regenzeit.
- **Ganpati** – ein anderer Name für Ganesh
- **Gateway of India** – Mumbais wohl berühmtestes Bauwerk, eine Art Wahrzeichen der Stadt. Ein Triumphbogen, erbaut, um *King George V.* und *Queen Mary* willkommen zu heißen. Die ursprüngliche Version bestand aus Stuck, 1920–1924 wurde dann die derzeit bestehende Basaltkonstruktion errichtet.
- **Ghazal** – in Persien entstandene und heute in Pakistan und teilweise in Indien verbreitete Musikform, in der poetische Verse vertont werden, üblicherweise in Urdu gesungen
- **Ghi/Ghee** – geklärte Butter, Butterreinfett. Als ein „konzentriertes Produkt der Kuh" wird es als heilig und spirituell reinigend angesehen.
- **Goa** – ehemals portugiesische Kolonie, heute indischer Bundesstaat, an der Westküste gelegen, mit Hauptsprache Konkani, gehört ethnisch und sprachlich zu Nordindien
- **Gora** – Hindi und Marathi für einen „Weißen", die weibl. Form ist *gori*
- **Gujarat** – Bundesstaat in Nordwestindien
- **Gujarati** – Hauptsprache im Bundesstaat Gujarat, der indo-arischen Sprachfamilie zugehörig
- **Gujaratis** – Bewohner des Bundesstaates Gujarat; gemeint sind i. d. R. nur die hinduistischen Bewohner.
- **Gunda** – ein Gangster, Schläger, Tunichtgut
- **Hafta/Hapta** – in Hindi wörtl. „Woche", ein Bestechungsgeld
- **Hawaaladar** – Betreiber eines Hawala-Unternehmens
- **Hawala** – ein System der „Geldwäsche" durch Geldtransfers
- **Hawaldar** – niederer Polizeirang, Wachtmeister, auf Engl. *constable*
- **Hero** – der männliche Hauptdarsteller in einem Film, die weibliche Variante heißt *heroine*
- **Hijra** – ein Eunuch, Transsexueller, Transvestit oder impotenter Mann, in Indien oft „das dritte Geschlecht" genannt
- **Hindi** – neben Engl. die offizielle Nationalsprache Indiens, eine indo-arische Sprache, die vom Sanskrit abstammt
- **Hindutva** – „Hindutum", 1923 geprägter Begriff, der besonders unter der Regierung der nationalistisch-geprägten *BJP* (s. o.) in den 1990er-Jahren zu einen fundamentalistischen Schlagwort wurde

- **Holi** – ausgelassenes Fest (bewegl., meist im März), zu dem man sich mit bunten Farbpulvern bewirft. Es markiert den Übergang zur heißen Jahreszeit.
- **Ismailiten** – moslemische Sekte, die nochmals in mehrere Untersekten unterteilt ist
- **Jainismus** – auf den Lehren des Propheten *Mahavir* (ca. 6. Jh. v. Chr.) basierende, dem Hinduismus ähnliche Religion, die absolutes *ahimsa* gebietet, d. h. Gewaltlosigkeit und/oder das Nichtverletzen von Lebewesen. Jains sind Vegetarier.
- **Jains** – Anhänger des Jainismus, der auf den Lehren von *Mahavir* begründet ist. In Indien leben ca. 4,2 Mio. Jains, in Maharashtra allein 1,3 Mio.
- **Jalebi** – frittierte gesüßte Teigkrapfen
- **Jhopadpatti** – ein Slum, eine Ansammlung von Slumhütten
- **Jhopri** – eine Slumhütte
- **Juhu** – nobler Stadtteil in Nordwest-Mumbai, am Juhu Beach gelegen. Der Wohnort vieler Schauspieler/innen, allen voran *Amitabh* und *Abhishekh Bachchan,* dazu *Ajay Devgan, Hrithik Roshan, Rani Mukherjee, Govinda* u. v. a.
- **Kamatipura** – Stadtteil in Süd-Mumbai, mit zahlreichen Billigbordellen und einigen Opiumhöhlen
- **Kannadigas** – die Bewohner des Bundesstaates Kannada, gemeint sind i. d. R. nur die Hindus
- **Karma** – Begriff aus der hinduistischen Philosophie: Das Schicksal, das einem aus der Summe der Taten in vorangegangenen Leben vorbestimmt ist. Gute Taten schaffen ein gutes Schicksal und umgekehrt.
- **Karnataka** – Bundesstaat in Südindien, mit Hauptsprache Kannada, aus der dravischen Sprachfamilie
- **Kasten** – die hinduistische Gesellschaft ist in vier Hauptkasten oder soziale Gruppen unterteilt: Brahmanen, Kshatriyas, Vaishyas und Shudras, die eine soziale Hierarchie darstellen und denen traditionell bestimmte Berufssparten zugeteilt waren.
- **Kastenlose** – außerhalb der vier Hauptkasten stehende Hindus, die „Unberührbaren“, oder *dalits* („Unterdrückte“), die bis heute oft gesellschaftlich benachteiligt werden. Da die Kastenlosen jahrhundertelang unterdrückt wurden, versucht der indische Staat ihren Status durch die sogenannten „Reservierungen“ *(reservations)* von Arbeitsplätzen zu verbessern. Dadurch wiederum fühlen sich Mitglieder der höheren Kasten benachteiligt.
- **Kerala** – Bundesstaat in Südindien
- **Khojas** – moslemische Sekte, deren Oberhaupt der Aga Khan ist, Untersekte der Ismailiten

- **Kolis** – die „Eingeborenen“ in der Gegend um Mumbai, auch in Küstengebieten zwischen Gujarat und Goa ansässig, traditionell Fischer. Das Wort ist wahrscheinlich der Ursprung des engl. *coolie* (Kuli, Lastträger).
- **Kolkata** – seit 2001 der offizielle Name für Kalkutta
- **Konkan** – der Küstenstreifen zwischen der Region um Mumbai und Mangalore in Karnataka
- **Konkani** – Sprache in der Konkan-Region, aus der indo-arischen Sprachfamilie stammend. Konkani wird je nach Region in der es gesprochen wird, im lateinischen, Devanagari- oder Kannada-Alphabet geschrieben, die Sprache kann je nach Region auch stark variieren.
- **Kotha/Kothi** – ein traditionelles Tanzhaus oder/und Bordell
- **Kshatriyas** – die zweithöchste Kaste im Hinduismus, die der Krieger
- **Lakh** – indische Zähleinheit, 100.000
- **Lakhpati** – jemand, der mindestens 100.000 Rupien besitzt
- **Lakshmi/Laxmi** – die hinduistische Göttin des Reichtums, Glücks und Wohlstands
- **Lathi** – ein hölzerner Schlagstock, wie z. B. von der Polizei und von Wachmännern benutzt
- **Lathi Charge** – eine Prügelattacke der Polizei, i. d. R. um eine Demonstration, eine gewalttätige Menschenmenge o. Ä. auseinanderzutreiben
- **Lungi** – ein den Unterkörper bedeckendes Wickelgewand für Männer
- **Maharashtra** – Bundesstaat im westlichen Zentralindien, mit Hauptstadt Mumbai, einer der industrialisiertesten Bundesstaaten Indiens
- **Maharashtrier** – Bewohner des Bundesstaates Maharashtra, i. d. R. sind damit nur die Hindus in Maharashtra gemeint
- **Malayalam** – Hauptsprache im Bundesstaat Kerala, aus der dravidischen Sprachfamilie
- **Malayali** – ein Bewohner des Bundesstaates Kerala, i. d. R. sind damit nur die Hindus gemeint
- **Mandir** – Hindi und Marathi für einen Hindu-Tempel
- **Mangalsutra** – wörtl. „Band des Glücks“, eine Halskette, die von verheirateten Hindu-Frauen getragen wird
- **Mantra** – heilige Silben, Worte oder heiliger Vers, im Hinduismus zur Meditation benutzt oder als spiritueller Gesang
- **Mantralaya** – wörtl. „Haus der Minister“, der Sitz der Regierung des Bundesstaates Maharashtra, etwa zwischen Nariman Point und Churchgate gelegen
- **Maratha** – Mitglied der Kshatriya-Kaste in Maharashtra oder allgemein Hindu aus Maharashtra
- **Marathi** – offizielle Sprache im Bundesstaat Maharashtra, aus der indoarischen Sprachfamilie

- **Marg** – eine größere Straße
- **Marine Drive** – „Prachtstraße“ entlang dem Arabischen Meer, da sie mit ihren Lichtern von oben wie eine blinkende Kette aussieht wird sie oft auch *The Queen's Necklace* genannt. Offiziell in Netaji Subhash Marg umbenannt, was jedoch nicht allen Mumbaikars ein Begriff ist.
- **Masala** – Gewürzmischung
- **Masjid** – Moschee
- **Meghalaya** – Bundesstaat in Nordostindien
- **Mogul** – muslimische Herrscherdynastie mongolischer Herkunft in Indien (1526–1857)
- **Monsun** – die Regenzeit, von Arab. *mausam* = „Jahreszeit“. In Mumbai üblicherweise von ca. 10. Juni bis Ende Sept./Anf. Okt. In Delhi ca. 20. Juni bis Mitte Okt.
- **Motor-Rikscha** – dreirädriges Mini-Taxi, auch Auto-Rikscha genannt. In Mumbai nur in den Stadtteilen nördlich des Mahim Creek erlaubt, d.h. ab Stadtteil Bandra und weiter Richtung Norden.
- **Mumbadevi** – lokale Göttin der Kolis und Maharashtrier, Schutzpatronin von Mumbai
- **Mumbaikar** – lokale Bezeichnung für einen Bewohner von Mumbai
- **Nizam** – Arabisch und Urdu für „Herrscher“, Titel der Herrscher von Hyderabad in Zentralindien
- **Paan** – Betel, Betelmischung
- **Paan-wala/-wallah** – ein Betelverkäufer
- **Paisa** – die kleinste indische Währungseinheit, ein Hundertstel der Rupie. Das Wort bedeutet auch „Geld“.
- **Pakka** – umgangssprachliches Hindi für „gewiss“, „auf jeden Fall“, „in Ordnung“
- **Panjab/Punjab** – wörtl. „Land der fünf Flüsse“, relativ wohlhabender Bundesstaat in Nordindien, mit dem höchsten Anteil an Sikhs in Indien
- **Parsen/Parsis/Parsees** – Anhänger des Zoroastrismus (s. u.), deren Vorfahren vor über 1000 Jahren aufgrund moslemischer Verfolgung von Persien nach Indien geflohen waren. Eine geringe Anzahl von Parsen lebt noch im Iran, weitere als Emigranten u. a. in den USA, Kanada und UK.
- **Pavement dweller** – „Gehwegbewohner“, Obdachloser
- **Peon** – ein Laufbursche, Angestellter
- **Peti** – eine Kiste, auch der Schuhputzkasten der Schuhputzer. Im Slang bedeutet *peti* „100.000 Rupien“.
- **Pir** –moslemischer Heiliger
- **Puja** –hinduistische Gebetszeremonie, Gebet(e)
- **Rajasthan** – Bundesstaat in Nordwestindien, Hauptsprache Rajasthani, aus der indo-arischen Sprachfamilie

- **Re.** – Abkürzung für (eine) Rupie, sing.
- **Rs.** – Abkürzung für „Rupees“, Rupien, pl.
- **Rupie(n)** – die indische Währungseinheit, unterteilt in 100 Paisa, 1 Euro = 63 Rupien (Stand April 2008)
- **Sadhu** – im Hinduismus ein heiliger Mann oder Wanderasket, meistens Anhänger von *Shiva*
- **Sahib** – Hindi für „(mein) Herr“, höfliche Anrede
- **Sanskrit** – heute „tote“ Sprache, in der die heiligen Schriften des Hinduismus verfasst sind. Die meisten nordindischen Sprachen sind mit Sanskrit verwandt.
- **Sari** – das Wickelkleid indischer Frauen, i. d. R. aus ca. zwei Metern Stoff gefertigt, es bestehen aber regionale Unterschiede, ebenso unterschiedliche Wickeltechniken
- **Sati** – die alte Tradition der Witwenverbrennung, in der Witwen den Scheiterhaufen ihres toten Ehemannes bestiegen. *Sati* wurde 1829 von der britischen Kolonialregierung verboten, es kommt jedoch bis heute noch vereinzelt vor, vielleicht ein Fall innerhalb von fünf bis zehn Jahren.
- **Shiv Sena** – „Shivajis Armee“, 1966 von *Bal Thackeray* gegründete Partei, um die Interessen der „eingeborenen“ Maharashtrier in Mumbai und Maharashtra zu vertreten, später zunehmend moslemfeindlich, hinduistisch-nationalistisch und demagogisch. Der Name ist eine Huldigung an den Maratha-Krieger *Shivaji*.
- **Shiva** – hinduistischer Gott der Zerstörung und Erneuerung
- **Shivaji (Bhosle)** – auch *Chhatrapati Shivaji* („Feldherr Shivaji“, 1627–1680), der Begründer des Maratha-Reiches und Feind der (moslemischen) Mogul-Herrscher, vergötterter Held der Shiv-Sena-Anhänger
- **Shivaji Park** – Park im Stadtteil Dadar West, so benannt nach einer dort stehenden Shivaji-Statue. Der Park ist ein beliebter Cricketübungsplatz, viele der bekannten indischen Cricketspieler haben als Jugendliche hier begonnen.
- **Shudras** – die vierte Kaste im Hinduismus, die Kaste der Arbeiter und Bauern
- **Sikhs** – Religionsgruppe, deren Männer zumeist an ihren Turbanen und ihrem ungeschnittenen Bart- und Kopfhaar zu erkennen sind. 75 % der indischen Sikhs leben im relativ wohlhabenden Bundesstaat Panjab.
- **Swastika** – das Hakenkreuz, ein altes hinduistisches und buddhistisches Glückszeichen. Die Nazis haben sich das Symbol zu eigen gemacht, wobei die Haken des Kreuzes nach rechts abgebogen waren. Die häufigere indische Variante hat jedoch Haken nach links abgebogen, nach rechts kommt aber auch vor. Die im Buddhismus auftretende Variante hat die Haken fast ausschließlich nach links gerichtet.

- **TADA** – *Terrorist and Disruptive Activities (Prevention) Act*, ein Antiterrorgesetz, das von 1985 bis 1995 galt und oft missbraucht wurde. Nur ein minimaler Prozentsatz der 76.000 unter TADA angeklagten Personen wurde auch für schuldig befunden und verurteilt.
- **Tamil** – offizielle Sprache im südindischen Bundesstaat Tamil Nadu (T. N.), aus der dravidischen Sprachfamilie stammend
- **Telugu** – offizielle Sprache im Bundesstaat Andhra Pradesh (A. P.), aus der dravidischen Sprachfamilie stammend
- **Thackeray, Balasaheb (Bal) K.** – Oberhaupt der *Shiv Sena* und Hindu-Nationalist mit faschistischen Tendenzen, geb. 1927, von Beruf ursprünglich Karikaturist
- **Tonga** – Pferdekutsche
- **Urdu** – Nationalsprache Pakistans, mit einem umfangreichen Wortschatz aus dem Arabischen und Persischen. Die Grammatik ist dieselbe wie im Hindi, auch viele Vokabeln kommen in beiden Sprachen vor.
- **Uttar Pradesh** – Bundesstaat in Nordindien, kurz U. P., mit 180 Mio. Einwohnern der bevölkerungsreichste Bundesstaat Indiens
- **Vaishyas** – die dritthöchste Kaste im Hinduismus, die Kaste der Händler und Geschäftsleute
- **Veden** – heilige Schriften, vier an der Zahl, auf denen sich der frühe Hinduismus gründete, niedergeschrieben ca. 1500–1200 v. Chr.
- **Vishnu** – der erhaltende Gott im Hinduismus
- **V. T. Station** – Victoria Terminus Station, der alte, offiziell abgeschaffte Name des Chhatrapati Shivaji Terminus, wird aber immer noch häufiger benutzt als die neue Bezeichnung
- **Wadi** – eine traditionelle Wohnsiedlung, oft mit charakteristischer, individuell unterschiedlicher Architektur
- **-wala/-walla(h)** – ein Suffix, das Ortsnamen oder Substantiven angehängt werden kann. Es deutet eine Herkunft oder ein Besitzverhältnis an. Beispiele: Mumbai-wala = ein Mann aus Mumbai, *paan-wala* = ein Betel-Habender, d. h. ein Betel-Verkäufer. Die weibliche Form des Suffix ist *-wali*. Oft wird *-wala* auch als *-walla* oder *-wallah* buchstabiert.
- **West Bengal/Westbengalen** – Bundesstaat in Ostindien, mit der Hauptsprache Bengali/Bengalisch aus der indo-arischen Sprachfamilie
- **Yaar** – Hindi für „Kumpel“, „enger Freund“, wird in der „coolen“ Umgangssprache oft ans Ende von Sätzen gehängt, etwa wie das amerikanische *dude* oder *man*
- **Zoroastrismus** – die Religion der Parsen, die erste monotheistische Religion, die auf den Lehren des Propheten *Zarathustra* (ca. 1500–1000 v. Chr.) basiert. Im Zoroastrismus gelten die Elemente Feuer, Wasser, Erde und Luft als heilig, sie dürfen nicht verunreinigt werden.

Literaturtipps

Sachbücher

- Barkemeier, Martin und Thomas: **Indien – der Norden mit Mumbai (Bombay) und Goa.** Reise Know-How Verlag 2007. Mit Beschreibungen der wichtigsten Orte und Sehenswürdigkeiten sowie vielen praktischen Tipps und Adressen zum Reisen durch Indien.
- Bose, Mihir: **Bollywood: A History.** Tempus Publishing 2006. Alles über Bollywood und seine Geschichte.
- Chaudhari, K. K.: **History of Bombay, the Modern Period.** Gazetteers Dept., Govt. of Maharashtra 1987. Für Leser mit starkem Geschichtsinteresse, viele historische Details.
- Contractor, Behram: **From Bombay to Mumbai.** Oriana Books 1998. Die Essays eines bekannten Journalisten, die über viele Jahre in Tageszeitungen in Mumbai erschienen waren.
- D'Monte, Darryl: **Ripping the Fabric – The Decline of Mumbai and its Mills.** Oxford University Press 2002. Mumbais Textilindustrie und ihr Niedergang.
- Da Cunha, J. Gerson: **The Origin of Bombay.** Asian Educational Services 2003 (Originalausgabe 1900). Detaillierte geschichtliche Studie, für Leute mit ausgeprägtem historischen Interesse.
- Dasgupta, Susmita: **Amitabh: The Making of a Superstar.** Penguin Books 2006. Über den Werdegang des allseits verehrten Schauspielers *Amitabh Bachchan,* seinen ikonenhaften Status und seine Wirkung auf die Filmindustrie und Indien allgemein.
- Dubois, Abbé Jean Antoine: **Leben und Riten der Inder.** Reise Know-How Verlag 2002. Die Beschreibung des Missionars und Abbé *Dubois* aus dem Jahr 1807 gilt bis heute als unübertroffener Klassiker.
- Dudrah, Rajinder Kumar: **Bollywood: Sociology goes to the Movies.** Sage Publications 2006. Die Bollywood-Filmindustrie und ihre Auswirkungen auf die indische Gesellschaft.
- Dwivedi, Sharada & Mehrotra, Rahul: **Bombay: The Cities Within.** India Book House 1995. Die Geschichte Mumbais und seine moderne urbane Entwicklung.
- Dwivedi, Sharada & Mehrotra, Rahul: **Fort Walks.** Eminence Designs Pvt. Ltd. 1999. Die Autoren führen den Leser auf einen Rundgang durch das Fort-Viertel mit all seinen historischen Gebäuden. Sehr interessant für Leute mit einem Faible für Geschichte.
- Getty Conservation Institute: **Picture Mumbai: Landmarks of a New Generation.** Getty Trust Publications 1997. Bildband von jungen Leuten

aus Mumbai, die ihre Stadt fotografieren und mit ihren Kommentaren gänzlich neue Facetten präsentieren.

- Hines, Jessica: **Looking for the Big B: Bollywood, Bachchan and Me.** Bloomsbury Publishing 2007. Eine Art Reisejournal und Portrait *Amitabh Bachchans,* geschrieben von einer Autorin, die vergebens dem Schauspieler nachhetzt, um seine Biografie schreiben zu dürfen. Eine humorvolle Lektüre.
- Jadhav, Narendra: **Untouchables – My Family's Triumphant Escape from India's Caste System.** California University Press 2007 (Erstveröffentl. 1993 in Marathi). Die Geschichte eines „Unberührbaren", der es seinen Lebensumständen zum Trotz zu Erfolg und Ansehen bringt.
- Kakar, Sudhir & Kakar, Katharina: **The Indians – Portrait of a People.** Viking Penguin 2007. Eine brillante, wenn auch nicht sehr umfangreiche Analyse der indischen Gesellschaft und ihrer Mitglieder.
- Kamdar, Mira: **Planet India: How the Fastest Growing Economy is Transforming America and the World.** Scribner 2007. Indiens Aufstieg zur wirtschaftlichen Weltmacht.
- Karel, Betsy & Mehta, Suketu: **Bombay Jadoo.** Steidl 2007. Toller Bildband, der bestens den *„Bombay Jadoo"* (Zauber Bombays) vermittelt.
- Katiyar, Arun & Bhojani, Namas: **Bombay – A Contemporay Account.** HarperCollins 1996. Fotoband, der gut die Energie und den „Drive" der Stadt einfängt.
- Krasa, Daniel: **Gujarati für Westindien und Mumbai – Wort für Wort.** Reise Know-How Verlag 2003. Mit einigen Worten Gujarati können Sie schon bald die warmherzige Gastfreundschaft der Gujaratis erfahren.
- Krasa, Daniel: **Hindi für Bollywoodfans – Wort für Wort.** Reise Know-How Verlag 2007. Neben den Grundzügen der indischen Nationalsprache Hindi wird ein Einblick in die Welt Bollywoods und des indischen Films vermittelt. Ein Muss für jeden Bollywoodfan!
- Krack, Rainer: **Hindi – Wort für Wort.** Reise Know-How Verlag 2008. Wer Hindi spricht, wird in Indien schnell als *dost* (Freund) akzeptiert.
- Krack, Rainer: **KulturSchock Indien.** Reise Know-How Verlag 2007. Ein Reiseführer durch den Dschungel des indischen Alltags, ein Knigge für bewusstes Reisen und Erleben.
- London, Christopher W.: **Bombay Gothic.** India Book House 2002. Für Architekturinteressierte: Der Band beschreibt detailliert die neogotischen, oft bombastischen und filigran ausgeschmückten Bauwerke aus der Kolonialzeit.
- Luce, Edward: **In Spite of the Gods: The Strange Rise of Modern India.** Little, Brown 2006. Eine Beschreibung des heutigen Indien, mit all seinen Gegensätzen und offensichtlichen Widersprüchen.

- Mehta, Suketu: **Maximum City – Bombay Lost and Found.** Penguin Books 2004. Ein „junges" Buch und schon ein Klassiker: Der Autor beschreibt Mumbai und seine Merkwürdigkeiten und Schattenseiten und steigt dabei auch in den kriminellen Untergrund ein. Pflichtlektüre.
- Mehta, Vinod (Hg.): **52 Weekend Breaks from Mumbai.** Hathway Investments Pvt. Ltd. 2003. Ein reich bebilderter Reiseführer zu vielen, teils gänzlich unbekannten Reisezielen in der Umgebung von Mumbai.
- Mitidieri, Dario & Kanga, Firdaus & Dalgish, Peter: **Children of Bombay.** Dewi Lewis Publishing 1995. Bewegender Fotoband über die Kinder, die auf den Straßen der Stadt ihr Leben fristen.
- Moraes, Dom: **Bombay.** Time Life Publications 1973. Reich bebilderter Großband, der einen guten Einstieg in das Thema Mumbai verschafft. Das Buch ist nicht mehr leicht zu finden, aber es lohnt sich: Darin findet sich ein seltenes, heimlich aufgenommenes Foto von Parsen-Priestern, die eine Leiche auf einem der „Türme des Schweigens" quasi den Geiern zum Fraß vorwerfen. Die Veröffentlichung des Fotos löste in der Parsen-Gemeinde erheblichen Unmut aus und in indischen Buchausgaben musste das besagte Bild – von Hand – geschwärzt werden.
- Patel, Sujata & Thorner, Alice (Hg.): **Bombay – Metaphor for Modern India.** Oxford University Press 1995. Lesenwerte Essays mehrerer Autoren, die diverse Aspekte der Stadt beleuchten.
- Pinto, Jerry & Fernandes, Naresh (Hg.): **Bombay, Meri Jaan – Writings on Mumbai.** Penguin Books 2003. Eine Zusammenstellung interessanter Essays.
- Sen, Amartya: **The Argumentative Indian – Writings on Indian Culture, History and Identity.** Penguin Book 2006. Der Nobelpreisträger *Sen* analysiert seine Landsleute und ihre Kultur – ein Muss auf dem Leseplan.
- Singh, Rashmi Uday: **Mumbai by Night.** Popular Prakashan 2003. Mumbais Nachtleben. Die Szene ändert sich zwar schnell, dennoch bietet das Buch einen guten Überblick.
- Sippy, Sheena & Thakur, Divya: **Lights, Camera, Masala: Making Movies in Mumbai.** India Book House 2006. Alles um Bollywood.
- Tindall, Gillian: **City of Gold.** Penguin Books 1992. Ein gut lesbarer geschichtlicher Abriss, ein kleines Standardwerk.
- Virani, Pinky: **Once was Bombay.** Viking Penguin 1999. Eine Journalistin beschreibt ihre Stadt und kommt oft zu nüchternen und nicht sehr hoffnungsvollen Erkenntnissen.
- Zaidi, S. Hussain: **Black Friday – The True Story of the Bombay Bomb Blasts.** Penguin Books 2002. Alle Fakten und Hintergründe über die mörderischen Bombenattentate von 1997.

Romane

- Chandra, Vikram: **Love and Longing in Bombay: Stories.** Back Bay Books 2006. In Mumbai angesiedelte Kurzgeschichten, die viele der eigensinnigen Charaktere der Stadt zum Leben erwecken.
- Chandra, Vikram: **Sacred Games.** Faber and Faber 2006. In Mumbai spielender Detektivroman, man erfährt viel über die unschöneren, kriminellen Aspekte der Stadt.
- Dé, Shobhaa: **Bollywood Nights.** Penguin Books 2007. Quirliger Roman einer bekannten Zeitungskolumnistin. Keine hochgeistige Literatur, eher auf dem Niveau eines mittelprächtigen Bollywood-Streifens. Aber gut genug zum Zeitvertreib auf einem Flug oder einer Zugreise.
- Dé, Shobhaa: **Starry Nights.** Penguin Books 2005. Siehe oben.
- Desai, Anita: **Baumgartner's Bombay.** Vintage Books 2001. Die Geschichte eines deutschen Juden, der zur Zeit des Zweiten Weltkriegs nach Inden flieht und sich in einer völlig fremden Welt wiederfindet.
- Mistry, Rohinton: **A Fine Balance.** Faber and Faber 1995; derselbe: **Family Matters.** Barnes and Noble 2003; ders.: **Such a Long Journey.** Faber and Faber 1999; ders.: **Swimming Lessons and Other Stories from Firozsha Baag.** Vintage Books 1997. *Mistrys* Bücher zeichnen ein faszinierendes Bild Mumbais und seiner so eigenwilligen Bewohner.
- Roberts, David Gregory: **Shantaram.** Little, Brown 2004. Ein fesselnder autobiografischer Roman, dessen Autor aus einem Gefängnis in Australien entfloh und sich der Mafai Mumbais anschloss. Schon ein Klassiker und 2008 mit *Johnny Depp* in der Hauptrolle verfilmt.
- Sinha, Indra: **The Death of Mr. Love.** Scribner 2002. Spannender Liebes- und Mord-Thriller, der auf einem wahren Mordfall im Mumbai der 1950er-Jahre beruht.
- Suri, Manil: **The Death of Vishnu.** Harper Perennial 2001. Dieser vielschichtige Roman spielt in einem chaotischen Apartmenthaus in Mumbai, deren Familien und die Hauptperson Vishnu reichlich Anlass geben, die indische Psyche zu studieren.
- Tyrewala, Altaf: **No God in Sight.** Penguin Books 2006. Anhand seiner zahlreichen, in 50 kurzen Kapiteln auftretenden Romanfiguren zeichnet der Autor ein lebendiges Bild Mumbais und seiner Bewohner.
- Umrigar, Thrity: **Bombay Time.** Picador 2002. Der Roman spiegelt viele der Probleme und Eigenarten der Parsen in Mumbai wieder.
- Umrigar, Thrity: **The Space Between Us.** Harper Perennial 2007. Der „Raum zwischen uns", den der Titel anspricht, spielt auf die soziale Kluft zwischen den beiden Hauptpersonen des Romans an. Das Buch vermittelt einen realistischen Einblick in Mumbai und seine Klassenschranken.

Internetseiten

- **www.apunkachoice.com** – Nachrichten aus Bollywood
- **www.blogcatalog.com/tag/mumbai** – Mumbai-Blogs
- **www.cybernoon.com** – Tageszeitung *Afternoon Despatch & Courier*
- **www.dnaindia.com** – die Tageszeitung *DNA (Daily News Analysis)*
- **www.indiafm.com** – alles über Bollywood, die neuesten Filme etc.
- **www.indiamike.com/india/mumbai-bombay-f22/** – die Mumbai-Seiten des englischsprachigen, sehr informativen Indienforums www.indiamike.com
- **www.manfrommatunga.com** – Blog eines Mumbaikars aus dem Stadtteil Matunga
- **www.mid-day.com** – die Tageszeitung *Mumbai Mid-Day*
- **www.mumbai-magic.blogspot.com** – Blog von Mutter, Tochter und Großmutter, über die Stadt, ihre Menschen und ihre Kultur
- **www.mumbaimirror.com** – die Tageszeitung *Mumbai Mirror*
- **www.sabrang.com** – das in Mumbai ansässige Magazin *Communalism Combat,* das sich mit Menschenrechtsverletzungen und interkonfessionellen Auseinandersetzungen befasst
- **www.thisismyindia.com/about_mumbai/mumbai-bombay-news.html** – Nachrichten aus Mumbai
- **www.timeout.com/travel/mumbai** – Stadtmagazin *TimeOut Mumbai*
- **www.trafficpolicemumbai.org/** – Auf der Homepage der Verkehrspolizei von Mumbai finden sich unter Anderem die Konvertierungstabellen für die Taxi- und Motor-Riksha-Gebühren. Es können auch Beschwerden gegen Fahrer vorgebracht werden.
- **www.wikimapia.org/country/India/Maharashtra/Mumbai/** – Satellitenbildstadtplan von Mumbai

Spielfilme

Die unten aufgeführten indischen Spielfilme sind *mehr oder weniger* realistisch und behandeln die alltäglichen Probleme in der Stadt. Eine leichte filmische Übertreibung sei ihnen gestattet. Sie laufen in Hindi, auf DVD üblicherweise mit engl. Untertiteln.

- **Ab Tak Chhappan** („Bisher sind's 56"): Regie *Shimit Amin,* mit *Nana Patekar, Prasad Purandare* u. a., 2004. Thema: kriminelle Unterwelt.
- **Awarapan** („Vagabundentum" / „Unstetigkeit"): Regie *Mohit Suri,* mit *Emran Hashmi, Shreya Saran* u. a., 2007. Thema: kriminelle Unterwelt.

- **Being Cyrus:** Regie *Homi Adajania,* mit *Saif Ali Khan, Naseeruddin Shah, Dimple Kapadia, Boman Irani* u. a., 2005. Thema: eine Parsen-Familie in Mumbai im Zentrum merkwürdiger Ereignisse.
- **Black & White:** Regie *Subhash Ghai,* mit *Anil Kapoor, Anurag Sinha, Shefali Chhaya* u. a., 2008. Thema: die Spannungen zwischen Hindus, Moslems und Terrorismus. Der Film spielt in Delhi, lässt sich aber ohne Weiteres auf Mumbai übertragen.
- **Black Friday:** Regie *Anurag Kashyap,* mit *Kay Kay Menon, Aditya Shrivastava, Pavan Malhotra* u. a., 2004. Thematik: die Hindu-Moslem-Ausschreitungen von 1992/1993.
- **Bombay:** Regie *Mani Ratnam,* mit *Manisha Koirala, Arvind Swamy* u. a., 1995. Thema: die Hindu-Moslem-Ausschreitungen von 1992/1993.
- **Bombay Boys:** Regie *Kaizad Gustad,* mit *Naveen Andrews, Rahul Bose, Naseeruddin Shah* u. a., 1998. Thema: der Kulturschock, dem drei im Westen aufgewachsene junge Inder in Mumbai ausgesetzt sind.
- **Chandni Bar:** Regie *Madhur Bhandarkar,* mit *Tabu, Rajpal Yadav* u. a., 2001. Thema: Prostitution.
- **Company:** Regie *Ram Gopal Varma,* mit *Ajay Devgan, Viveik Oberoi, Manisha Koirala* u. a., 2002. Thema: kriminelle Unterwelt.
- **Corporate:** Regie *Madhur Bhandarkar,* mit *Bipasha Basu, Rajat Kapoor* u. a., 2006. Thema: die Verknüpfung von Big Business und Verbrechen.
- **D – Underworld Badshah** („D – Der König der Unterwelt"): Regie *Vishram Sawant,* mit *Randeep Hooda, Yashpal Sharma, Chunkey Pandey* u. a., 2005. Thema: kriminelle Unterwelt.
- **Ek Chalis Ki Last Local** („Der letzte Vorortzug um 1 Uhr 40"): Regie *Sanjay Khandoori,* mit *Abhay Deol, Nepa Dhupia* u. a., 2007. Thema: Ein Mann und eine Frau verpassen den letzten Zug in die Vororte und machen ungewollte Bekanntschaft mit der Unterwelt (Komödie).
- **Gafla** („Abzocke"): Regie *Sameer Hanchate,* mit *Vinod Sharawat, Shruti Ulfat* u. a., 2006. Thema: Big Business und Verbrechen. Über *Harshad Mehta,* den Architekten des Börsenskandals von 1992, der zum Zusammenbruch der Börse von Mumbai führte.
- **Kaante** („Dornen"): Regie *Sanjay Gupta,* mit *Amitabh Bachchan, Sanjay Dutt, Suniel Shetty* u. a., 2002. Thema: die Aktivitäten einer Bande Mumbai-Gangster in den USA. Sehr spannend.
- **Khosla Ka Ghosla** („Khoslas Nest"). Regie *Dibaker Banerjee,* mit *Anupam Kher, Boman Irani* u. a., 2006. Thema: Die Mafia stiehlt einer Familie das Haus, woraufhin man versucht, es mit allen möglichen Tricks zurückzubekommen.
- **Maqbool** (Eigenname): Regie *Vishal Bharadwaj,* mit *Naseeruddin Shah, Om Puri, Tabu* u. a., 2004. Thema: kriminelle Unterwelt.

- **Market:** Regie *Jai Prakash,* mit *Manisha Koirala, Aryan Vaid* u. a., 2003. Thema: Prostitution in Hyderabad. Die Thematik lässt sich leicht auf Mumbais umfangreiche Rotlichlichtszene ummünzen.
- **Mumbai Xpress:** Regie *S. Srinivasa Rao,* mit *Kamal Haasan, Manisha Koirala, Om Puri* u. a., 2005. Thema: die komödienhaften Abenteuer einer dreiköpfigen Ganovenbande.
- **Musafir** („Der Reisende"): Regie *Sanjay Gupta,* mit *Anil Kapoor, Sanjay Dutt, Sameera Reddy* u. a., 2004. Thema: kriminelle Unterwelt.
- **Page 3:** Regie *Madhur Bhandarkar,* mit *Konkona Sen-Sharma, Tara Sharma, Boman Irani* u. a., 2005. Thema: Starkult und seine Schattenseiten.
- **Parinda** („Die Taube"): Regie *Vidhu Vinod Chopra,* mit *Anil Kapoor, Jackie Shrof, Madhuri Dixit* u. a., 1989. Thema: kriminelle Unterwelt.
- **Parzania** („Die Geschichte Parzans"): Regie *Rahul Dholakia,* mit *Naseeruddin Shah, Sarika* u. a., 2007. Thema: die Hindu-Moslem-Massaker in Gujarat im Jahre 2000. *Parzania* spielt zwar in Gujarat, die angesprochene Problematik lässt sich auf Mumbai und die dortigen Ausschreitungen von 1992/1993 übertragen.
- **Risk:** Regie *Vishram Sawant,* mit *Randeep Hooda, Tanushree Dutta* u. a., 2007. Thema: kriminelle Unterwelt.
- **Salaam Bombay!** („Grüß dich, Bombay!"): Regie *Mira Nair,* mit *Shafiq Syed, Hansa Vitthal, Nana Patekar* u. a., 1988. Thema: das Leben auf den Straßen Mumbais.
- **Sarkar** („Der Boss"): Regie *Ram Gopal Varma,* mit *Amitabh Bachchan, Abhishekh Bachchan, Kay Kay Menon* u. a., 2005. Thema: kriminelle Unterwelt.
- **Satya** („Wahrheit"): Regie *Ram Gopal Varma,* mit *Chakravarthy, Urmila Matondkar, Manoj Bajpai* u. a., 1998. Thema: kriminelle Unterwelt.
- **Shootout at Lokhandwala:** Regie *Apoorva Lakhia,* mit *Sanjay Dutt, Suniel Shetty, Amrita Singh, Viveik Oberoi, Amitabh Bachchan* u. a., 2007. Thema: kriminelle Unterwelt. Die Handlung beruht auf einem tatsächlichen Ereignis. Sehr brutal.
- **Shree 420** („Herr Betrüger"): Regie *Raj Kapoor,* mit *Raj Kapoor, Nargis Dutt* u. a., 1955. Thema: der moralische Niedergang eines naiven Migranten aus der Provinz, der nach Mumbai (damals Bombay) zieht.
- **Taxi No. 9211:** Regie *Milan Luthria,* mit *Nana Patekar, John Abraham, Sameera Reddy* u. a., 2006. Thema: die Erlebnisse eines großmäuligen, missgelaunten Taxifahrers in Mumbai. Der Begriff 9-2-11 (auf Hindi *nau-do-gyaarah)* ist typischer Mumbai-Slang und bedeutet „verschwunden" oder „abgehauen".
- **Traffic Signal:** Regie *Madhur Bhandarkar,* mit *Neetu Chandra, Konkona Sen Sharma* u. a., 2007. Thema: das Leben auf den Straßen Mumbais.

welcome to a great adventure
UNCOVER INDIA
DELHI TO GOA
15 TAGE IN DAS JUWEL ASIENS
Von den Metropolen Delhi und Mumbai bis zu den Stränden Goas führt diese spannende, englischsprachige Reise durch den indischen Subkontinent.
ab Delhi EUR 523
goXplore
with Gebeco
600 Reisen zwischen Natur, Kultur und Spaß mit internationalen Teilnehmern finden Sie auf
www.goXplore.de

Die Reiseführer von Reise

Reisehandbücher
Urlaubshandbücher
Reisesachbücher
PANORAMA
Edition RKH, Praxis

Agadir, Marrakesch, Südmarokko
Ägypten individuell
Ägypten/Niltal
Alaska ⇗ Kanada
Argentinien
Äthiopien
Australien – Auswandern
Australien, Osten und Zentrum
Australien, Westen und Zentrum

Baikal, See u. Region
Bangkok
Bolivien kompakt
Botswana
Brasilien
Brasilien kompakt

Cabo Verde
Chicago
Chile, Osterinsel
Chinas Osten
Costa Rica
Cuba

Djerba & Zarzis
Dominikanische Republik
Dubai, Emirat

Ecuador, Galápagos
El Hierro
Erste Hilfe unterwegs

Fahrrad-Weltführer
Florida
Fuerteventura

Georgien
Gomera
Gran Canaria
Guatemala

Havanna
Hawaii
Honduras
Hongkong, Macau, Kanton

Indien, der Norden
Indien, die schönsten Orte u. Regionen
Indien, der Süden
Iran

Japan
Jemen
Jordanien

Kalifornien und USA Südwesten
Kalifornien, Süden und Zentrum
Kambodscha
Kamerun
Kanada, USA
Kanadas Maritime Provinzen
Kanadas Osten, USA Nordosten
Kanadas Westen, Alaska
Kapstadt – Garden Route (Südafrika)
Kapverdische Inseln
Kenia
Kenia kompakt
Kerala (Indien)
Krügerpark – Kapstadt (Südafrika)
KwaZulu-Natal

Ladakh, Zanskar
Lanzarote
La Palma
Laos
Lateinamerika BikeBuch
Libyen

Malaysia, Singapur, Brunei
Marokko
Mexiko
Mexiko kompakt
Mongolei
Motorradreisen
Myanmar

Namibia
Namibia kompakt
Neuseeland BikeBuch
Neuseeland Outdoor
New York City
New York im Film

Oman
Outdoor-Praxis

Panama
Peru, Bolivien
Peru kompakt
Phuket (Thailand)

Rajasthan

San Francisco
Senegal, Gambia
Shanghai
Singapur
Sri Lanka
St. Lucia, St. Vincent, Grenada
Südafrika
Südafrika: Kapstadt – Garden Route
Südafrika: Krügerpark – Kapstadt
Südafrika: KwaZulu-Natal
Sydney, Naturparks
Syrien

Taiwan
Tansania, Sansibar
Teneriffa
Thailand
Thailands Süden
Tokyo, Kyoto, Yokohama
Transsib
Trinidad und Tobago
Tunesien
Türkei, Hotelführer
Türkei, Mittelmeerküste

Uganda, Ruanda
USA, als Gastschüler
USA, Kanada
USA, Canada BikeBuch
USA Nordosten, Kanada Osten
USA, der große Süden
USA Südwesten, Kalif., Baja California
USA, Südwesten, Natur u. Wandern
USA, der ganze Westen

Venezuela
Vereinigte Arabische Emirate
Vietnam

Westafrika – Sahel
Wo es keinen Arzt gibt

Yucatán, Chiapas (Mexiko)

Register

A

Abschied 158
Alkohol 161, 211
Alkoholiker 145
Alltag 71, 109
Ambani, Dhirajlal Hirachand 37
Ambani, Mukesh 84
Architektur 32
Armut 83
Askese 104
Aufklärung 92
Aungier, Gerald 16
Ausbildung 87
Ausländer 135, 157, 167, 193, 216
Ausschreitungen 73

B

Babri-Moschee 22
Bachchan, Amitabh 49, 69, 84
Bambaiya-Slang 127
Banden 59
Bangladesch 29, 113
Bargeld 124
Bassein, Abkommen von 14
Bauland 32
Begrüßungen 157
Bengali 30
Bettler 176
Bevölkerung 26
Beziehungen 121
Bhojpuri-Filme 55
Bhosle, Shivaji 112
Billigbordelle 95
Bollywood 45, 65, 94
Bollywood-Filme 216, 235
Bollywood-Stars 52
Bombay 23
Bombay High Court 46
Bombay Stock Exchange 22
Bombenattentate 22, 62, 76
Bordelle 19, 211
Brahmanen 173, 183
Briten 24, 42
Bürgerwehren 76
Busse 205

C

Callcenter 131
Charles II. 15
Chhatrapati Shivaji Terminus 19
Chowpatty Beach 213
Christen 31, 163
Christentum 14
crorepati 86

D

da Gama, Vasco 14
Dance Bar 211
dargah 78
Daruwalla, Bejan 44
Dassera 81
Datar, Hazrat Pir Syed Ali 78
Dharmasutras 96
Dienstleistung 196
Dipawali 82
Diskussionen 128
Diwali 82
Dixit, Madhuri 52
Drehorte 57
Drogensüchtige 146
dry days 80
Dutt, Sanjay 66

E

Edward Theatre 217
Ehe 141
Einkommen 83, 86
Einladungen 158
Eintrittspreise 217
Elendssiedlungen 83

emanzipiert 165
encounter 63
England 15
Engländerinnen 18
Englisch 28
Erdöl 35
Erpressung 60, 68
Esplanade Mansion 45
Essen 38, 160, 180
Etikette 217
Eunuchen 97, 177
Exekutionen 64

F

Fabriken 33
feilschen 200
Fernsehen 89
Feste 172
Feste, religiöse 80
Feuertempel 172
Filmauslieferung 54
Filmindustrie 34
Filmtipps 235
Flüche 132
formula film 51
fotografieren 168
Frauen 138, 164, 176
Frauen, Sicherheit von 146
Frauen, westliche 147
Freiheitskampf 20
Freundlichkeit 139
Freundschaft 140
Frühlingsfest 149

G

Gage 53
Gandhi, Indira 59
Gandhi, Mahatma 20, 186
Ganesh 102
Ganesh Chaturthi 81, 173
Gangster 63
Gangsterbanden 178
Gastfreundschaft 158
Gastgeschenke 159
Gaunereien 109
Gawli, Arun 63
Gayatri Mantra 103
Geduld 107
Geheimdienst, pakistanischer 77
Geld 34
Geldadel 85
Geldanlage 191
Geldautomaten 145
Geldscheine 124
Geldverleiher 40
Gesangseinlagen 48
Geschäft 102
Geschäftsgebaren, unlauteres 199
Geschichte 13
Gesundheistbewusstsein 182
Glossar 222
Godrej 42
Gokulashtami 80
Goldwäscher 110
Grundstücke 194
Grußformel 157
Gujaratis 27, 31

H

Hafen 35
Handeln 106
Händeschütteln 158
Händler 105
Hänseln 137
Hauptsaison 198
Hausangestellte 108
Heiligengrab 78
Henkelmänner 188
Hijras 97
Hindi 28
Hindi-Filme 54, 235

Hindu-Moslem-
Auseinandersetzungen 73
Hindu-Tempel 172
Hinduismus 102
Hindus 22, 31, 72, 161, 175
Hitler, Adolf 112
HIV 95, 101
Hochzeit 61, 85, 174
Hochzeitseinladung 159
Holi 80, 149
Hollywoodfilme 53
Homosexualität 94
Hotel 195
Hunde 43

I

Ibrahim, Dawood 22, 61, 65
Id/Id-ul-Fitr 82
Idli-Mann 107
Immobilienmarkt 60
Inquisition 15
Inseln, sieben 19
Internetcafés 91
Internetseiten 234
Internetzugang 130

J

Jahreseinkommen 83, 178
Jahreszeit, heiße 149
Jahreszeit, kühle 148
Jains 39, 161
Jesuiten 15
Juden 163
Jugendliche 138
Junkfood 182
Justiz 120

K

Kapoor, Raj 47
Kastensystem 173
Kastration 99
Kinder 177
Kinderhochzeiten 166
Kino 45, 216
Kirchen 15
Kissen, Ravi 56
Klassiker 50
Kleingeld 180
Klimaanlage 204
Kolkata 119
Kommunikation 130
Konflikte 72
Konspirationstheorien 129
Kontaktanzeigen 174
Kontaktaufnahme 136
Konvertierungstabelle 206
Korruption 119
Krankheiten 18
Kriminalität 58
Krishna Jayanti 80
Kshatriyas 173
Küche 187

L

Landaufschüttungen 19
Laughter Yoga 219
Lebensziele 102
Liebesheirat 140
Literaturtipps 231
Lotterie 59
Lounge Bar 212
Luftfeuchtigkeit 149, 151

M

Mafia 153
Magie, schwarze 78
Maharashtra 27, 122, 187
Mahim Creek 193
Mangalsutra 165
Mangosaison 149
Männer 138, 177
Männerfreundschaft 141

Mantralaya 169
Mantras 118
Marine Drive 209, 215
Marktfrauen 138
Marlborough, Earl von 16
Marwaris 39
McDonald's 91
Menschenansammlungen 171
Mentalität 157
Mercury, Freddy 44
Messerschleifer 197
Mietwucher 189
Milchmann 196
Mittelklasse 88, 192
Mobiltelefon 130
Monogamie 166
Monsun 151
Moral 89
Moschee 172
Moslems 22, 30, 43, 72, 113, 162, 175
Motor-Rikscha 208
Mumbadevi 23
Mumbai Name 11

N

Nachkriegszeit 47
Nachnamen 44, 185
Nationalhymne 217
Navratri 81
Neureiche 210
Niederschläge 152

O

Obdachlose 190
Öffentlichkeit 93
Opiumhandel 44

P

Pädophilie 96
Pakistan 73
Parks 213
Parsen 18, 41, 72, 162, 172
Pferdekutschen 208
Plastiktüten 154
Politik 110
Polizei 119, 146
Portugiesen 14
Privatleben 209
Prostitution 95, 101
prüde 164
Pünktlichkeit 163

R

Rai, Aishwarya 183
Ramadan/Ramzan 82
ration card 30
Raumnot 94
Regenzeit 151, 198
Reichtum 84
Reiseführer 198
Reisende 123
Religion 31, 71, 102
Rezession 32
Rhetorik 127
Right to Information Act 127
Romane 233

S

Sachbücher 231
Schaulustige 168
Schauspieler 50
Schmuggel 58
Schönheitskönigin 183
Schuhe 159, 171
Schuhputzer 107
Schuster 197
Schutzgeld 60, 114, 195
Schwarzfahrer 201
Schweinefleisch 162, 186
Segen 103
Selbstmordrate 88

Sex 92
Shanghai 117
Shisha Bar 212
Shiv Navnirman Sena 116
Shiv Sena 73, 90, 110, 188
Shudras 173
Sicherheit 144, 195
Sicherheitskräfte 169
Sikhs 162
Sindhis 37
Singapur 117
Sintflut 153
Slums 28, 36, 137, 144, 190
Snacks 214
Speiseregeln 181, 162
Spielfilme 235
Sprache 28
Srikrishna Commission 74
SS Fort Stikine 21
St. Thomas Cathedral 18
Staatsbeamte 122
Stadtteile 31, 192
Stadtzentrum 18
Steinewerfen 170
Steuergelder 111
Straftaten 203
Straßennamen 24
Streik 32
Streit 133
Subkultur 99

T

Tabakrauchen 162
Tabu 184
Tanzbars 211
Tanzeinlagen 48
Taschendiebe 144
Tata, Jamshetji Nusserwanji 41
Taxifahrer 164, 205
Technik 53
Tehelka 123
Tempel 23
Temperaturen 148
Terrorismus 30
Textilindustrie 19, 32, 34
Thackeray, Bal 74, 113
Touristen 144, 208
Transvestiten 99
Trinkgelage 17

U

Übertreibungen 129
Uferpromenade 215
Umbenennung 11, 23
Umgangssprache 127
Umtausch 106
Umweltsünden 154
Umzug 76
Unabhängigkeit 20
Unruhen 22
Unterhaltung 209
Unterkasten 174
Unterkunft 189
Unterwelt 58, 65
Urintherapie 187
Urlaub 151

V

Vaishyas 173
Vegetarier 39, 161, 184
Verbalgewalt 133
Victoria Terminus 19
Vijayakumar, M. N. 120
Vorortzüge 200

W

Wachstum 26
wadis 32
Waffen 66
Wandel, sozialer 143
Wäscher 196
Wasser 194

Wassermelonen 150
Watson's Hotel 45
Werte 90
Wintersonnenwendfest 149
Wirtschaftszentrum 34
Witwenverbrennungen 166
Wohlstand 103
Wohnungssuche 193

X/Y

Xavier, Francis 15
Yoga 219

Z

Zärtlichkeiten 93
Zeitangabe 163
Ziegen 75
Zoroastrier 41
Züge 200
Zuwanderer 26, 28
Zuwanderungsstopp 113
Zwangskonvertierung 15

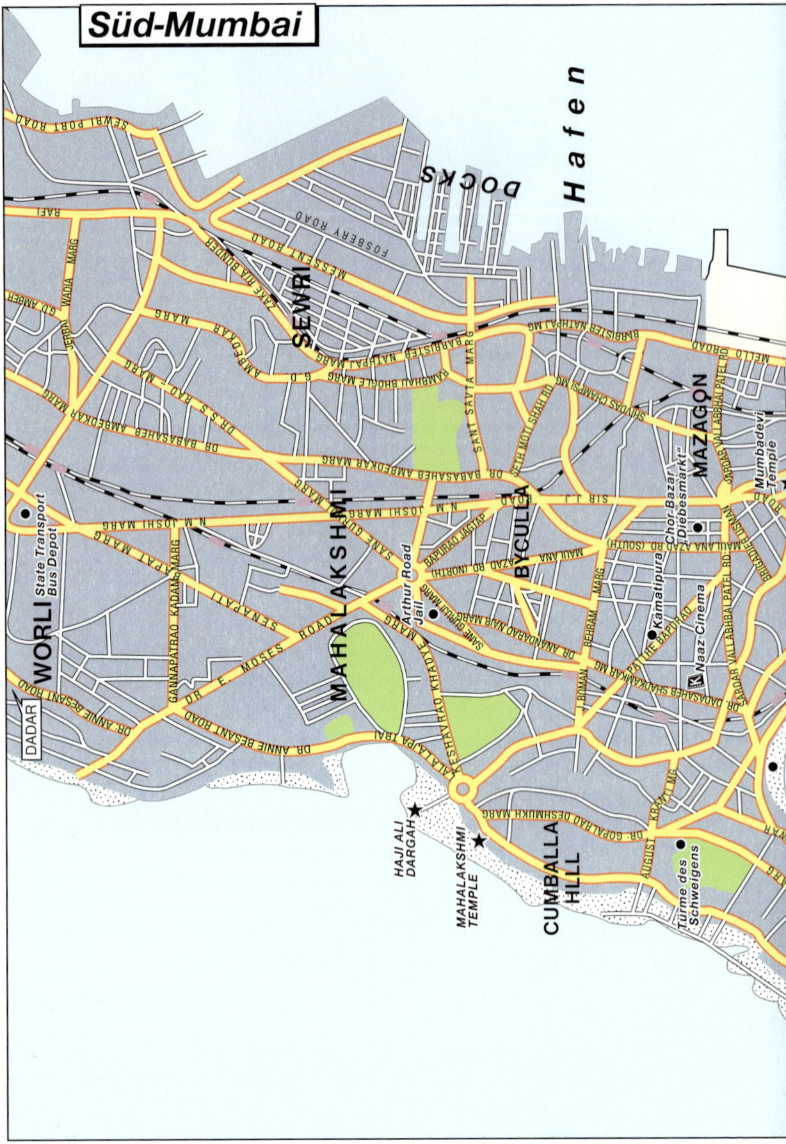
Süd-Mumbai
Hafen
DOCKS
SEWRI
MAHALAKSHMI
BYCULLA
MAZAGON
WORLI
DADAR
CUMBALLA HILL
State Transport Bus Depot
Arthur Road Jail
HAJI ALI DARGAH
MAHALAKSHMI TEMPLE
Kamatipura
Chor-Bazar „Diebesmarkt“
Naaz-Cinema
Mumbadevi Temple
Türme des Schweigens
SEWRI PORT ROAD
FOSBERY ROAD
MESSENT ROAD
ZAKE RIA BUNDER
G.D. AMBEDKAR MARG
JERBAI WADIA MARG
DR. S.S. RAO MARG
DR BABASAHEB AMBEDKAR MARG
N.M. JOSHI MARG
SENAPATI BAPAT MARG
GANNAPATRAO KADAM MARG
DR. E. MOSES ROAD
DR. ANNIE BESANT ROAD
KESHAVRAO KHADYE MARG
SANT SAVTA MARG
SETH MOTI SHAH RD
SIR J.J. ROAD
MAULANA AZAD RD
BAPURAO JAGTAP MARG
DR ANANDRAO NAIR MARG
SANE GURUJI MARG
J. BOMAN BEHRAM MARG
BARRISTER NATHPAI MARG
RAMBHAU BHOGLE MARG
SHIVDAS CHAMPSI MG
MELLO ROAD
SARDAR VALLABHBHAI PATEL RD
DR. DADASAHEB BHADKAMKAR MG
AUGUST KRANTI MG
DR. GOPALRAO DESHMUKH MARG

Cross Island
KALBADEVI
KALBADE
BACK BAY
Walkeshwar
Temple
B G K
MELLO ROAD
MARG
NAVROJI
MAHAPALIKA MG
Chhatrapati
Shivaji Terminus
(V.T.)
P. D.
BHAGATSINGH RD
MARINE DRIVE
SUBHASHCHANDRA ROAD
Churchgate
Station
MAHATMA GHANDI ROAD
DR. DADABHAI
VEER NARIMAN ROAD
MAHARSHIKARVE RD.
NETAJI
ARABISCHES MEER
SHAHID
FORT
MADAM CAMA ROAD
Prince of
Wales Museum
NARIMAN
POINT
SHAHID BHAGT SINGH ROAD
GATEWAY
OF INDIA
Middle Ground
Dolphin Rock
SASSOON
DOCKS
COLABA
S. BHAGATSINGH MG
Oyster Rock
0
500 m
1 km
Delhi
Kalkutta
Mumbai
(Bombay)
Chennai
(Madras)

Fort, Churchgate & Colaba

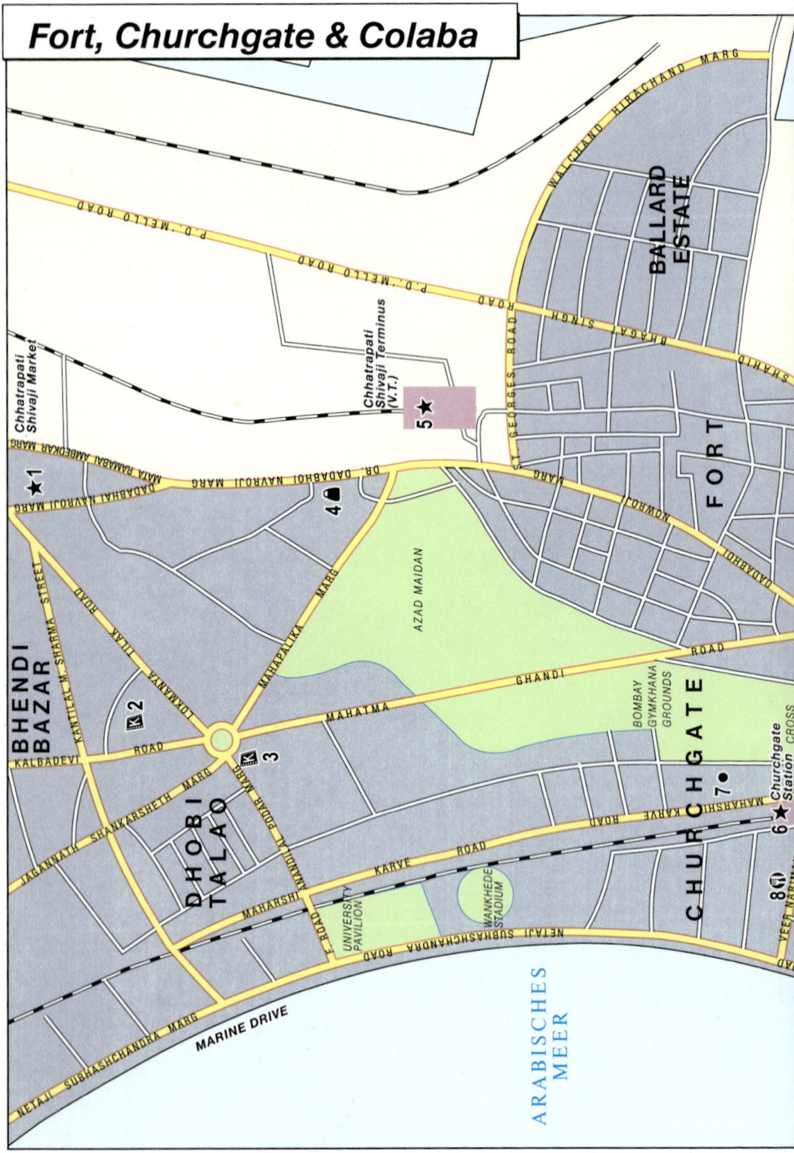

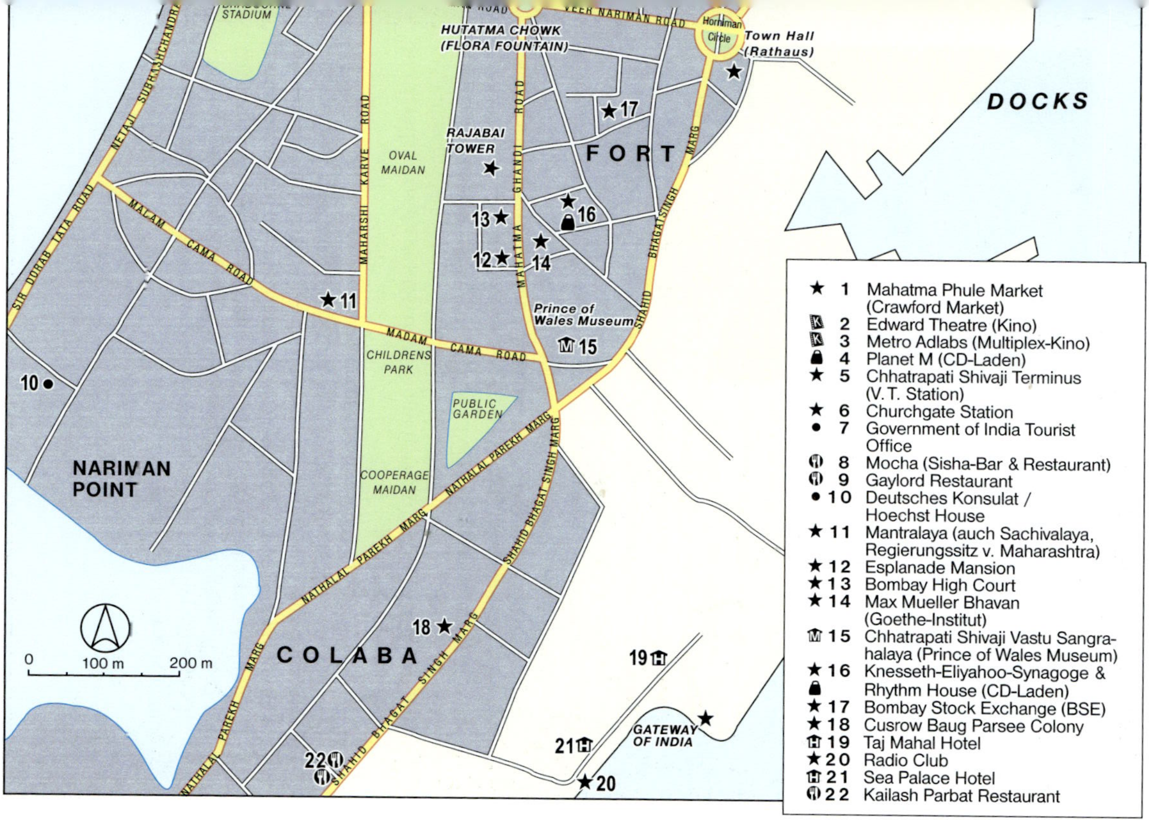
DOCKS
FORT
COLABA
NARIMAN POINT
HUTATMA CHOWK (FLORA FOUNTAIN)
Horniman Circle
Town Hall (Rathaus)
RAJABAI TOWER
OVAL MAIDAN
CHILDRENS PARK
COOPERAGE MAIDAN
PUBLIC GARDEN
Prince of Wales Museum
GATEWAY OF INDIA
STADIUM
VEER NARIMAN ROAD
MAHATMA GHANDI ROAD
MAHARSHI KARVE ROAD
MADAM CAMA ROAD
SHAHID BHAGATSINGH MARG
SHAHID BHAGAT SINGH MARG
NATHALAL PAREKH MARG
NETAJI SUBHASHCHANDRA
SIR DORAB TATA ROAD
0
100 m
200 m
★ 1 Mahatma Phule Market (Crawford Market)
2 Edward Theatre (Kino)
3 Metro Adlabs (Multiplex-Kino)
4 Planet M (CD-Laden)
★ 5 Chhatrapati Shivaji Terminus (V.T. Station)
★ 6 Churchgate Station
● 7 Government of India Tourist Office
8 Mocha (Sisha-Bar & Restaurant)
9 Gaylord Restaurant
● 10 Deutsches Konsulat / Hoechst House
★ 11 Mantralaya (auch Sachivalaya, Regierungssitz v. Maharashtra)
★ 12 Esplanade Mansion
★ 13 Bombay High Court
★ 14 Max Mueller Bhavan (Goethe-Institut)
15 Chhatrapati Shivaji Vastu Sangrahalaya (Prince of Wales Museum)
★ 16 Knesseth-Eliyahoo-Synagoge & Rhythm House (CD-Laden)
★ 17 Bombay Stock Exchange (BSE)
★ 18 Cusrow Baug Parsee Colony
19 Taj Mahal Hotel
★ 20 Radio Club
21 Sea Palace Hotel
22 Kailash Parbat Restaurant

Der Autor

Rainer Krack, geb. 1952, studierte Indologie und landete im Februar 1979 zum ersten Mal auf dem Flughafen von Mumbai, damals noch Bombay geheißen. Zahllose weitere Besuche sollten folgen, denn Indien, und ganz speziell die Megastadt am Arabischen Meer, zog ihn rettungslos in ihren Bann. Von den fast zehn Jahren, die er bisher in Indien verbracht hat, gehen drei bis vier Jahre auf das Konto von Mumbai, das der Autor kennt wie kaum ein Anderer – Recherchen führten ihn zu Bollywood-Studios und auf High-Society-Partys ebenso wie in Eunuchenbordelle oder in die finsteren Gassen der Gangsterviertel. Rainer Krack spricht fließend Hindi und Bengali, ebenso Hindi-Slang und besonders die in Mumbai übliche Variante, das „Bambaiya-Hindi".

Seit 1984 arbeitet Rainer Krack als freier Journalist und Reiseschriftsteller. Sein allererster Artikel fand gleich seinen Weg ins bekannte Magazin „Geo". Anschließend arbeitete er für diverse Presseagenturen und 1986 erschien sein erstes Buch im Reise Know-How Verlag, „India Obscura", eine Reisebeschreibung, die sich mit einigen der bizarreren Aspekte und Kulte Indiens befasste.

Im Reise Know-How Verlag sind in der Folgezeit zahlreiche weitere Bücher von Rainer Krack erschienen, darunter Reise- und Sprechführer. Ganz besonders Spaß machte ihm sein bisher letzter Sprechführer, der „Kauderwelsch-Band" Hindi-Slang (in Zusammenarbeit mit Daniel Krasa), bei dem er endlich alle auf Mumbais oder Indiens Straßen gesammelten Umgangsfloskeln und Verbalausfälle zu Papier bringen konnte.

Der Autor lebt derzeit in Bangkok, von wo er regelmäßig zu Reisen durch Süd- und Südostasien aufbricht.